本书系国家社科基金青年项目“明清传教士对中国语言学的贡献研究”(项目编号12CYY002)结项成果。

外国语言文学书系●青年学者文库

近代中国的传教士语言学研究

董方峰 杨洋 著

華中師範大學出版社

新出图证(鄂)字 10 号

图书在版编目(CIP)数据

近代中国的传教士语言学研究/董方峰,杨洋著.—武汉:华中师范大学出版社,2020.12

ISBN 978-7-5622-9275-3

Ⅰ.①近…　Ⅱ.①董…　②杨…　Ⅲ.①传教士—影响—汉语—语言学—研究—近代　Ⅳ.①H109.3

中国版本图书馆 CIP 数据核字(2020)第 272193 号

近代中国的传教士语言学研究

©董方峰　杨　洋　著

责任编辑:刘满元　　**封面设计**:罗明波

责任校对:肖　阳

编辑室:高等教育分社　　**电话**:027－67867364

出版发行:华中师范大学出版社

社址:湖北省武汉市珞喻路 152 号　　**邮编**:430079

电话:027－67863426/1549(发行部)

网址:http://press.ccnu.edu.cn　　**电子信箱**:press@ccnu.edu.cn

印刷:广东虎彩云印刷有限公司　　**督印**:刘　敏

字数:280 千字

开本:710 mm×1000 mm　1/16　　**印张**:18.25

版次:2021 年 4 月第 1 版　　**印次**:2021 年 4 月第 1 次印刷

定价:86.00 元

欢迎上网查询、购书

前　言

让我们把历史的视角转向16世纪的明朝。在这一个世纪里，明朝内忧外患不断，土地兼并、宦官专政、宫廷政变、皇帝怠政、藩王谋反、文官掣肘、朋党相争，中间虽有两次短暂的君臣励精图治，但由此而来的所谓“中兴”都因一人而起，缺乏持续稳定的推动力，结果也因人变而息。外部环境上，有明一朝外患不断，北有瓦剌、鞑靼等游牧民族的不断侵扰，沿海则倭患绵延，军队征战不止。内外交困之下，明朝国力日衰。虽然民间商业、手工业等有所发展，有所谓的“资本主义萌芽”，但科技、工商等实际上都无实质突破性发展。且因受制于海患，明朝日趋闭关锁国，整个国家在文化上也缺乏外向性和进取性，没有取得质的提升。

视线再转向16世纪的欧洲。此时的欧洲已从黑暗的中世纪走出，伟大的启蒙运动随之而来。这是米开朗基罗、达·芬奇、哥白尼、弗朗西斯·培根、马丁·路德的世纪，也是哥伦布、达伽马等人的时代。此时的欧洲虽然百废待兴，但在科学技术、思想文化、宗教改革等各方面呈现出蓬勃的活力和开放性及进取性，地理大发现和随之而来的殖民运动将推动欧洲进入科技、经济、思想文化等各方面的全方位发展和现代化的节奏中。

此时的中国人大多数还沉浸在“天朝大国”“世界中心”的迷思中，对“中央之国”以外的世界充满抗拒心理。此世纪的欧洲，对传说中的东方文明满怀憧憬和想象。然而，满怀迫切欲叩中国之门而入的欧洲人在紧锁的大门外屡屡碰壁。

1552年8月，西班牙人、耶稣会首批会士之一的方济各·沙勿略（Francis Xavier）携同伴乘船冒险抵达广东台山县以南不到20公里的上川岛，试图由此偷渡进入中国大陆。他的数次尝试均以失败告终，自己却在当年的12月3日因疟疾而身逝。也是在这一年，意大利人利玛窦

(Matteo Ricci) 出生。

1554 年，葡萄牙人以贸易为名进入澳门西南大约二十八海里处的广东浪白澳。此后不久（1557 年），他们又通过行贿的手段获得在澳门建房的居住权，自此澳门成为他们在亚洲贸易、传教和殖民的重要据点，也成为他们进入中国内地的一个跳板。

沙勿略殉道 30 年后，已成为耶稣会传教士的利玛窦历尽艰险登陆广东。此后他在中国南方辗转 18 年，主动适应中国文化，以西儒形象示人，并终于在 1601 年进入北京。其后 10 年，利玛窦凭借精湛的数学和天文知识，以及对中国文化的深刻把握，得到中国知识阶层的接纳。步利玛窦脚印而来的，是龙华民、邓玉函、汤若望、南怀仁等一大批博学而又热忱的传教士。自早期这批耶稣会士到 20 世纪初的新教传教士，他们对中国科技、文化等方方面面所产生的影响，学界已有广泛深刻的研究和讨论，本书自无需赘言，但他们在语言遭遇上有什么值得书写的地方呢？这个领域的讨论和研究却并非那么深入。

在传教士们登上中国大陆以前，中西两大文明从未实质性地发生交流，对于彼此的语言文化，更多只能遥加想象。入华之前，传教士们大约只能靠满怀的宗教热忱去说服自己：完全陌生的中国语言不会成为他们传教路上无法逾越的障碍。而自传教士登上中国土地的那一刻起，他们对中国语言有什么样的真切感受和认知呢？他们在汉语学习中经历了什么样的过程呢？他们的语言经历反馈回欧洲后又产生了什么样的影响呢？

实际上，传教士们的汉语学习之路远比他们当初的浪漫想象要艰辛得多。从《耶稣会士书简集》所录的书信往来中，我们可以看到许多传教士在学习汉语过程中的绝望挣扎。在传教士各类著译中，我们也能窥见他们在汉语学习研究过程中所付出的艰苦努力。如万历丁未（1607）年，利玛窦在为他和徐光启合译的《几何原本》所作序言中说："东西文理，又自绝殊，字义相求，仍多阙略。了然于口，尚可勉图，肆笔为文，便成艰涩矣。……呜呼！此游艺之学，言象之粗，而龃龉如是，允哉始事之难也！"1614 年，庞迪我在与徐光启合作著译的《七克》序文中说："中华语言文字，迥不相通，苦心习学，复似童蒙；近稍晓其大略，得接讲论。"利类思在 1654 年为所译《超性学要》写的序文中也说："自惭才智庸陋，下笔维艰，兼之文以地殊，言以数限，反复商求，加增新语，勉完第一支数卷，然犹未敢必尽其尽当于原文也。"（见陈福康，2010：

43）然而此处所引利玛窦等先驱，无论与来华传教士相比，还是与当时中国文人之多数相比，都应该算是天赋卓绝之人。他们尚有如此感叹，则其他天资稍逊之人，又要经历多少困难呢？

但不管怎样，凭借天赋和毅力，利玛窦等早期传教士筚路蓝缕，创拼音，制词汇，纂词典，撰语法，编教材，传西学，译中学，硬是为与欧洲语言迥异的汉语创制了一套不同于中国语言学范式的描写体系，为后来之西方人研习汉语提供了莫大便利，为中西之交流打下了基础，也为中国语言文学的发展提供了助力。

耶稣会士入华后三个多世纪里，中西交流风起云涌，自不必多言，但传教士在汉语研究领域的进展却不可忽视。传教士以西方语言学的视角审视中国语言，提供了完全不同于中国传统语言学研究的一个范式，并将对汉语的研究引入更深更广的维度。在这一过程中，他们对汉语做出了什么样的观察？对中国语言学或者世界语言学的发展产生过什么样的影响？他们的哪些经验值得我们继续总结？他们在语言学乃至中西交流的历史长河中应该如何定位？这些问题都还需要深入的思考和解答。

但传教士在语言学领域的意义还不止于此。他们对中国语言文学本体的发展产生过直接而深刻的影响。在现代汉语词汇术语体系的形成、语法结构的变化、修辞手段的丰富、文学形态的发展等过程中，都能看到传教士的贡献。传教士语言学文本本身所包含的丰富历史信息，如汉语语音、词汇和语法形态乃至文化思想的变迁过程等，也赋予这些文本以巨大的学术价值。这些问题虽然已经引起部分学者的关注和探讨，但是探讨的广度和深度依然有待进一步加强。

本书试图在中西思想文化交流的大背景中去梳理、审视自耶稣会士以来至清末入华传教士在汉语学习、研究过程中的经历以及贡献，试图为中国近代的传教士语言学描绘出一个大致的轮廓，初步地回答上述问题，也为抛砖引玉，为其他学者将传教士语言学这一研究课题引向深入做一些铺垫工作。

本书的出版得到华中师范大学外国语学院出版基金资助，华中师范大学出版社刘满元编辑付出良多，还有一众师友的支持鼓励，在此一并致谢。书中错讹不周之处恳请方家指正。

董方峰　杨洋

2020 年 12 月于武汉桂子山

目　录

第一章　传教士语言学概论

一、何为传教士语言学

从16、17世纪西方大航海时期起，欧洲人掀起了几个世纪之久的探索全球和殖民的热潮。伴随着探索和殖民的脚步，欧洲基督教传教士也开始了全球各地传教的历程。初到世界各地的传教者，为了与当地人交往及传教，不得不研究并学习当地语言，并以所在地语言翻译《圣经》和传教。现存语言（美洲、澳洲、非洲、东南亚、波利尼西亚等地）的描写（词典、语法、教材等）大多数是由传教士完成的，很多濒临灭绝语言的仅有记录也是由传教士完成的（见 Novak，2006：6649-6650）。早期传教士以欧陆语言（尤其是拉丁语）为范，为所到之地语言编制拼音（或者文字）、编纂词典、撰写语法（或者教材），以当地语言翻译《圣经》，或者将当地经典作品译为西文，留下了大量语言学描写文献。从18世纪末至20世纪初，英美影响力日增，英美传教士活动日趋频繁，世界范围内传教士语言学成果则更多以英语反映。这些传教士的语言学活动，极大推动了西方认知世界的步伐，也推动了整个语言学学科的发展，同时还留下了宝贵的语言学描写文献。对于传教士在语言学上的历史贡献，Hovdhaugen（1996：7）指出："一部语言学史如果不承认传教士的突出贡献的话，就不能令人信服。"姚小平（2011）也有这样的评论：

> 在近代西方语言学的成长史上，传教士曾经是一股至关重要的推力。重要到何种程度呢？可以这样说：没有传教士走出欧洲、迈向全球，广泛搜辑异族言语的材料，攒积世界语言的知识，西方学人的视野就会被印欧屈折语型框死，不可能发展起语言类型观；没有丰富多样的语型和大量真实的语料作基础，就不可能构筑起足够普遍的理论，因此也就无法建立普通语言学或理论语言学；而没有普通语言学，自然也就谈不上现代语言学了。

西方传教士的这些语言学习、描写、翻译、研究活动被后人统称为“传教士语言学”。事实上，直到今天，许多从事田野工作的语言学家仍然和传教士组织或教会有关联，比如美国国际语言暑期学院（Summer Institute of Linguistics，SIL）。该组织于 1934 年在美国阿肯色州开办，最初的意图是为即将赴国外的传教士提供一个暑期的语言训练，使他们掌握基本的语言学、人类学及翻译学原理，以便其后研习传教地语言并参与《圣经》的翻译工作。学院在研习、开发及记录一些比较鲜为人知的语言，扩展语言学视域，推动世界识字率及扶助少数族裔的语言发展方面取得了卓越成就，享有很大的国际影响力。

同时，传教士语言学也指当代学者对早期传教士语言学活动的历史研究，在很大程度上是一项研究传教士语言学作品对普通语言学发展产生何种影响的“单学科”项目（Stolz & Warnke，2015：3-25）。姚小平（2011）则提出“传教士语言学既非一门学科，也非语言学的分支，只是语言学史的一个特殊领域”。今人在说起“传教士语言学”的时候多指对 16 世纪以来传教士在世界各地开展的语言学活动及其成果，或者传教士在描写各地语言时共同使用的范式的回顾，是一种历史视角。研究者多数集中于对传教士语言学文献的爬梳和考证，以及利用这些历史文献研究各种语言的变迁史上，但“有兴趣涉足（传教士语言学）的却不只是语言学史的研究者，汉学、历史学、文献目录学等各类背景的学者也都在参与”（姚小平，2011），故利用传教士语言学文献进行历史文化综合研究的也不在少数。

综合来说，传教士语言学既是一种语言学研究的范式，即由接受过一定语言学训练的传教士对异族语言的描写和研究，也是语言学学科史的一个分支，是对历史上的传教士所取得的语言学成果的历史回顾。今天，我们在使用传教士语言学这一术语时，更多的是指后者，即对传教士语言学研究的历史回顾。本书所采用的，更多也是后一历史视角。

二、传教士语言学的研究范式、范围和任务

传教士在描写他们所到之地的异族语言时往往遵循一定的共同范式。Claramonte（2007）对美洲传教士语法的研究表明，美洲早期的语法作品是由受到过最好的语言学训练和有特别天赋来完成这项任务的传教士编写而成的。他们语法探索的最佳工具来自于他们对欧洲语言学传统的了解以及他们的语法天赋。从来华传教士的作品涵盖的题材以及文本中的叙述我们也大致可以判断，他们都曾接受过良好的语言学训练，对欧洲

语言学的历史和现状有着良好的认知，并具备很强的语言学天赋。Claramonte 的研究还表明，欧洲传教士在面对新的语言时往往会从两个层面对其进行分析：一个是普遍的或者概念的层面；另一个是普遍属性在特殊语言中表现出来的使用方式。在普遍层面，传教士们认为各种语言都共同地包含一些范畴，每一门语言都必定包含一些普遍的语法范畴，如名词、动词、介词、连接词等，就像那些表达思想情绪的词一样，必然存在于每一语言当中，故而语法原则也一定存在于每一语言当中。尽管在表现形式上有差别，但是概念的普遍性使得以一种语言的语法框架来描写另一种语言成为可能。他们正是把希腊—罗马语法传统的概念当做普遍性概念，把其中的术语当做元术语（metaterm），将其框架视作普遍性模式。将这一普遍性框架和元术语体系应用到希腊语或拉丁语以外的语言之中，就构成了所谓的特殊语法。

受制于这种基于语法普遍性与特殊性的两层次划分的认知模式，传教士们认为语言的概念域（notional domain）和可理解的世界先于不同语言中可观察的形式（不管是思维形式还是语音形式）。此外由于传教士还受制于他们自身的实际和教学需要，他们必须以同僚熟悉且易于接受的方式描写其他语言系统，这就使得欧洲语言成为教会同仁在快速学习新语言时的有效对比或参照手段。因此，以拉丁语或者其他欧洲语言为参照语言，以拉丁语法体系为参照系统，按照传统的希腊—罗马语言学范式进行语言描写就成为一种顺理成章而又最符合功利需求的做法。

另外，传教士普遍对方言和口语更为偏重。传教士的语言学研究目标非常明确，那就是为传教服务，要能直接与普通民众进行对话，通过口头的方式把基督教教义传递给所在地的各个阶层的民众。在来华传教士中，早期的天主教徒为了适应中国的特殊国情，迎合主流知识分子阶层，以求获得进入中国传教的许可，曾经把更多精力放在书面语言的研究上，但是更多时候，从天主教徒到新教徒都更加关注口头语言。Christopher Hutton（2006：83-84）指出，新教语言理论的基本前提是宗教的、官方的或者文学领域的书面语和口头语都不应该和普通百姓的语言相异。新教的立场要求语言透明，要求个人能直接通过语言接触到宗教真理。这样一种语言观加上传教的交流需求，使得 19 世纪英美传教士的汉语研究几乎一边倒地偏向了口语和方言。

此外，我们还必须认识到，传教士语言学作品并非为当地人了解自己的语言或者单纯为了学术研究而作。事实上，传教士语言学作品基本都是为了传教士群体自身的语言教学需要而作，带有教材性质。为外语教学而进行的语言学描写与为母语描写或者为学术研究而进行的语言描写一定是存在差异的。对于外语学习者来说，从一开始，他们就必须知道自己语言中的语言现象在所学外语中的对应表现手段，必须了解所学外语从语音到文学与自己母语（或者其他熟知的语言）的异同。因此传教士语言学作品往往包含着与母语的对比分析，强调对规则的明晰表述，也强调对语言教学的功用。

对于现代传教士语言学，按本书所持的语言学史学视角而言，研究的范式则是另外一回事了。现代传教士语言学要以语言学学科史的范式为指导，对传教士在世界各地所进行的语言学活动的历史进行梳理，对其历史和现实意义进行阐述。在谈到语言学史学的研究范式时，西方当代著名语言学史专家 Koerner（1995：17-18）提出了三个原则：(1) 语境原则（principle of contextualization）：必须置研究对象于其所在的总体"舆论气候"（climate of opinion）即大的社会语境中，把语言学史的研究置于思想文化史的大背景下。有时候，社会经济乃至政治因素也要考虑进来。(2) 内在原则（principle of immanence）：彻底了解研究所涉及的语言学文本，包括历史文本和批评文献。(3) 拉平原则（principle of adequation）：用恰当的现代术语或者工具把历史文本介绍给现代读者，使他们能更好地理解作品、概念或者理论。

另一位西方著名的语言学史专家 Robins 也反复强调了大的历史文化背景在语言学史的研究过程中的作用。"一门科学的进程除了受到自身过往的影响外，还要受到现世的社会语境和其中占主导地位的思想前提的影响。该科学的应用、其实用目的和外界对其的期望，都可能左右其生长和变化的方向。和其他任何科学一样，语言学的理论立场经常要基于依赖于自身的应用意图和实用目的的考量。"（Robins，1997：3）因而，语言学史就可以从科学史和人类思想史的整体两个方面同时进行观望（Robins，1997：6）。

综上我们可以看到，语言学史学的研究，必须坚持以文本为主的内在原则，同时又必须把语言学的发展放在思想文化史的大环境之中，充分考虑到社会文化语境对语言学家及其文本的影响。内在原则和语境原则，这是我们在语言学史学研究中应该坚持的最基本原则。在研究中我们一方面要保持超脱于文本之外，要保持当下的视角和高度以便审视历史；另一方面，我们又必须深潜入历史之底，要努力让自己保持一种"在场"的历史感和对研究者的同理心，以便于更准确地推测研究者的动机和意图，以及他们的真实经历，并对历史作出公允的评价。具体到中国的传教士语言学研究而言，我们应该做的就是，一方面把传教士的语言学活动放到其所处的历史文化语境中去，以当时当地的语境衡量其活动的合理性，而不是以当代的标准强加于历史；另一方面，要坚持文本为主的原则，大力发掘、整理一手文本，并参照二手文本，所有讨论也必须在文本内容的基础之上进行。在历史语境和历史文本的基础之上，再参照拉平原则，把历史文本的内容用符合现代学术标准的形式呈现出来，在现代学术视野下对传教士语言学的历史进行整理和述评。

在谈及当代传教士语言学的使命时，Zimmermann（2004：26-28）提出当代传教士语言学研究应该完成以下主要任务：

1. 传教士语言学相关文本的编辑；
2. 传教士语言学所得发现的评估；
3. 传教士语言学图片文本；
4. 传教士语言学方法论和培训；
5. 传教士语言学和翻译研究的理论；
6. 传教士非语言学文本中的元语言学术语；
7. 传教士语言学思想的交流；
8. 传教士对异质语言的规范创制；
9. 传教士语言学对语言思想的影响；
10. 传教士语言学的历史分期；
11. 对比研究：现代传教士语言学。

可以看出，Zimmermann 更多采取的是一种历史视角，即学科史的视角。历史上的传教士生产了数量庞大的语言学文献，但这些文献目前存在如下问题：

1. 早期只有少量文献获得正式出版，大部分文献只以手稿形式在传教士群体内部小范围流通，外界对其知之甚少。

2. 文献的语种多为拉丁语、葡萄牙语或西班牙语，自 19 世纪后期才开始有较多英语文献。二手文献里，法语和德语的比较多。对很多现代研究者来说，阅读文献时往往有语言障碍。

3. 数量庞大的历史文献分散收藏于全球不同的图书馆，湮没在浩瀚的历史文本之中，其中很多是手稿或珍本，发掘和获取都很难，全球化的传教士语言学文献数据库建设还有待完善。

4. 传教士语言学家的学术素养和语言能力参差不齐，因而其作品的质量也良莠不齐，加上特殊的身份，西方主流学术界对其作为学者的身份并不完全认同。此外，传教士们长期孤悬海外，与本土学术界交流甚少，因此，传教士语言学家和西方主流学术界的交流不足，可资现代研究者参考的二手文献较少。传教士语言学家们受了哪些语言思想的影响，和西方主流学术界有什么互动、产生了何种影响，都很难找到直接凭证。

由此可见，当代传教士语言学研究面临如下一些主要任务：

1. 文献的发掘和整理。散藏于各地的原始一手文献要尽快发掘出来，并进行出版、再版或电子化处理，文献数据库的建设也需要尽早提上日程。这方面已经有一些机构作出了努力，比如美国的 John Carter Brown 图书馆、微软、谷歌等公司对很多此类图书进行了电子化处理，并在 Internet Archive 网站①上免费提供，西班牙电子图书库（Biblioteca Digital Hispanica）② 也提供很多免费电子资源。此外，日本关西大学的内田庆市教授等学者近年来在传教士语言学文献的搜集方面成果丰硕，使得关西大学成为亚洲范围内传教士语言学研究的重镇。国内近年来也陆续有机构在传教士文献的电子化和重新出版方面做出了努力，但这方面的工作多数还尚待完成，如能整合全球学术力量，建立起大规模的专门电子文献数据库，那将极大便利并推动当代传教士语言学的研究。

2. 对发掘出来的原始一手文献，需要进一步的处理。比如有些手稿的辨识度不够，有些原始出版物有残缺，这些都需要研究者进行辨识、甄别其价值，并对有价值的文献进行补全、整理、出版。另外，对有较大历史和现实价值的文献，因其原始语种对多数研究者构成阅读障碍，还需要翻译为英语或者其他本国语言，以推进学术界更多学者对其认识和了解。

3. 发掘相关二手文献，寻找并建立历史文本、研究人物之间的联系，对不同传教士之间的谱系或者流派特征进行总结，对传教士语言学家和东西方知识圈的交流，以及其语言思想的源流进行归纳总结。

4. 不同文本、流派在不同语言的研究中呈现出何种特征，取得了哪些成果，经历了什么样的发展历程，现代研究者需要立足于国别和文本进行逐一分析。

5. 传教士的语言学活动对所在国的语言文学发展、语言研究、语言政策等产生了何种影响，需要逐一研究。

6. 在一手和二手文献整理研究得比较充分的基础上，再综观传教士语言学对普通语言学的发展产生了何种影响，对当代语言学的研究有何价值。

7. 对传教士语言学文献所记录材料的历史价值，比如语音、方言、文字、词汇、语法结构、文学文化、政治思想等的历史变迁等分专题进行整理。

① www.archive.org.

② http://www.bne.es/en/Catalogos/BibliotecaDigitalHispanica/Inicio/.

……

对于语言学史学的研究来说，传教士语言学历史文献无疑是一座富矿，无论是从语言学史学的视角还是从其他视角看，当代语言学研究者还有很多工作可做。

三、传教士语言学的发展历史和现状

在2003年于奥斯陆举办的第一届国际传教士语言学研讨会上，Zimmermann指出，“传教士在殖民时期做出的语言描写并未获得主流语言学史学界的完全认可”（Zimmermann，2004：7）。但从20世纪末期起，这一现象实际上已经开始得到改变，在Koerner、Zimmermann、Zwartjes、Hovdhaugen、Kloter、Novak等学者的引领和推动下，传教士语言学研究在西方语言学界成为热门领域。如Koerner（2009：485）观察到的那样，“21世纪的头十年里传教士语言学的研究和出版出现了爆炸式的增长。传教士语言学成为了一个国际性的学术热点”。

在这些学术活动中，影响力较大的有两个项目。一个是由欧洲著名的语言学家E. F. K. Koerner主持的，由John Benjamins出版社出版的“语言科学历史的研究”（Studies in the History of the Language Sciences，SiHoLS）书系。到目前为止，该书系已出版一百多部，其中有相当一部分著作是关于传教士语言学的，包括著名的传教士语言学国际研讨会的几次会议论文集都归在此书系中。另外，Koerner还是著名的《语言学史学》（*Historiographia Linguistica*）[①] 杂志的创始人和主编，该杂志也发表了大量关于传教士语言学的文章。这份杂志和杂志所刊论文对于传教士语言学的研究起到了很大的推动作用。

另一个项目是“奥斯陆传教士语言学项目”（Oslo Project on Missionary Linguistics，OsProMil）。该系列研讨会起源于2003年，由荷兰学者Otto Zwartjes在挪威的奥斯陆大学（Oslo University）发起。自该项目成立起，在Otto Zwartjes等学者的召集之下，冠名为“传教士语言学国际研讨会”的学术会议已经分别在挪威奥斯陆、巴西圣保罗、中国香港/澳门、西班牙巴利亚多利德（Valladolid）、墨西哥梅里达/尤卡坦（Mérida/Yucatán）、日本东京、德国不莱梅、秘鲁利马、菲律宾马尼拉、意大利罗马等地连续召开10届（截至2016年）。这几次会议的论文以

---

① 该杂志也由John Benjamins出版社出版，于1974年由Koerner创办，为季刊，SSCI及A&HCI检索刊物，是全球关于语言学史学的权威期刊。

"传教士语言学"（Missionary Linguistics）为名结集在荷兰约翰·本杰明出版社（John Benjamins）出版，至今已出版五辑。与会者关注的除了16～19世纪传教士编纂的语音、词典、语法、教材、翻译文本外，还关注了殖民主义语境、社会政治因素等对传教士语言学的影响，以及语言学描写的跨文化因素、传教士语言学的研究范式等方面。

这两个大型项目对传教士语言学这一学科领域的发展起到了很大的推动作用，大量传教士语言学历史文献得到发掘和整理，各个专题得到了深入讨论，以国别为基础的研究在很多国家得到开展，传教士对于语言学的历史贡献在很大程度上得到了认可，传教士语言学这一学术领域也成为语言学学术史中的一个重要分支。除了这两个专门项目以外，国外还有不少历史文化领域及语言学史学领域的学者投入研究，出版了大量相关著作。

明清时期西方来华传教士针对汉语也做了大量观察、记录和研究，并留下了大量正式出版或以手稿形式保存的著作。对来华传教士的语言学贡献，虽然早在1930年罗常培就曾撰写《耶稣会士在音韵学上的贡献》一文，就早期耶稣会传教士对于汉语音韵学的研究成果进行了综述，但是对传教士在汉语语言研究的其他方面如方言、汉字、词典、语法、汉语教学、翻译、术语创制等领域的贡献，则迟至20世纪末期才有学者开始系统梳理。这些学者中较有代表性的主要有北京外国语大学的姚小平和张西平，前者从语言学史学的视角对西方汉语研究历史进行回顾，完成了多部奠基性的论文和著作，后者则从汉学的视角出发，对西人研究汉语语言文化的历史进行研究。此外，日本关西大学的内田庆市、沈国威、何群雄等学者也致力于推动这一领域的研究。西方学者中也涌现出了一批从汉学、语言学史学等角度关注来华传教士语言学历史的研究者，并出现了大量研究成果。经过近30年的挖掘、整理和研究，很多传教士的汉语研究出版物或手稿得以重新进入现代学术视野，相当一部分文献被重新出版或整理、翻译后出版，参与研究的学者人数越来越多，这一领域也得到了越来越多的关注。但和西方学术界旗帜鲜明地竖起"传教士语言学"研究的旗号不同的是，国内较少有学者把"传教士语言学"明确地作为一个专门学术研究领域。相信随着这方面研究成果的进一步丰富和文献的进一步挖掘，传教士语言学这个学术领域会得到更多的关注、投入、认可和发展。

四、传教士对中国语言学的主要贡献

尽管受交流不畅、意识形态阻隔等多种因素的影响，中国知识阶层历来对传教士语言学的成就缺乏公允的评价，但是传教士对中国语言、语言学甚至是文学、文化的贡献是不容否认的。传教士对中国语言学的贡献，大致可以从语音、汉字、词典、语法、教材、汉外翻译几个方面来进行归纳，本书后面也将主要从这几个角度来展开讨论。

（一）汉语语音研究

西方传教士自抵达中国起，就开始观察汉语语音，并以西方语音知识对其进行分析，还用西文字母创制了便捷的记音体系，在便利自身汉语学习的同时，也对中国知识界产生了很大影响。耶稣会士罗明坚①、利玛窦②、金尼阁③等人是这一领域的先驱，他们创制了最早的罗马字母汉语拼音方案。在这些方案中，利玛窦的《西字奇迹》（1605）④ 和金尼阁的《西儒耳目资》（1626）⑤ 是最早也是中国学者认同度最高的作品，后者甚至被收入《四库全书》，获得了官方学术地位，对中国音韵学的发展做出了很大贡献。语言学家罗常培曾专门撰文《耶稣会士在音韵学上的贡献》（1930）对他们创制的拼音系统进行详细分析，并给予高度肯定。

---

① 罗明坚，Michele Ruggieri，1543—1607，耶稣会意大利籍传教士，是明朝以来第一个进入中国大陆的西方传教士，也是欧洲汉学的奠基人。他于 1579 年 7 月抵达澳门，在澳门学习汉语过程中，他着手编撰了第一部《葡汉辞典》。他于 1589 年返回欧洲，其后将中国典籍《四书》中的《大学》翻译成拉丁文，又着手绘制《中国地图集》，将中国的文化和地理知识介绍到欧洲，对促进欧洲对中国的了解具有重要作用。

② 利玛窦，Matteo Ricci，1552—1610，耶稣会意大利籍传教士，1583 年（明神宗万历十一年）来到中国居住，在中国颇受士大夫的敬重，被尊称为“泰西儒士”。除传教外，他还广交中国官员和社会名流，传播西方天文、数学、地理等科学技术知识，并深受中国知识阶层的认可。他的大量著述对中西交流作出了重要贡献。

③ 金尼阁，Nicolas Trigault，1577—1629，耶稣会法国籍传教士，1610 年抵达澳门，并于次年抵达南京，1629 年逝于杭州。他曾将利玛窦的意大利文回忆录手稿翻译成拉丁文，以《利玛窦中国札记》为名出版，在西方产生了很大影响。他还曾经与中国学者合作选译《伊索寓言》，定名《况义》，是伊索寓言的最早中译本。

④ 1605 年，利玛窦用他编制的汉字注音方案写了 4 篇文章，送给当时的制墨专家程君房，由程君房收入其所著《程氏墨苑》中。这 4 篇文章的前 3 篇都是关于天主教教义的解释，后由教会单独合为一卷，取名《西字奇迹》。根据这 4 篇文章的注音而归纳出的拼音方案通常被认为是历史上第一个罗马字汉语拼音方案。

⑤ 1625 年，金尼阁对利玛窦等人的注音方案进行了修改补充，并在此基础上写成一部完整的拼音专著，名为《西儒耳目资》，第二年在杭州出版。金尼阁的注音方案只需使用 5 个元音字母和 20 个辅音字母，再配之以 5 个声调符号，就可以拼出当时官话的全部音节。文字改革出版社于 1957 年对该书进行了影印出版。

继耶稣会士之后，新教来华传教士马礼逊[①]、艾约瑟[②]、卫三畏[③]等人继续完善汉语拼音方案。后世中外各种汉语拼音方案，都多少受到早期传教士的影响。传教士在汉语拼音方案上的贡献虽然得到公认，但他们在汉语语音方面以外的其他方面的贡献却未能得到充分认可和研究。比如说，传教士编纂的大量汉外词典、汉语语法、汉语教材中记录的明清时期汉语官话和方言语音、语法历史形态，是研究汉语历史形态和演变的宝贵材料，但利用这些材料进行研究，一直到近年来才有学者陆续尝试。

（二）汉外词典编纂

传教士在汉外词典的编纂方面也成果丰硕。姚小平（2007）曾在罗马梵蒂冈图书馆发掘出 14 种 17～18 世纪天主教传教士编纂的汉外词典手稿，但这些早期词典多为汉语对拉丁语、意大利语、葡萄牙语等语种，且多为手稿，仅流传于教会内部少数人中间，故影响力不大。但不可否认的是，这些词典今天仍是弥足珍贵的汉语语言史研究史料。到 19 世纪，新教传教士在汉外（主要是汉英）词典的编纂方面集中西词典学之大成，取得了卓越成就。马礼逊、卫三畏、富善[④]、芳泰瑞[⑤]、马修斯[⑥]等人编纂的汉英词典即使到今天依然不失使用价值，并得到较多认可和研究。这些词典是：

---

① 马礼逊，Robert Morrison，1782—1834，英国新教传教士。清嘉庆十二年（1807 年）受伦敦传道会派遣来华传教，是来华的第一个基督教新教传教士。他在中国境内首次把《圣经》全译为中文并正式出版；他编纂了第一部汉英字典——《华英字典》；他创办了史上第一份中文月刊《察世俗每月统记传》；他还开办了英华书院，创传教士办学校之先河。他所开创的这些事业使其成为近代中西文化交流的先驱。

② 艾约瑟，Joseph Edkins，1823—1905，英国新教传教士。艾约瑟有惊人的语言天赋，熟练掌握多门语言，对汉语有尤为深刻的研究和论述。他在中国传教期间有大量关于中国语言文化的论述著作，并有大量英—中、中—英翻译作品。

③ 卫三畏，Samuel Wells Williams，1812—1884，美国新教传教士。他从 1833 年到 1876 年在华共计 43 年。其代表作《中国总论》和《汉英韵府》奠定了他作为美国汉学第一人的学术地位。他于 1878 年受聘担任耶鲁大学汉学讲座首任教授，成为美国第一位职业汉学家。

④ 富善，Chauncey Goodrich，1836—1925，美国新教传教士，1865 年抵达上海后开始在中国的传教。

⑤ 芳泰瑞，Courtenay Hughes Fenn，1866—1953，美国长老会来华传教士。1893 年来华，在北京传教。

⑥ 马修斯，或名马守真，Robert Henry Mathews，1877—1970，澳大利亚新教传教士。

马礼逊，《华英字典》，*Dictionary of the Chinese Language, in three parts*，Macao：East India Company's Press，1815—1822；

卫三畏，《汉英韵府》，*A Syllabic Dictionary of the Chinese Language*，Shanghai：American Presbyterian Mission Press，1874；

富善，《中英袖珍字典》，*A Pocket Dictionary (Chinese-English) and Pekingese Syllabary*，Shanghai：American Presbyterian Mission Press，1891；

芳泰瑞，《5000 字典》，*The Five Thousand Dictionary: a pocket dictionary and index to character cards of the Yenching school of Chinese studies*，Shanghai：Mission Book Co.，1926；

马修斯，《汉英字典》，*A Chinese-English Dictionary, Compiled for the China Inland Mission*，Shanghai：China Inland Mission and Presbyterian Mission Press，1931；

鲍康宁①，《汉英分解字典》，*An Analytical Chinese English Dictionary*，Shanghai：China Inland Mission and American Presbyterian Mission Press，1900；

苏慧廉②，《学生常用 4000 字袖珍汉英词典》，*The Students' Four Thousand Tzu and General Pocket Dictionary*，Shanghai：American Presbyterian Mission Press，1899；

季理斐③，《华英成语合璧字集》，*A Mandarin-Romanized Dictionary of Chinese with Supplement of New Terms and Phrases*，Shanghai：The Presbyterian Mission Press，1911；

麦都思④，《汉英字典》，*Chinese and English Dictionary*，Batavia：Parapattan，1842—1843。

相较于汉语（官话）—英语词典所得到的关注和较充分研究，传教士们在汉语方言—英语词典编纂方面的贡献所受到的关注和研究就没有那么充分了。事实上，传教士在汉外方言词典方面也有大量著作，其中

---

① 鲍康宁，Frederick William Baller，1852—1922，英国新教传教士。

② 苏慧廉，又名苏狄尔，William Edward Soothill，1861—1935，英国传教士，曾在温州传教 29 年，后来担任牛津大学中文教授。苏慧廉在华期间，还曾担任山西省太原府大学堂、山西大学西斋总教习。

③ 季理斐，Donald MacGillivray，1862—1931，加拿大新教传教士。

④ 麦都思，Walter Henry Medhurst，1796—1857，英国新教传教士。

代表性的有：马礼逊（1828）、卫三畏（1856）、欧德理[①]等人（1877）的粤语—英语词典；高德[②]（1888）的潮州方言—英语词典；麦都思（1832）的客家方言—英语词典；麦利和[③]与摩嘉立[④]（1870）的福州方言—英语词典；杜嘉德[⑤]（1873）的厦门方言—英语词典；艾约瑟（1869）编纂的上海方言—英语词典；睦里逊[⑥]（1876）的宁波方言—英语词典；殷德生[⑦]（1899）的汉口方言—英语词典以及钟秀芝[⑧]（1900）的西蜀方言—英语词典等。这些词典分别是：

马礼逊，*Vocabulary of the Canton Dialect: Chinese words and phrases*, Macao: East India Company's Press, 1828;

卫三畏，*A Tonic Dictionary of the Chinese Language of Canton Dialect*, Canton: Printed at the Office of the Chinese Repository, 1856;

欧德理等人，*A Chinese Dictionary in the Cantonese Dialect*, London: Trübner and Co., 1877;

高德，*A Chinese and English Vocabulary in the Tie-chiu Dialect*, Shanghai: American Presbyterian Mission Press, 1888;

杜嘉德，*Chinese-English Dictionary of the Vernacular or Spoken Language of Amoy, with the Principal Variations of the Chang-Chew and Chin-Chew Dialects*, London: Trübner & Co., 1873;

艾约瑟，*A Vocabulary of the Shanghai Dialect*, Shanghai: American Presbyterian Mission Press, 1869;

睦里逊，*An Anglo-Chinese Vocabulary of the Ningpo Dialect*, Shanghai: American Presbyterian Mission Press, 1876;

殷德生，*Hankow Syllabary, with References to Giles' Dictionary*, Hankow: Printed by Kung Hing, 1899;

钟秀芝，*Western Mandarin, or the Spoken Language of Western*

---

① 欧德理，Ernst Johann Eitel / Ernest John Eitel，1837—1908，德国人，伦敦会传教士。

② 高德，Josiah Goddard，1813—1854，美北浸礼会来华传教士。

③ 麦利和，Robert Samuel Maclay，1824—1907，美国基督教美以美会传教士。

④ 摩嘉立，Caleb Cook Baldwin，1820—1911，美国新教来华传教士。

⑤ 杜嘉德，Carstairs Douglas，1830—1877，苏格兰长老会传教士。

⑥ 睦里逊，William T. Morrison，生平不详，美国传教士。

⑦ 殷德生，James Addison Ingle，1867—1903，美国圣公会传教士，汉口教区首任主教。

⑧ 钟秀芝，Adam Grainger，生平不详，英国传教士。

China，Shanghai：American Presbyterian Mission Press，1900；

麦都思，*A Dictionary of the Hokkeen Dialect*，Macao：East India Company's Press，1832；

麦利和与摩嘉立，*An Alphabetic Dictionary of the Chinese Language in the Foochow Dialect*，Foochow：Methodist Episcopal Mission，1870。

传教士编纂的这些汉语词典，除却词典学上的意义外，又记录了近代汉语语音、语法形态的变化，还记录了诸多现代汉语词汇或术语的产生和变迁过程，具有重大的历史文化价值，近年来利用这些词典进行语言史和历史文化研究的学者日益增多。

（三）汉语词汇研究

明清时期来华的西方传教士在西学中译过程中进行了大量汉语词汇的译创工作。明末的耶稣会士打下了词汇翻译的基础，利玛窦、艾儒略等先行者把西方的科技、宗教、哲学、社会、历史文化等领域的一些基础文献译介到中国的同时，也为中国语言贡献了大量新的术语词汇，帮助构建了中国现代思想体系的概念基础。进入 19 世纪后，新一批来华传教士掀起了更大规模的西学译介工作，涵盖现代西方学术的几乎每一个领域，在为中国搭建起现代学术基础体系的同时也贡献了一整套词汇术语体系。他们在翻译创制汉语词汇术语的过程中，一方面积极顺应中国文化及语言特征，另一方面努力从意义和形式上进行创新，最终不仅丰富了现代汉语的词汇体系，而且对汉语的词汇形态乃至语法系统都产生了影响，在一定程度上推动了汉语的现代化转型。

（四）汉语语法研究

从耶稣会士卫匡国[①]的《中国文法》（1653）算起的话，传教士编写汉语语法的历史比马建忠的《马氏文通》早了两个半世纪。卫匡国之后，又有万济国[②]（1703）、马若瑟[③]（1728）、马礼逊（1815）、艾约瑟

---

① 卫匡国，Martino Martini，1614—1661，天主教耶稣会意大利籍传教士，汉学家。

② 万济国，或译作瓦罗，Francisco Varo，1627—1687，西班牙籍多明我会会士（Dominican）。他于 1649 年抵达中国福建后，开始布道生涯，在华传教长达 38 年后，于 1687 年卒于福建。

③ 马若瑟，Joseph Henri Marie de Prémare，1666—1736，法国著名汉学家，耶稣会传教士。

(1853，1857)、文璧[①]（1880）等传教士语法书籍正式出版，并在西人中产生了较大影响。这些传教士借拉丁语语法框架分析汉语语法，分析对象主要针对汉语官话，也包括一些方言（如艾约瑟1857年的《上海方言语法》）。当然传教士也不是一味借鉴模仿，他们对汉语本身的特性也作了细致的观察和归纳。如他们都认可汉语的语法形态不能完全按照拉丁语法的框架去理解，顺序和虚词在汉语中扮演着重要的语法作用。再比如艾约瑟（1853）指出汉语的词组和句子组合规律相同，而中国语法学家中直到20世纪80年代才由朱德熙正式指出这一点（朱德熙，1982）。正是经由传教士的介绍，西方知识界才了解到汉语语法的结构特征，一定程度上促成了西方语言类型学的发展。正是通过传教士的介绍，汉语中"实词""虚词"等术语才进入西方普通语言学的视野。近年来对传教士汉语语法的研究渐多，但多偏于综合性的整体研究，结合传教士汉语语法研究成果并专门针对具体汉语语法问题的深入研究尚不多见，这一方向的探究可以进一步深入。

（五）汉语教材编纂

早期来华传教士可凭借的汉语学习材料极少。纯中文的材料接受困难，中外对照的教材几乎没有。先行者编纂的词汇手册或词典、语法、有语音标注的基督教教义中文阐释、中文著作的翻译等都充当了汉语教材的功能。仅凭这些材料学习汉语，需要学习者天赋高且毅力强，因而并不利于成规模的汉语教学。要实现规模化的汉语教学，必须要有专门的汉语教材。但专门的汉语教材，一直到19世纪才较多出现。这其中的代表性作品有江沙维[②]的《汉字文法》(1829)、裨治文[③]的《广东方言读本》(1841)、卫三畏的《拾级大成》(1842)、艾约瑟的《汉语口语进阶》(1881)、狄考文[④]的《官话类编》（1892）等。及至20世纪，来华外交

---

① 文璧，Jasper Scudder McIlvaine，1844—1881，美国北长老会（Board of Foreign Missions）传教士。

② 江沙维，又称公神甫，Joaquim Afonco Gonçalves，1780—1844，葡萄牙天主教传教士。

③ 裨治文，又名高理文，Elijah Coleman Bridgman，1801－1861，美部会传教士，系响应马礼逊呼吁而来华的第一位美国传教士。

④ 狄考文，Calvin Wilson Matteer，1836—1908，美北长老会来华传教士，教育家、翻译家和慈善家，中国近代科学教育的先驱。在山东从事宣教、教育长达45年之久，创办了中国第一所现代高等教育机构文会馆、广文大学（齐鲁大学之前身）；开设博物馆，传播西方的科学与文化，被誉为"十九世纪后期最有影响的传教士教育家"。曾担任圣经翻译委员会主席，主持翻译了流传至今的圣经中文译本"和合本"。——引自华人基督教史人物辞典（http://www.bdcconline.net/zh-hans/）。

官、海关工作人员等各色人等纷纷加入汉语教材编写的行列，汉语教材如雨后春笋般涌现，形式、体例也终臻成熟。这些教材涵盖文言与口语、官话与方言，在介绍语音、语法的基础上，逐课介绍汉语口语或者书面语。课文涵盖范围广泛，既有文言著作，也有民间交谈。不少学者利用这些传教士的汉语教材研究明清官话形态。现在看来，这些教材还可以为明清汉语方言、社会生活等方面的研究提供借鉴，对当下火热的对外汉语教学业界也不无启示意义。

（六）汉外翻译

来华传教士的翻译活动实际上要分解为汉—外和外—汉翻译两个方面。早期来华传教士从一来华其即开始陆陆续续翻译中文典籍作品并反馈至西方。传教士对中国的译介在很大程度上推动了17～18世纪欧洲大陆的“中国热”。及至19世纪末20世纪初，新教传教士已系统地翻译完大部分中国典籍，理雅各①等人的译著成为其中的经典。中国文学、文化、历史、哲学等在西方的系统译介，传教士居功至伟。但对中国近代史产生更大影响的，却是传教士的外—汉翻译。从最早的郭居静②、利玛窦、汤若望③、金尼阁等耶稣会士起，传教士就在把“科技传教”作为一种策略，并大量翻译西方自然科学作品。这种译介对中国自然科学的发展和现代化进程起到了很大的推动作用，也很早就受到国内学界的关注和认可。但传教士的外—汉翻译却不仅局限于科学领域，事实上，《圣

---

① 理雅各，James Legge，1815—1897，英国伦敦宣道会宣教士，曾任马六甲/香港英华书院院长、牛津大学教授，近代英国著名汉学家。他是第一个系统研究、翻译中国古代经典的人，从1861年到1886年的26年间，将《四书》《五经》等中国主要典籍全部译出，共计28卷。其多卷本《中国经典》《法显行传》《中国的宗教：儒教、道教与基督教的对比》和《中国编年史》等著作在西方汉学界占有重要地位。他与法国学者顾赛芬（Seraphin，Couvreur）、德国学者卫礼贤（Richaid Wilhelm）并称汉籍欧译三大师，也是儒莲翻译奖的首位获得者。——引自华人基督教史人物辞典(http://www.bdcconline.net/zh-hans/)。

② 郭居静，Lazzaro Cattaneo，1560—1640，天主教耶稣会意大利籍传教士。

③ 汤若望，Johann Adam Schall von Bell，1591—1666，天主教耶稣会传教士。1619年（明万历四十七年）来中国传教，1666年（清康熙五年）卒于北京，在华历四十七载，历经明末、清初两个朝代。他是继利玛窦之后最为重要的耶稣会士之一。他继承利玛窦的科学传教策略，结交社会上层，自上而下传扬天主教教义。他科学与宗教著作等身，并在明、清朝廷的历法修订、天文学、炮火制造等方面皆有卓越的贡献。他以其虔诚的信仰，渊博的学识和忠诚的奉献，奠定了其在中国基督教史、中国科技史以及中西文化交流史上的重要地位。——引自华人基督教史人物辞典(http://www.bdcconline.net/zh-hans/)。

经》的汉译无论在何时都是传教士们的首要任务。及至20世纪，在诸多传教士先行者工作的基础之上，在多位新教传教士通力合作下，马礼逊终于完成《圣经》的全译本，后来各教会从事《圣经》翻译时都以此为蓝本。而据考证，《圣经》的翻译，在语汇和句法上都对现代汉语产生了影响。除《圣经》外，传教士还翻译了大量西方哲学、社会伦理、经济法律、文学历史等方面的著作。这些译著在开拓国人视野的同时，也极大地丰富和改变了中国的语言构成。现代中国术语体系的形成，现代汉语的语法结构，甚至是中国社会的思想史和现代化进程，在多大程度上受到传教士译介活动的影响，这在很多年内都是多个研究领域的热点问题。

（七）传教士语言学的现代意义

在地理大发现和殖民时代开始之前，欧洲的语言学传统基本上是一种理性主义或者普遍主义的，即以希腊—拉丁语言所反映出的结构为所有语言的理性模型，而且主流知识圈相信有一些普遍的原则或者理性在指导着所有语言的运行。Roger Bacon① 的这段话很好地反映了当时西方人的观点："所有语言基本上就只有同一种语法，尽管这种语法偶尔会有不同表现。"（转引自Bossong，2007）在文艺复兴时期，人们把注意力转向了希伯来语、希腊语、拉丁语等以外的欧洲各民族语言，并编纂了大量民族语言的语法、词典，但总体而言，欧洲语言在类型上接近，在描写各自民族语言的时候，人们基本上还是沿袭了希腊—罗马语言学的传统，语言学研究的范式并未发生根本性的改变。一直到了16世纪，欧洲人开始了世界殖民的历史进程，传教士们从世界各地传回类型迥异的关于当地语言的描述，欧洲学术界的眼界为之大开，历史比较语言学由此而兴，现代意义上的普通语言学也在比较语言学和类型研究的基础上诞生。可以说，传教士的语言学发现和研究对现代语言学的诞生和发展起到了十分关键的作用。

在中国，语言学研究由传统的小学向现代语言学的转变过程中，传教士们同样作出了重大贡献。耶稣会士带来的精确的标音系统让中国语

① Roger Bacon，1214—1292，英国哲学家、教育改革家、实验科学的推动者。Bacon有大量关于语言学的著作，他大体上持一种理性主义和普遍主义的语言观。

言学界告别了历史悠久的反切法；新教传教士的词典编纂直接改变了中国辞书编纂的历史进程；传教士对汉语语法的研究早于中国第一部现代语法《马氏文通》两个多世纪，中国现代语法研究与传教士汉语语法研究之间的直接和间接联系虽还有待论证，但传教士汉语语法研究的历史不容忽视，而且近年来也的确吸引了越来越多研究者的关注；传教士翻译和出版活动过程中的术语创建及汉语表达方式对现代汉语体系产生了直接的影响，至少在词汇层面，传教士对现代汉语做出了毋庸置疑的巨大贡献；在语法结构方面的影响虽然很难直接论证，但我们至少可以判断影响是存在的。近年来陆续有学者在这方面尝试进行研究，传教士语言学对现代汉语语法结构的影响有多大，这是一个很有价值的研究题目，我们可以对这一领域的进展拭目以待。此外，近年来不少学者开始利用传教士的方言词典、教材、译著等作为语料来研究汉语方言的历史和变迁，或者利用传教士语言学文本研究汉语官话的演变过程。传教士语言学文本正在成为一个汉语历史和中国文化研究的宝库。

综上可见，传教士语言学无论是对现代语言学理论和研究的范式，还是对语言的本体，都产生了不可忽略的影响。对这种影响力程度的考察完全可以通过历史文本的梳理、历史和当代文本之间的比对等手段进行比较客观的论证。传教士在宏观的语言思想史，在各个具体的语言学领域或具体的语言问题上有什么样的贡献，都需要现代学者进行细致的整理研究。传教士语言学的方法、范式对现代语言学的启示，也是值得我们关注的问题。

第二章　传教士的汉语语音研究

引　言

在中国古代语言学传统（即小学）中，音韵学（释音）、文字学（释形）、训诂学（释义）是并列的三大主要分支。作为经学的一科，小学主要围绕阐释和解读先秦典籍来展开研究。中国古代的经学有发达的研究史，作为其附庸的小学中的音韵学，自然也有着悠久的研究传统。但古代音韵学的主要着眼点在于典籍之解读，在于历史，在于书面文字。其研究路向多数是借助汉语方言以及隋唐时期的反切系统，以探究古汉语的发音，以及汉语发音的历史演变规律。古代音韵学的研究最注重中古汉语（隋唐）和上古汉语（春秋、战国）两个时代。在方法上来说，反切构成了古代音韵学的主要研究方法。反切即取两个常用字，前者称反切上字，取其双声之声母，后者称反切下字，取其叠韵之韵母和声调。反切法出现于佛教传入中原后的东汉，魏晋开始盛行。反切的方法在很长历史时期内作为主要的音韵学研究方法，对汉语音韵学的发展和语言文化的研究起到了重要的推动作用。但是这种方法也有很大的局限性，如方块的汉字无法切分音素，无法准确析音，用于反切的上下字太多，且上下字声韵调交杂导致拼音不便等，使用起来烦琐不说，因为上下字语音历史变化的原因，还无法客观地再现古音，也无法科学地记录今音。中国音韵学研究的这种范式，从16世纪天主教传教士入华开始逐渐得到改变。早期的耶稣会士草创了最早的罗马字汉语拼音方案，对语音的记录更为准确和方便，并将注意力由古代书面语转向了当代口头语言。

早在1930年，罗常培就专门撰写长文《耶稣会士在音韵学上的贡献》，讨论了耶稣会传教士对汉语音韵学的影响。他首先指出了古代音韵学的不足之处：

> 研究中国音韵学的困难，第一是分析“音素”；第二是测定“字音”。标音的方法，从“譬况”、“读若”，演进到反切，自然是改良了很多；毕竟一个方块的汉字只能代表一个整个的声音，由汉字的形体上决不能看出那一个字由哪些个音素构成；并且反切上字既不是单纯的声，反切下字也不是单纯的韵，拿它来拼音，绝没有用单纯的声母韵母那样简单易晓。因此仅仅靠着汉字造成的反切来研究音韵学，除去“口耳相传”、“心知其意”外，很少好的方法使人知道它是童蒙可喻的容易东西。再者，人类的语音是随着时间空间变易的。那么，拿现在的字音推测从前某一时代的字音，其不精确的程度恰好像用北平的语音推测闽粤的语音一样！周秦以前，姑且不论。《切韵》的系统，尽管那样精密，直到现在，我们根据它的韵部跟反切，只能明了它的声韵分类，要想考定音值，便不能希望单从《切韵》本身探讨出什么满意的结果来！就是研究元明以降的音韵，也不免感受同样的困难。究其主因，不过因为各时代流传的韵书没有字母式的音标作研究的根据罢了。

因此，耶稣会士创建的汉语拼音系统，较之历史上的反切系统，其意义就不亚于一场范式革命了。在总结耶稣会士对汉语音韵学的贡献时，罗常培提出，利玛窦和金尼阁等人的罗马字注音方案跟以前守温[①]参照梵文所造的三十六字母，以后李光地[②]《音韵阐微》参照满文所造的“合声”反切，应当具有同等的地位，因为：

> 1. 用罗马字母分析汉字的音素，使向来被人看成繁难的反切，变成简易的东西；
>
> 2. 用罗马字母标注明季的字音，使现在对于当时的普通音，仍可推知大概；要推知明末“官音”的音值，他们的注音便是顶好的参考材料；

---

① 守温，唐末佛教僧人，音韵学家。他仿照梵文创制了古汉语声类三十字母，后成为宋代“三十六字母”的蓝本。敦煌石窟发现的“南梁汉比丘守温述”的音韵学写本残卷中收录了“三十字母”及“四等轻重例”等，可以证明他的确是三十字母和等韵学的创始人。

② 李光地，1642—1718，清初理学家，又称安溪先生，或安溪李相国，曾官至直隶巡抚、吏部尚书、文渊阁大学士等。

3. 给中国音韵学研究开出一条新路，使当时的音韵学者，如方以智（《切韵声原》）、杨选杞（《声韵同然集》）、刘献廷（《新韵谱》）等受了很大的影响。……遂给中国音韵学的研究，开辟出一条新路径。

在后来的西方新教传教士、汉学家以及外交官等群体的继续努力下，这种汉语音韵学研究范式得到完善，并对中国学者及现代汉语音韵学的研究产生了深远影响。

一、早期耶稣会士的汉语语音研究

明代最早入华的西方传教士是耶稣会士。嘉靖三十一年（1552 年），受葡萄牙国王保护的天主教耶稣会传教士方济各·沙勿略（Francis Xavier）神父①历尽艰险到达中国广东的上川岛，但因为始终得不到进入大陆的许可，最终带着遗憾死在了岛上。其后，范礼安②、罗明坚、巴范济③、利玛窦、郭居静、龙华民④、庞迪我⑤等一批耶稣会士相继成功来

---

① 沙勿略，1506—1552，西班牙籍天主教传教士，也是耶稣会创始人之一，早期在亚洲的马六甲和日本等地传教。在亚洲传教期间，他注意到中国文化对于周边国家的影响力，因此决定进入中国，探寻东亚文化的源头并把基督教文化传入中国。但当时，由于中国的海禁政策，外国传教士要进入中国非常困难。1552 年 8 月底，在历经挫折后，沙勿略登上离广州仅百余公里的上川岛，冀望可以由此偷渡进入中国内地，但是几经挫折终未如愿。1552 年 12 月 3 日晨，沙勿略因疟疾病逝于上川岛。

② 范礼安，Alessandro Valignano，1539—1606，耶稣会意大利籍传教士，1573 年被任命为耶稣会远东观察员视察澳门教会。他要求来华传教士学习中国语言，尊重中国风俗，尽量适应中国文化，对后来的罗明坚、巴范济、利玛窦等人产生了很大影响，也对基督教在中国的早期传播起到了关键作用。

③ 巴范济，Francois Pasio，1554—1612，意大利籍耶稣会传教士。1582 年，巴范济和利玛窦等人一起被派遣到澳门，后随罗明坚赴肇庆，并获准在肇庆居留传教至 1584 年。

④ 龙华民，Nicholas Longobardi，1559—1654，意大利籍耶稣会传教士，1597 年来华，是利玛窦死后的继任者。他与利玛窦在对待中国礼仪的问题上观点分歧较大，禁止中国教徒祭祖拜孔，从而引发天主教教廷与中国政府之间的中国礼仪之争，最终导致了清政府采取禁止天主教在华传播的政策。龙华民于 1654 年病逝于北京。

⑤ 庞迪我，Diego de Pantoja，1571—1618，西班牙籍耶稣会传教士。1599 年抵澳门，两年后抵北京。其作品包括《七克大全》（简称《七克》）、《庞子遗诠》以及呈于中国皇帝的手绘世界地图等。

华。利玛窦等先驱者采取主动适应中华文化的策略，以“西儒”的形象出现，以西学知识作为重要传教手段，并积极主动地和中国上层知识圈进行交流，终于得到大量士绅的认同（如明代有较大影响力的知识分子徐光启、李之藻、杨廷筠等人就与他们有密切的交流与合作，并先后受洗入教，成为明代中国天主教会的重要基础力量），并为明政府所许可，由此在传教的同时掀起了西学东渐的高潮。例如利玛窦的《交友论》《万国舆图》，孟三德①的《名理探》《寰有诠》，艾儒略②的《职方外纪》，熊三拔③跟徐光启的《泰西水法》，邓玉函④的《人身说概》，邓玉函跟王徵的《奇器图说》《诸器图说》，汤若望的《则克录》，徐光启的《农政全书》，韩霖的《守圉全书》《慎守要录》等著作，对于伦理、论理、舆地、理化、生理、农业、水利、制造等各方面，都有相当的贡献（罗常培，1930）。但耶稣会士在汉语语言，特别是语音方面的贡献，倒是经常被人忽视了。

传教士抵华后，最首要的任务，自然是学习语言以便和本地人交流，站稳脚跟并传教，但在当时的条件下，一方面欧洲本土几乎没有任何可资参考的汉语教材或者其他资料，另一方面中国本土也没有给外国人教授汉语的经验或者材料。来华之前的传教士在东南亚的菲律宾、中国澳门等地或许积累了一些亚洲语言学习的经验和材料，但即使有也不会对来华耶稣会士的汉语学习提供实质性帮助，而且这方面目前也很难考证。

---

① 孟三德，Duarte de Sande，1547—1599，葡萄牙籍耶稣会传教士。孟三德于1585年7月抵达澳门，同年8月前往广东肇庆传教，直到1587年11月。后来又于1591年到韶州（今韶关）传教，1592年回到澳门，担任澳门圣保禄学院院长。1599年6月22日逝于澳门。

② 艾儒略，Giulio Aleni，1582—1649，意大利籍耶稣会传教士。艾儒略于1610年来华，在澳门神学院讲授数学，1613年到福建传教。其代表性西学著作有《万国全图》《职方外纪》《西学凡》《耶稣传》《西方答问》《性学粗述》《乾舆图记》《几何要法》等。

③ 熊三拔，Sabatino de Ursis，1575—1620，耶意大利籍稣会传教士。熊三拔于1606年来华，到北京传教，并协助钦天监修订历法，1617年因南京教案被押解到澳门，1620年死于澳门。其代表性西学译著有《泰西水法》《简平仪说》《表度说》《中国俗礼简评》等。

④ 邓玉函，Johann Schreck，或称 Jean Terenz，1576—1630，德国籍耶稣会传教士。邓玉函于1619年7月22日抵达澳门，1621年到杭州传教，1623年到达北京。

这样，早期的传教先驱们就只能按照西洋语言学的范式，用罗马字母去描写、记录所听到的汉语语音，并开始编写一些简陋的词汇集子。这中间必然是有中国本土学者帮助的，因为这些材料中有和罗马记音对照的汉字词汇，可惜到目前为止我们没有发现关于本土学者如何协助早期传教士学习汉语的详细记录，否则这一定可以构成汉语对外教学的有价值资料。但不管怎样，耶稣会士筚路蓝缕所编写的这些有记音、汉字和西文注释的词汇集就构成了最早的汉外词典，加上其他陆陆续续完成的汉语语法和用罗马字注音写成的汉语读本等就构成了最早的对外汉语教学材料了。对于中国语言学史而言，这些材料的意义也是非凡的，因为它们是中国最早的拼音体系、汉外词典和汉语语法。下文通过几部最主要的历史文本来说明传教士汉语语音研究的发展历程。天主教时期的代表性文本是《葡汉辞典》、《西字奇迹》和《西儒耳目资》，新教时期则通过综合介绍马士曼、马礼逊、卫三畏、艾约瑟等代表性人物的贡献加以呈现。

1.《葡汉辞典》

1934 年，意大利籍耶稣会士德礼贤（Pasquale M. D'Elia）在罗马耶稣会档案馆中发现了一份手稿，题名为《宾主问答辞义》，书中“宾”指的是来访的中国文人或官员，“主”代表传教士。美籍华裔学者杨福绵在 1989 年曾亲赴罗马查阅该手稿，据其考证，这部手稿的第 32～165 页是一部葡萄牙和汉语对照的《葡汉辞典》，编纂年代大约是 1584—1588 年间，应该是第一部汉外词典（杨福绵，1995）。《葡汉辞典》前后附页包括学习汉语用的笔记、词汇、天干地支、明代十五省名称、中国天文知识及天主教教义、简介等杂项。词典应该是由罗明坚主编，其后由利玛窦补充完善的。《葡汉辞典》因为是手稿，所以没有封面，也没有编者信息。这部辞典手稿实际上并没有完成，据杨福绵统计，《葡汉辞典》共收录葡语词汇 6000 余条，而与之对应的汉语词条则只有 5460 条，也就是说有 540 多条葡语词汇没有对应的汉语词。这种不对称现象，杨福绵推测其原因是当时许多葡萄牙词语在汉语里没有合适的对应译法，所以只好暂时付诸阙如。

《葡汉辞典》分为三栏编排：第一栏是葡萄牙语词汇，按字母顺序排列；第二栏是罗马字注音，杨福绵判断为罗明坚笔迹，是其在肇庆学习汉语时所创制的最早的罗马字注音，不过系统尚不完备；第三栏是汉语

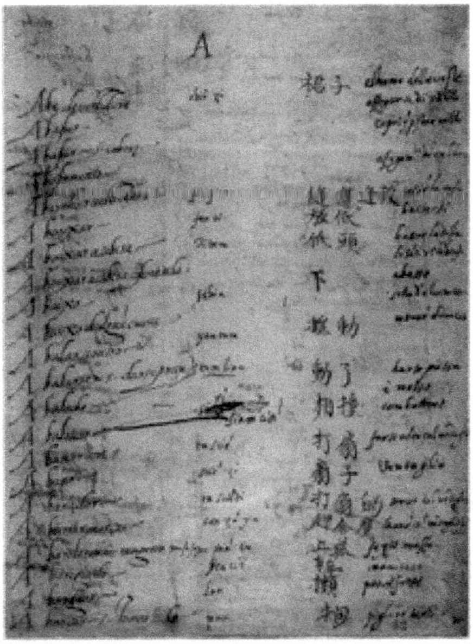

图 2.1　《葡汉辞典》手稿

词条，为中国人笔迹，可能是罗明坚和利玛窦的汉语老师或者其他中国文人写的，词条中包括单音节词、双音节词、词组和短语，以口语为主，兼附同义词和文言词。部分页码里的第三栏后面有意大利语词条，杨福绵据笔迹判断为利玛窦所添加。杨福绵经考证后还判断辞典收录的口语材料是当时通用的官话，而这种官话的基础方言不是以北京话为基础的北方官话，而是以当时的南京话为基础的南方（江淮）官话。

表 2.1　《葡汉辞典》的编排体例（引自杨福绵，1995）

葡语词	罗马字注音	汉语词
Bom parecer	piau ci	嫖致，美貌，嘉
Escarnar	co gio	割肉，切肉，剖肉
Espantadigo	chijn pa	惊怕，骇然，惊骇
Esperar，confiar	van，cau，sin	望，靠，信
Estudar	to sciu	读书，看书，观书
Fallar	chiā cua，sciuo cua	讲话，说话
Fallar Mādarin	cuō cua，cin yin	官话，正音
Falecer	ssi，uan，cu	死，亡，故，殁

杨福绵认为《葡汉辞典》中的罗马字注音构成了最早的拉丁字母汉语拼音方案，是后世一切汉语拼音方案的鼻祖。他根据《葡汉辞典》，参照利玛窦后来的《西儒耳目资》一书的注音体系，并参照罗常培的拟音，得出了《葡汉辞典》的声韵母表。他的原表是把《辞典》的拼音方案（简称为罗氏方案）和《西儒耳目资》的拼音方案（简称为利氏方案）对照着排列的，我们在他原表的基础上把《葡汉辞典》（即他所谓的罗氏方案）单独抽出来，大体得出这样一个拼音方案：

表 2.2　《葡汉辞典》反映出的声母表

拟音	声母	例字
[p]	p	邦 pam，不 po，抱 pau
[p‘]	p	怕 pa，破 po，僻 pie’
[m]	m	玛 ma，门 men，明 min
[f]	f	方 fam，非 fi，法 fa
[v]	v，u	万 van，无 uu，味 ui，vi
[t]	t	大 ta，道 tau，东 tum
[t‘]	t	他 ta，桃 tau，通 tum
[n]	n	难 nan，能 nen，内 nui
[l]	l	赖 lai，流 leu，雷 lui
[ts]	c，ç，çc	则 çe，自 ci，姊 çci，即 çie
	z	子 zi，早 zau，哉 zai，助 zu
[ts‘]	c，ç，çc	窃 ce，慈 çci，前 çien
	z	草 zau，愁 zeu，粗 zu
[s]	s，ss	死 si，事 ssi，三 san，山 san，小 siau
[tʃ]	c，cc	战 cen，知 ci，ccy，正 cin
[tʃ‘]	c，cc	臭 ceu，齿 ci，ccy，城 cin
[ʃ]	sc	是 sci，手 scieu，辰 scin
[ʒ]	g	人 ge’，然 gen，人 gin
[k]	c	改 cai，过 co，故 cu
	ch	狗 cheu，家 chia，锯 chiu
	q	怪 quai，鬼 quei，广 quam
[k‘]	c	开 cāi，可 co，堪 can

续表

拟音	声母	例字
	ch	口 cheu，巧 chiau，去 chiu
	q	快 quai，癸 quei，旷 quam
[ŋ]	ng	爱 ngai，碍 ngai，我 ngo
	ngh	额 nghe，恩 nghen，硬 nghen
[ȵ]	gn	义 gni，业 gnie'，浓 gnium
[x]	h	好 hau，后 heu，何 ho
	c	花 cua，火 cuo，玩 cuon
	g	湖 gu，滑 gua，灰 guei
	sch	喜 schi，下 schia，学 schio
[ʔ]	g	瓦 gua，卧 guo，为 guei，艾 gai，吾 gu，王 guam，外 guai
[o]	i，j，y	以 i，y，因 in，yn，羊 iam，jam，yam，屙 o，五 u，恶 u

表 2.3　《葡汉辞典》反映出的韵母表

拟音	韵母	例字
[ɿ]	i	思 ssi，死 si，四 si
[ʅ]	i，y	之 ci，时 si，是 sci，齿 cí，ccy
	i	而 gi，耳 gi，二 gi
[i]	i，ij，y	欺 chij，其 chi，肥 fi，利 li，医 y
[u]	u	都 tu，徒 tu，主 ciu，树 sciu
[y]	u	女 nu，gnu，驴 lu，序 su，鱼 yu
	iu	居 chiu，鱼 iu，举 chiu
[a]	a	怕 pa，马 ma，他 ta，拿 na
[ia]	ia	家 chia，下 schia，牙 ia，雅 ia
[ua]	ua	瓜 cua，花 cua，化 cua
[ɔ]	o	破 po，多 to，我 ngò，何 ho
[io]	io	痂 chio，靴 schio
[uɔ]	uo	火 cuo，卧 guo，座 zuo
[ɛ]	e	者 cie，这 cie，车 cie

拟音	韵母	例字
[iɛ]	ie，ie'	些 sie'，邪 sie，也 ie，夜 ie
[ai]	ai，ay	来 lai，lay，开 cai，海 hai
[iai]	iai，yai	解 chiai，街 chiai，鞋 schiai
[uai]	uai	乖 quai，快 quai，淮 guai
[uei]	uei，uey	窥 quey，灰 guei，为 guei
	oi	贝 poi，陪 poi，妹 moi
[ui]	ui	对 tui，内 núi，泪 lui，锥 ciui，吹 ciui，睡 sciui
[au]	au	包 pau，好 hau，少 sciau
[iau]	iau	燎 liau，了 liau，小 siau
[əu]	eu	州 ceu，臭 ceu，手 scieu
[iəu]	ieu	求 chieu，九 chieu，救 chieu
[an]	an	谈 tan，感 can，山 san
[iɛn]	ian	间 chian，閒 schian，眼 yan
	ien	点 tien，天 tien，焉 ien
[uan]	uan，uoan	关 cuan，宽 quoan，翫 guan
[ɔn]	on	半 pon，团 ton，短 ton
[uɔn]	uon	乱 luon，观 cuon，欢 cuon，饨 tuon，吞 tuon，顺 sciuon
[yɔn]	iuon	捲 chiuon，全çiuon，冤 yuon
[ɛn]	en	根 chen，恩 nghen，珍 cen，善 scien，然 gen
[əŋ]	en	灯 ten，曾çen，生 sen
[uɛn]	uen	分 fuen，问 vuen，瘟 guen
[in]	in	林 lin，谨 chin，沉 cin，身 scin，人 gin，尽 çin，心 sin
[iŋ]	in	命 min，鼎 tin，经 chin， 形 schin，整 cin，证 cin， 城 cin，净çin，请çin
[un]	un	粪 fun，顿 tun
[yn]	iun	君 chiun，裙 chiun，云 iun
[aŋ]	am	方 fam，倘 tam，浪 lam，上 sciam，藏 zam，往 uam
[iaŋ]	iam	量 liam，降 chiam，将çiam，想 siam，像 siam
[uaŋ]	uam	广 quam，旷 quam，黄 guam

续表

拟音	韵母	例字
[uŋ]	um	风 fum，同 tum，工 cum，众 cium
[yŋ]	ium	穷 chium，熊 schium，兄 schium 容 yum，用 yum
[aʔ]	a	法 fa，拉 la，杀 sa
[iaʔ]	ia	甲 chia，瞎 schia，压 ia
[uaʔ]	ua	刮 cua，滑 gua，刷 sciua
[əʔ]	e'	墨 me'，得 te'，肋 le'，色 se'
[iəʔ]	ie'	笔 pie'，力 lie'，释 scie'
[ieʔ]	ie'	别 pie'，裂 lie'，节 cie'
[yeʔ]	iue	雪 siue
[ɔʔ]	o	博 po，落 lo，索 so
[iɔʔ]	io	略 lio，学 schio，雀çio
[oʔ]	o	不 po，逐 cio，肉 gio
[ioʔ]	io	曲 chio，蓄 hio，欲 io
[uɔʔ]	uo	国 cuo，忽 cuo，说 sciuo
[yo]	iuo	绝 z(i)uo，月 iuo
[uʔ]	u	没 mu，祝 ciu

可以看出，作为一部草创之作，《葡汉辞典》的拼音体系还是很不完善的，比如没有声调体系，罗明坚和利玛窦两人的前后注音存在诸多不一致之处（特别是有葡萄牙语和意大利语两种拼法并存的情况），用同一音标拼写不同声母，用同部位的辅音拼写同一个声母，同一个字的声母韵母拼法不一致，同一韵母拼法前后不一致，等等。所以其后利玛窦在《辞典》的注音系统基础上作了改进和完善，在《西字奇迹》一书中推出了自己的新注音体系。但不管怎么说，作为第一部可考的汉语标音体系，《葡汉辞典》对汉语音韵学的巨大贡献是不容忽视的。

2.《西字奇迹》

1605 年，利玛窦应用他和另外几位传教士拟订的汉字注音方案写了 4 篇文章，送给当时的制墨专家程君房，由程君房编入所著墨谱《程氏墨苑》中。这 4 篇文章中前 3 篇都宣传天主教教义，后由教会单独合成一卷，取名《西字奇迹》。这 4 篇文章连同几幅木刻宗教画，1927 年由北京辅仁大学影印出版，题名为《明季之欧化美术及罗马字注音》，1957 年北京文字改革出版社又在该影印版基础上重新影印出版，题名为《明末罗马字注音文章》。

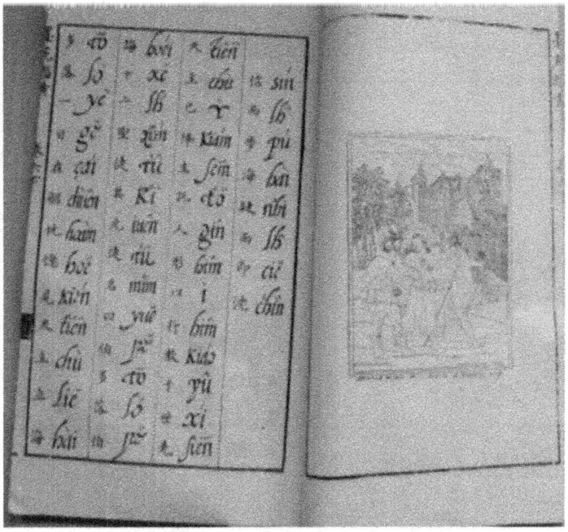

图 2.2 《西字奇迹》内页

图 2.3 “西儒”形象的利玛窦

罗常培（1930）根据这几篇文章，归纳出了利玛窦的汉语拼音方案，其中一共包含 26 个声母和 44 个韵母：

表 2.4　利玛窦拼音方案的声母（字父）

字父	假定的音值	例字	附注
c	[k]	改 cài，功 cōm，古 cù	在 a，o，u 前
	[ts]	则 cĕ，即 ciĕ，子 cù	在 e，i（y），u 前
c‘	[k‘]	堪 c‘ān，可 c‘ò，苦 c‘ù	在 a，o，u 前
	[ts‘]	前 c‘iên，且 c‘iè，次 c‘u	在 e，i（y），u 前
ç	[ts]	哉çāi，足çō，助çŭ	在 a，o，u 前
ç‘	[ts‘]	曹 c‘âo，从ç‘ûm	在 a，o，u 前
f	[f]	方 fām，非 fī	
g	[ɣ]	艾 gái，吾 gû	在 a，o，u 前
	[ʒ]	然 gên，人 gìn	在 e，i（y）前
h	[x]	海 hài，湖 hû	
j	[ʒ]	若 jō，如 jū	在 a，o，u 前
k	[c]	见 kién，教 k‘iáo	在 i（y）前
k‘	[c‘]	奇 k‘î，巧 k‘iào	在 i（y）前
l	[l]	赖 laì，流 liêu	
m	[m]	明 mîm，谬 mìéu	
n	[n]	难 nân，能 nêm	
p	[p]	邦 pām，并 pĭm	
p‘	[p‘]	僻 p‘iĕ	
q	[kw]	广 quàm，观 quōn	在 u 一类复韵母前
q‘	[k‘w]	睽 q‘uēi，廓 q‘uò	在 u 一类复韵母前
s	[s]	色 sĕ，三 san	
t	[t]	大 tá，道 táo	
t‘	[t‘]	通 t‘ūm，天 t‘iēn	
v	[v]	万 ván，物 voĕ	
x	[ʃ]	身 xīn，手 xèu	x 还跟 i 一类韵母拼，所以它的音值是混合舌叶的 [ʃ]，不是真正舌尖后的 [ʂ]。ch，ch‘，g，j 等可据此类推
ch	[tʃ]	真 chīn，正 chím	
ch‘	[tʃ‘]	出 ch‘ŭ，城 ch‘îm	
ng	[ŋ]	我 ngò，爱 ngái	在 a，o 前
nh	[ɲ]	艺 nhí，业 nhiĕ	在 i（y）前

表 2.5 利玛窦拼音方案的韵母（字母）

字母	假定的音值	例字	附注
a	[a]	太 tá，发 fă	
e (æ)	[ə] 或 [ε]	即 cĕ，者 chè	单用，或在 u，m 前，o，u 后，均读 [ə]；在 i，n 前，i，iu 后，均读 [ε]；在 eau，eam 两母中读 [e]
i (y)	[i]	几 kì，暨 ký	
o	[ɔ]	我 ngò，多 tō	在 a 后或作韵头用时读 [ʊ]
u	[u]	古 kù，土 t'ù	以上单韵母五
ai	[ai]	哉çāi，改 cài	
ao	[aʊ]	好 hào，少 xào	
eu	[əu]	寿 xéu，臭 ch'éu	
ia (ya)	[ia]	家 kia，雅 yà	
ie	[iε]	邪 siê，业 nhiê	
io	[iɔ]	确 k'iŏ，学 hiŏ	
iu (yu)	[y]	居 kiu，虚 hiu	
oa	[ʊa]	化 hoá	
oo	[ʊɔ]	座 coò	uo 母在 t，ç 各系后变 oo
oe	[uə]	或 hoĕ，物 voĕ	
ui	[ui]	对 tuí，内 nui	
uo	[uɔ]	卧 guó，火 huò	
eao	[eaʊ]	燎 leào	
iai	[iai]	解 kiài	
iao	[iaʊ]	教 kiáo，巧 k'iáo	
iue	[yε]	决 kiuĕ，绝 ieu	
ieu	[iəu]	久 kièu，修 siēu	
oei	[uεi]	灰 hoēi，贝 poéi	
uai	[uai]	国 quăi	

续表

字母	假定的音值	例字	附注
uei（uey)	[uεi]	睽 quēi，为 guêi	以上复韵母 20
am	[aŋ]	方 fām，藏 c'âm	
an	[an]	看 c'án，山 xān	
em	[əŋ]	等 tèm，生 sēm	
en	[εn]	文 vên，门 mên	
im（ym)	[iŋ]	精 cīm，明 mîm	
in	[in]	钦 k'īn，民 mîn	
um（om)	[uŋ]	从ç'ûm，众 chúm	
eam	[eaŋ]	两 leàm，量 leâm	
iam	[iaŋ]	将 ciām，像 siám	
ien	[iεn]	前 c'iên，见 kién	
yum	[yŋ]	用 yúm	
iun	[yn]	君 kiūn，论 liún	
oam	[uaŋ]	荒 hoām，恍 hoám	
oem	[uəŋ]	猛 moèm	
uam	[uaŋ]	广 quàm	
uen	[uεn]	闻 vuên，问 vuén	
uon	[uɔn]	观 quōn，乱 luón	
iuen（yuen)	[yεn]	圆 yuên，全 c'iuên	以上复声韵母 17
lh	[ər]	而 lħ，尔 lħ	卷舌韵母 1

表 2.6 利玛窦拼音方案的次音字母

字父	假定的音值	例字	附注
o'	[o]	足çǒ，逐 chǒ	
ŭ	[ɿ]	自 cŭ，思 sŭ	
ic'（ye')	[ie]	乙 yě'，笔 piè'	
io'	[io]	欲 yǒ'	

表 2.7　利玛窦拼音方案的声调体系

调类	符号	例字	附注
清	¯	观 quōn，山 xān	即阴平
浊	ˆ	文 vên，人 gîn	即阳平
上	ˋ	占 cù，雅 yà	
去	ˊ	教 kiáo，化 hoá	
入	ˇ	学 hiǒ，业 nhiě	

3.《西儒耳目资》

1610 年（明万历三十八年），利玛窦在北京去世，同年另一位耶稣会传教士金尼阁来到中国，在浙江杭州一带传教。1625 年（明天启五年），金尼阁以利玛窦的罗马字拼音方案为基础进行修订完善，最终形成了他自己的注音方案，并以《西儒耳目资》为书名，于 1626 年（明天启六年）在杭州出版。很多学人一直认为这部书并非金尼阁的个人成果，而是中外学者合作的结果，比如罗常培（1930）就指出："金尼阁作这部书，遵守他同会利西泰，郭仰凤，庞顺阳等草创的规模，'述而不作，窃比于我老朋'的。"张奉箴（1983：90—91）也指出："这部书（《西儒耳目资》）是明代天启五年（1625），金尼阁神父，经过我国学者的指示，依据我国音韵学上的原理，把利玛窦的拉丁字拼音方案加以修改、扩充，并经过整齐划一的工作，而用五个月的工夫，撰成的拉丁注音专书。"金熏镐（1994：76）提出："利玛窦为了方便外国人学习汉语和汉字，就用罗马字母来给汉字注音，制定拼音规则，为此编纂了《泰西字母》和《西字奇迹》（1605）之类的汉语注音方案。利玛窦去世以后，法国传教士、比利时人金尼阁接替利玛窦来到中国继续传教，并于天启五年（1625）在中国学者王徵、吕维祺、韩云等人的帮助下修订改编了利玛窦、郭居静、庞迪我的注音方案，撰写了一部体现汉语罗马字拼音的《西儒耳目资》。"尹斌庸（1995：350）则提出："在罗马字汉语拼音方案上，金尼阁是利玛窦的最重要的直接继承者。"1626 年，金尼阁在杭州出版了《西儒耳目资》，但该书在清朝乾嘉以后逐渐绝版，直到 1934 年才由北京大学和北平图书馆重新影印出版。1957 年，文字改革出版社又将其列入"拼音文字史料"丛书之一再次影印出版。

《西儒耳目资》为一部拼音的汉语字汇，由三编构成：第一编《译引首谱》；第二编《列音韵谱》；第三编《列边正谱》（分别简称《首谱》、《列音》和《列边》）。《首谱》是理论部分，其中“万国音韵活图”和“中原音韵活图”用图式说明汉字声、韵、调的配合形式，“音韵经纬总局”“音韵经纬全局”是以韵为经、以声为纬组成的韵表。此编最后附有“问答”，讨论音韵和拼音方法。《列音》和《列边》各是一部字典，前者用于按音查字，把所收的汉字分隶于五十摄，每摄按声母、声调划分同音字组，上注反切和罗马字注音，后者用于按字索音，是一个按汉字偏旁分类的检字表。从《西儒耳目资》书名本身来看，这部书有两个作用，一是供“西儒”“资耳”（查音），二是供“西儒”“资目”（查字），《列音》和《列边》正是满足这两种需求的。从音韵学的角度来说，只有《首谱》和《列音》是有音韵学价值的。在书中，金尼阁使用了 29 个字母，分做三类：“自鸣”者 5，就是 5 个母音；“同鸣”者 20，就是 20 个子音；“不鸣”者 4，就是 4 个“他国用，中华不用”的子音，所以实际用来拼汉语语音的，共 25 个字母。在罗马字汉语拼音的写法上，金尼阁本着“述而不作”的精神，只是对利玛窦等人的方案做了一些局部的修改，其中主要是对拼法的简化，可以看做是对这个方案的进一步完善，因此研究者把这一套拼音系统称为“利—金方案”。

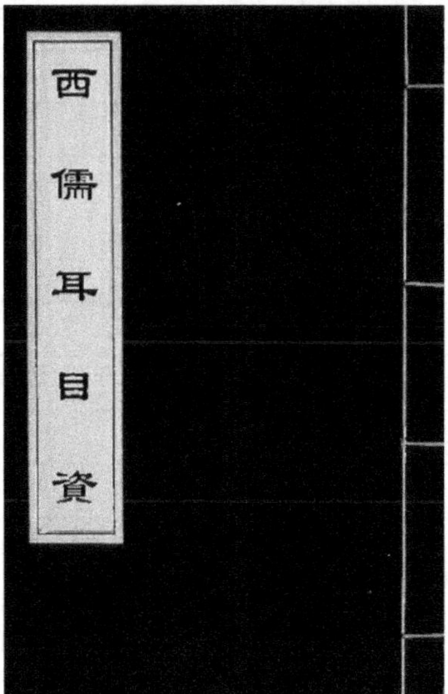

图 2.4　《西儒耳目资》封面

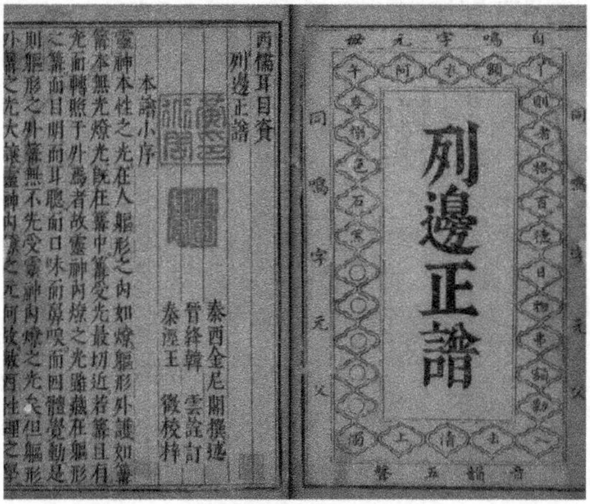

图 2.5 《列边正谱》

按照罗常培的归纳，金尼阁《西儒耳目资》的拼音方案可表现如下：

（1）自鸣者，即元音 5 个

中字	西号	假定的音值	例字
丫	a	[a]	巴 pa，拿 nâ，马 mâ
额	e	[ə] 或 [ɛ]	柏‘pě，遮 che，热 jě
衣	i	[i]	妻‘ci，詈 lí，离 lî
阿	o	[ɔ]	我 gò，颇‘pò，错‘çǒ
午	u	[u]	孤 kū，度 tú，苦‘kù

（2）同鸣者，即辅音 20 个

中字	西号	假定的音值	例字
则	c	[ts]	尊çûn，酒çièu，醉çuí
测	‘ç	[ts‘]	忖‘çùn，前‘çièn，情‘çîm
者	ch	[tʃ]	真 chīn，正 chím，壮 chóam
扯	‘ch	[tʃ‘]	耻‘chì，差‘chā，舛‘chuèn
格	k	[k]	敬 kím，改 kài，过 kuó
克	‘k	[k‘]	考‘kào，勤‘kīn，恳‘kèn
百	p	[p]	不 pǒ，标 piao，榜 pàm
魄	‘p	[p‘]	瓶‘pîm，偏‘pīen，颇‘pò

续表

中字	西号	假定的音值	例字
德	t	[t]	敦 tūn，道 táo，德 tě
忒	‘t	[t‘]	推‘tūi，陶‘tâo，唐‘tām
日	j	[ʒ]	儒 jû，忍 jìn，让 jám
物	v	[v]	无 vû，万 ván，物 voě
弗	f	[f]	非 fī，佛 fŏe，法 fă
额	g	[ɣ]	爱 gái，昂 gâm，伟 goèi
勒	l	[l]	恋 liuén，良 leâm，类 luí
麦	m	[m]	美 muì，面 mién，貌 máo
搦	n	[n]	嫩 nún，女 niù，娘 niām
色	s	[s]	细 sí，梭 so，巡 siūn
石	x	[ʃ]	慎 xin，升 xim，赏 xàm
黑	h	[x]	喜 hì，恍 hoàm，忽 hŏ

(3) 不鸣者，即“他国用，中华不用”的辅音 4 个。

b [b]，d [d]，r [r]，z [z]。

由单元音和 l、m、n 几个辅音，又可以组合成 22 个 2 字韵母和 22 个 3 字韵母及 1 个 4 字韵母，分别是：

2 字韵母：ai [ai]，ao [au] am [aŋ]，an [an]，eu [əʊ]，em [əŋ]，en [ɛn]，ia [ia]，ie [iɛ]，io [iɔ]，iu [y]，im [iŋ]，in [in]，oa [ua]，oe [uə]，ua [ua]，ue [uɔ]，ui [ui]，uo [uɔ]，ul [ər]，um [uŋ]，un [un]。

3 字韵母：eao [eau]，eam [eaŋ]，iai [iai]，iao [iau]，iam [iaŋ]，ieu [iəu]，ien [iɛn]，iue [iɛ]，ium [yŋ]，iun [yn]，oai [uai]，oei [uɛi]，oam [uaŋ]，oan [uan]，oen [uɛn]，uai [uai]，uei [uɛi]，uam [uaŋ]，uan [uan]，uem [uəŋ]，uen [uɛn]，uon [uɔn]。

4 字韵母：iuen [yɛn]。

声调方面，和利玛窦一样，依然是分出清（ˉ）、浊（ˆ）、上（ˋ）、去（ˊ）、入（ˇ）五声。为描写汉语声、韵、调之间搭配组合的发音规则，金尼阁还专门创制了万国音韵活图和中原音韵活图，前者旨在用拉丁文拼出汉字读音，后者则以反切的方法用汉字对照拉丁文音韵。据谭慧颖（2008）考证，金尼阁音韵活图的创意最可能的来源是卢尔①组合艺术图。但不管该创意是来自东方知识体系还是西方知识体系，都反映了金尼阁在汉语音韵学上试图调和中西两种文化的良苦用心和大胆创造，这一创意也可视作中西语言思想交流、结合的一个典范。

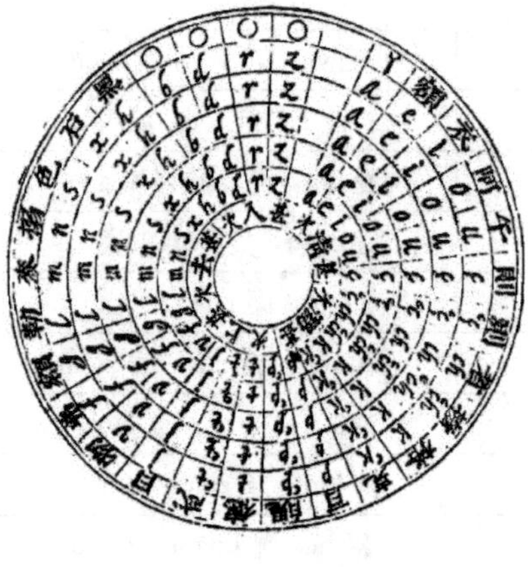

图 2.6　万国音韵活图

图 2.7　中原音韵活图

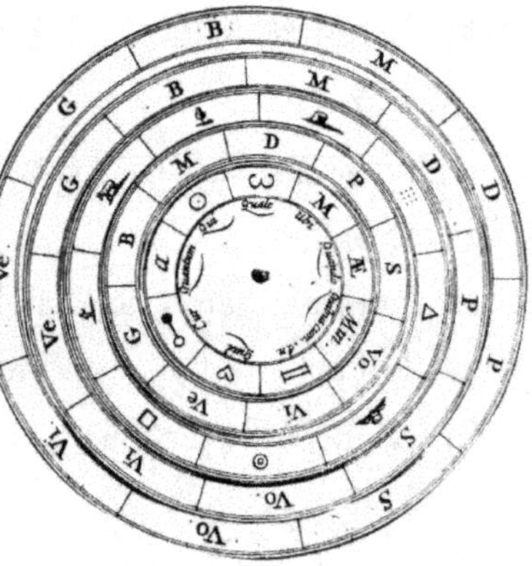

图 2.8　卢尔组合艺术图（谭慧颖，2008）

综合罗常培（1930）和谭慧颖（2008）的阐述，音韵活图的工作原

① 拉曼·卢尔（Ramon Llull，1235—1316），或译作拉蒙·柳利，中世纪西班牙加泰罗尼亚作家、逻辑学家、方济各会会士和神学家。他确信自己发现了一种适用于所有学科的组合艺术，并一生致力于推广这种艺术。卢尔的作品中有为数众多的同心圆图，用于阐释他的神秘组合术。普遍一致的观点认为，卢尔组合图通过转动置于不同圈层的元素（由字母代表）来形成不同的组合模式，并据此解释世间万物所处的层级等特征。

理大致可以做如下解释：万国音韵活图含有七个圈层：中间五圈重复排列 29 个西文字母，字母 z 和 a 之间留出一排径向空位，用来排置组合成的字音；最外圈是西文字母所对应的近似汉字发音，有 4 个位置用〇填充，表示汉语中没有相应的辅音；最内圈是声调圈。工作时，活图的最外圈保持不动，其他 6 个圈层做绕心旋转，按照由内向外的次序，每个圈层取一个字母，在径向空位处组合成需要的字音，再对齐相应的声调就可以了。比如，要合成“iuèn”（远）这个音，先转动内一圈（靠近声调圈），让 i 出现在空位处；再依次转动内二、内三、内四圈，使 u，e，n 分别出现在空位处，最后旋转声调圈至“上”位。

中原音韵活图则是专门按照汉语发音的特点设计的，有 6 个同心圆环，组成 3 个可活动圈层，从外向内依次为字母（韵母）圈、字父（声母）圈和声调圈。中原音韵活图未设置径向空位，合成字音时，在外的字母圈不动，旋转字父圈和声调圈就能随意组成需要的字音。仍以“iuèn”（远）为例，由于“iuèn”没有声母，只要把声调圈的“上”字旋转到与“字母”（韵母）iuen 对应的位置上即可。

对该书之特点，金尼阁本人概括为：“以西学二十五字，辨某某为同鸣父，某某为相生之母，分韵以五仄，如华音平，则徵分清浊焉。不期反而反，不期切而切，不体外增减一点画，不法外借取一诠释，第学二十五字，才一因重摩荡，而中国文字之源，西学记载之派，毕尽于此。”金尼阁的这一自我评价深得中国学者认同，除上文提到的罗常培的评价外，向达、刘复等中国学者对金尼阁的贡献也给予了很高的评价。向达（1983：93）说：“这对于西洋人学习汉语，成功甚易，而在他一方面，因为用罗马字表出中国的声母同韵母，给予一定的音标，于是分析音素，审定音值俱觉容易。这在中国音韵学史上，是一大贡献。”刘复也说：“金氏书，以求明季音读之正，较之求诸反切，明捷倍之。有编制精审，离内容而言方术，亦足资楷模。”总体而言，金尼阁此书在罗明坚、利玛窦等人基础之上完善而成，其间又有中国学者的共同参与，所以虽则仍不能尽如人意，但依然构成里程碑式作品，对后世西方学者和中国学者都产生了重大影响。其简洁清晰的拼音方法，为向来令人望而生畏的“反切”辟出了一条“不期反而反，不期切而切”的捷径，而且也引起了当时不少中国音韵学者的关注，甚至让很多人生出中国文字可以拼音化的想法，如方以智在《通雅》中说：“字之纷也，即缘通与借耳；若字属一字，字各一义，如远西因事而合音者，因音而成字，不重不共，不尤愈乎。”杨选杞读了《西儒耳目资》后，也“顿悟切字有一定之理，因可为一定之法”（以上引文均见于 1957 年影印版《西儒耳目资》跋）。后世研究汉语拼音体系的学者，几乎无人能绕开金尼阁的系统。国内学者陆志伟（1988）、陈望道（1985）、李新魁（1983）、谭慧颖（2008）等人对金尼阁注音体系作出了细致深入的专门研究，对其贡献作出了充分肯定。

在金尼阁之后，天主教传教士里还有迪亚兹①、卫匡国、卜弥格②、何大化③、万济国等人在利玛窦、金尼阁的基础上提出了自己的拼音方案，但是总体来说，这几位的方案并没有跳出利、金的框架，方案基本上大同小异。谭慧颖（2008）对这五人的方案与利、金方案一共七套方案做了详细的比对，对后来者与利、金的可能联系也进行了严密论证。总体而言，后来的天主教传教士的汉语音韵研究基本上是沿着利、金方案的路径做一些局部的修订，影响力也未出前二者，因此本书不再赘述。

二、新教传教士的汉语语音研究

传教士的语言研究活动总是和他们的传教活动息息相关，传教顺利则语言研究活跃，而一旦传教遇阻，语言研究也往往随之终止。天主教传教士们的汉语研究就是典型的例子。从 17 世纪开始，来华天主教不同教派之间就中国传统礼仪，特别是祭祖和祭拜孔子产生了认识上的分歧。

---

① 迪亚兹，Francisco Diaz，1606—1646，多明我会修士，明清之际来华。迪氏于 1640 年编撰了一部《汉字卡斯蒂利亚释义词汇手册》（*Vocabulario de letra China con la explicacion castellana hecho congran propriedad y abvndancia de palabras*，1640. 见 Henri Cordier，*Bibliotheca Sinica：dictionnarire Bibliographique des Ouvrages Relatifs a L'Empire Chinois*，Paris：Guilmoto，1904，Vol. Ⅲ，p. 1634），其拼音方案体现于此手册中。卫匡国在其语法（*La Grammatica Sinica di Martino Martini S. J.*）的第一部分收录了手册中的 318 个汉字音节，并给出了迪氏字典中相应字（或音节）的注音。

② 卜弥格，Michel Borm，1612—1659，波兰籍耶稣会士，1645 年入华。卜氏在欧洲曾会见当时欧洲著名学者及耶稣会士基歇尔（Athanasius Kircher，1602—1680），并应其请求为《大秦景教碑》全文逐字标注了拉丁读音，其拼音方案体现于此注音中。

③ 何大化，Antoine de Gouvea，1592—1677，葡萄牙籍耶稣会士，1636 年入华。曾先后于中国湖北、福建、苏州、广州等地传教。

对中国文化研究更深入的耶稣会士们认为祭祀祖先和祭拜孔子是世俗礼仪，应该得到容忍。其他一些教派如多明我会（Dominicans）和方济会（Franciscans）则认为这些中国传统礼仪与天主教教义是完全相悖的，必须禁止中国的天主教教徒祭祖拜孔。这种关于中国礼仪的争执，随着罗马教廷和中国皇帝的介入，终于演变成二者之间的权威之争。1704 年，罗马天主教教皇正式发布通谕，禁止中国天主教教徒祭拜祖先和孔子。1715 年，他再次重申禁令，宣布在华传教士不得重提中国礼仪问题，否则将被视为异端而革出教门。康熙皇帝则针锋相对地作出了禁止天主教在华流传并且驱逐来华传教士出境的强硬回应。自 1723 年雍正登基后，清廷正式开始了长达一个多世纪的禁教令，早期耶稣会士们所取得的成就付诸东流，而他们的汉语语言研究也就此戛然而止。

基督教再次进入中国，已是差不多一个世纪后的鸦片战争前后。凭借着西方列强的坚船利炮和随后的一系列不平等条约，基督教得以在华再次真正立足。这一次，除天主教传教士外，基督教新教传教士也大量进入中国，在沿海和内地建立起传教据点，并广泛开展了在华办报、办学和办医等事业，对中国近代教育、医疗、社会和思想文化等各个方面的发展产生了深远影响。当然，他们的汉语研究也进入了一个更为全面深入的时期，只不过这一时期占主导地位的研究者由天主教传教士变成了新教传教士，在研究汉语语音时所参照的主要语音体系也由葡萄牙语、意大利语等语言变成了英语。

在汉语语音研究方面，这一时期的传教士们不仅关注汉语官话，也关注汉语语音的历史变迁和各地方言。分布于中国各地的传教士们编写了大量汉语方言词典，记录了各地方言语音。由于传教士研究者数量过多，我们无法一一介绍，只能以人物为线索，择其影响较大、更具代表性的研究者及其著作来进行研究。这些代表性人物包括马士曼、马礼逊、卫三畏、艾约瑟等。

1. 马士曼的汉语语音研究

马士曼（Joshua Marshman，1768—1837）是英国浸信会传教士和东方学家，1799 年被派往印度赛兰坡（Serampore）传教。事实上，马士曼终其一生并未到达中国，他只是在赛兰坡传教，并研究亚洲各种语言。在赛兰坡，除了传教以外，他还学习了孟加拉语、梵语以及汉语。他把圣经翻译成了多种语言，后来还在儿子的帮助下办起了报纸，并创办了赛兰坡大学。马士曼的《圣经》译本是第一部完整的圣经中文译本（谭树林，2000），比后来影响力更大的马礼逊译本要早一年完成，但后来多数学者往往把马礼逊的译本看做是第一部《圣经》中文全译本。1811 年他出版了孔子作品的英文全译本。1814 年，他出版了自己的汉语语法作品，即《中国言法》（*Clavis Sinica*，英文名为 *Elements of Chinese Grammar*，*with Preliminary Dissertation on the Characters and Colloquial Medium of the Chinese*），这部作品也比马礼逊的汉语语法作品《通用汉言之法》要早一年问世。因为名气不如马礼逊大，他在两本书上都遭受了不公正的指责，人们怀疑他抄袭了马礼逊的作品。但是从文本本身的分析并综合其他因素来看，我们基本可以排除对他的不公指责。他还和 W. Carey 一起筹备了一部梵语语法以及一本孟加拉语－英语词典的编纂工作（见 Marshman，1859）。

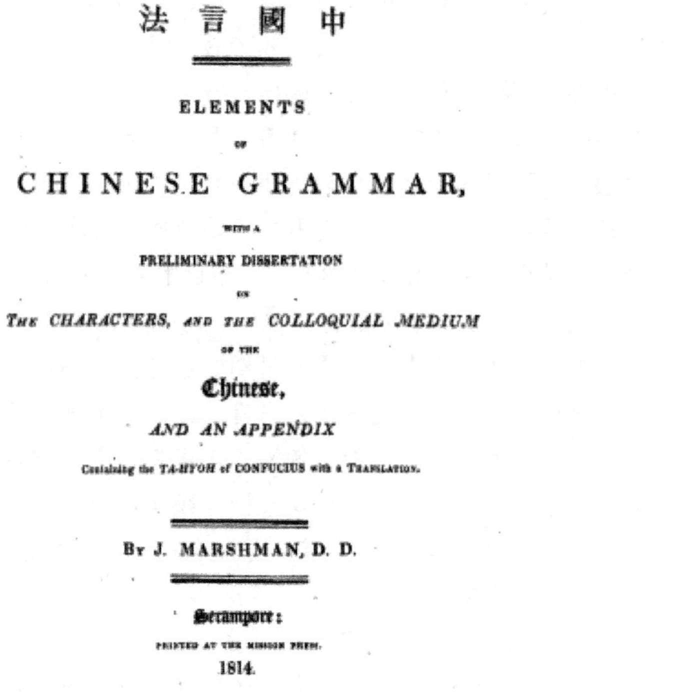
法言國中

ELEMENTS
OF
CHINESE GRAMMAR,
WITH A
PRELIMINARY DISSERTATION
ON
THE CHARACTERS, AND THE COLLOQUIAL MEDIUM
OF THE
Chinese,
AND AN APPENDIX
Containing the TA-HYOH of CONFUCIUS with a Translation.

BY J. MARSHMAN, D. D.

Serampore:
PRINTED AT THE MISSION PRESS.
1814.

图 2.9 《中国言法》封面

在《中国言法》中，马士曼在总体介绍和口头语介绍部分详细介绍了汉语官话的语音形态和历史变迁，并从当时欧洲流行的历史语言学视角出发，对汉语和其他语言进行了比较。从《中国言法》中，我们可以发现，马士曼有着深厚的语言学功底。他熟悉希腊语、希伯来语、拉丁语、梵语、孟加拉语、汉语，同时对东南亚的越南语、老挝语、缅甸语等语言也有所了解。他与当时的东方学家和语言学家显然有着密切的往来，而且参阅了大量专业语言学家的著作。同时，他在赛兰坡学习梵语的时候，距离威廉·琼斯爵士 1786 年在印度宣读其关于梵语和拉丁语、希腊语以及其他日耳曼语言的历史亲缘关系的论文已经过去十几年，而欧洲本土历史比较语言学的浪潮已经掀起，梵语研究变得非常热门。作为一个梵语学习研究者，同时又保持了与欧洲语言学者的密切联系，马士曼显然是了解历史比较语言学这一学术潮流的，因此他的研究很自然地反映了这一学术潮流。

在《中国言法》全书中，马士曼都贯穿使用了比较的方法。对于汉语口语，马士曼提出了这样一些问题：汉语口语中只有 500 多个音节，这么少的音节是怎么表达如此庞杂的内容的？这些数千年来发挥了如此重要功能的单音节有哪些？它们是随意组成的，还是彼此紧密联系的？它们是自成一家，还是来自其他语言？为回答最后一个问题，马士曼仔细比较了汉语和希伯来语、希腊语、梵语发音的异同，最后认为汉语源自前两者的可能性极低，而与梵语联系则多一些，因此有可能源自后者。在后文中，马士曼甚至不厌其烦地试图去论证汉语的口语体系是在大洪水之前就已经存在还是在之后才出现的，它是否是上帝创世之际的原初语言之变体。这一思路现在看来不免荒谬，但是考虑到马士曼的传教士背景和传教士语言学的普遍特点，这一看法倒也不难理解。他还比较了汉语、梵语与印度支那诸语言的特征，认为越南语、缅甸语等语言都是源自汉语，同时，在发展过程中受到了梵语的影响，但却不是源自梵语的。此外，马士曼还在书中介绍了汉语语音的历史变迁，汉语和梵语对东南亚诸语言的历史影响等，但他对汉语语音的介绍主要还是依据《康熙字典》和耶稣会士的论述。他提出可以通过与汉语有亲缘关系的东南亚语言的语音来重构汉语的历史形态。这样一种立场，与当时的历史比较语言学的立场几乎如出一辙。

在讨论汉语的语音和口语的时候，马士曼说，在字母语言中，口语和书面语具有同一性，语音内在于书面语之中。要从物质上改变语音是不可能的。这些字母代代传承，保证了语音的连续性。这种看法是符合西方字母语言的语音特征的，而汉语的情况则完全不同。汉字的发音和意义是分离的，没有哪一个汉字的读音内在于该字中，读音可以完全改变，但是却不影响字的意义。他还认为汉语的口语比现在任何一种使用中的口语的历史都更为悠久，当然除了希伯来语以外（Marshman，1859：81-82）。

对于汉语语音，马士曼提出了以下问题：

(1) 现在使用的语音体系和最初的语音体系是相同的吗?

(2) 如果不同的话，现在的语音体系中的发音是何时出现的?

(3) 中国人最初造字的时候脑子里想的是什么?

(4) 上古口语是何时停止使用的?

(5) 为什么汉语中看不到上古口语的痕迹，就像英语上古语音可以从诺曼语言或者盎格鲁·撒克逊语言中，甚或更古老的语言中找到痕迹那样?

(6) 如果在造字的时候，中国人没有把已经和思想联系在一起的语音粘附在字上，那么，他们造出这些字有什么用呢?

马士曼（Marshman，1859：83）还提出，抛弃原有的语音体系，接受新的语音系统，事实上是在创造新的语言。因为没有足够的证据断定古代的语音系统迥异于今日之语音系统，可能性更大的是，现有的语音体系之大部在汉字造出来之前即已存在。所以，他进而断定，古音与今音大体相同。马士曼还指出，从历代字典的记载可以看到，字典的发音往往以首都所在地的语音为准，而历代首都却不断变迁，从河南到陕西到南京，再到北京，这就造成了各地方言几乎处于同等地位，直到《康熙字典》以官话为标准音统摄各地方言，才造就了官话发音的统治地位。

其后，马士曼还列举了汉语的九组声母（基于《康熙字典》）以及每一声母的罗马拼音（基于他自己对天主教传教士们的标音体系的改进），并对每一组音详加描述，对《康熙字典》给出的韵母体系，他也不厌其烦地一一解释，并在天主教传教士的标音方法基础上给出了自己的标音法。马士曼还详细比较了汉语、希伯来语、希腊语、梵语的语音系统，逐一列出汉语与其他三者的辅音、元音乃至鼻音的对照表，以期发现汉语是否与这三者有亲缘关系。但烦琐的比较后得出的却是否定的结论：汉语的语音系统自古以来就无大的变化，无法证明其与其他语音体系的亲缘关系。马士曼的这些分析，虽然没有得出开创性的发现，但反映了他从西方语言学思想体系出发对汉语进行的观察和思考，是特定历史语境下西方学者的一种必然研究路向，也是中西语言思想的一次历史碰撞。

以下是《中国言法》中马士曼根据《康熙字典》的声韵体系整理，并参照之前的传教士注音法后得到的汉语注音系统：

表 2.8　马士曼的汉语声母表

	天	马		天	马		天	马		天	马		天	马
见	k	k	溪	k‘	kh	郡	k	k	疑	y /ng	y /ng			
端	t	t	透	t‘	t’h	定	t	t	泥	n	n			
知	ch	ch	徹	ch‘	chh	澄	ch	ch	娘	n	n			
帮	p	p	滂	p‘	p’h	並	p	p	明	m	m			
非	f	f	敷	f‘	fh	奉	f	f	微	v	w			
精	c	ts	清	c‘	ts’h	从	c	ts	心	s	s	邪	s	s
照	ch	tch	穿	ch‘	tchh	状	ch	tch	审	x	tsh	禅	x	sh
影	y /ng	y /ng	晓	h	h	喻	y	y	匣	h /kh	hh			
来	l	l	日	j	y									

（注："天"指马士曼提到的天主教传教士的标音法，但他从头到尾都没有指出自己是参考的哪一位天主教传教士，更大可能是对前面耶稣会士的标音法的综合。"马"为马士曼的标音法。）

表 2.9　马士曼的汉语韵母表

SYNOPSIS OF THE FINALS.

	OPEN		CLOSE	
	Primary Finals.	*Secondary do.*	*Primary Finals.*	*Secondary do.*
1	迦 *Ky-a*	加 *k-ya*	瓜 *k-wa*	—
2	(徹 *chh-ea**)	結 *k-yĕh*	—	訣 *k-yuĕh*
3	岡 *k-ang*	江 *k-yang*	光 *k-wang*	惟 *k-wang*
4	庚 *k-ung*	經 *k-ing*	工 *k-oong*	弓 *k-yoong*
5	裓 *k-ŭh*	饑 *k-ee*	孤 *k-oo*	居 *k-yu*
6	高 *k-ao*	交 *k-yao*	—	—
7	該 *k-ai*	皆 *k-yai*	乖 *k-wai*	—
8	—	—	傀 *k-wy*	圭 *k-ooĭ*
9	根 *k-un*	金 *k-in*	昆 *k-wun*	君 *k-yoon*
10	干 *k-an*	堅 *k-yen*	官 *k-wan*	涓 *k-yuen*
11	鉤 *k-ou*	鳩 *k-yeu*	—	—
12	歌 *k-o*	角 *k-ŏh*	鍋 *k-wo*	矍 *k-yŏh*

a	ya	wa	
ea	yĕh		yuĕh
ang	yang	wang	wang
ung	ing	oong	yoong
ŭh	ee	oo	yu
ao	yao		
ai	yai	wai	
		wy	ooĭ
un	in	wun	yoon
an	yen	wan	yuen
ou	yen		
o	ŏh	wo	yŏh

在《中国言法》中，马士曼还谈到了汉语和梵语对东南亚诸国语言

的影响。他说，事实显示，曾经有一段时期，在直到孟加拉的长达一千英里的中国西南面相邻国家中，人们都使用汉语口语[①]（Marshman，1859：151）。但在随后的年代里，梵语字母系统进入这些国家，一些近邻，如孟加拉，把这种字母系统吸收到了他们的口语媒介中。但是，这种口语介质的抵抗力强大，梵语的字母系统未能完全抵达中国，甚至是它的一些邻国。中国的汉字和口语直到今天还在这些国家中使用着。梵语和汉语共同影响着东南亚诸语言，缺乏对这两种语言的了解，就不能很好地了解东南亚语言。但是，与此同时，如果缺乏对梵语体系的了解，那么要正确理解汉语口语就很困难。尽管梵语语音系统在多数受到公认的中文字典里都有体现，但是却极少有中国人能完全理解它。有些中国人记住了分散到主要汉字上去的单音节，包括简单单音节、送气音，甚或尾鼻音，他们却很少把汉字音节和梵语语音体系联系起来看。这也就难怪他们尽管对梵语语音系统很熟悉，但对它的系统性却知之甚少，更不用说准确理解单音节的数量或者它们的种类了（Marshman，1859：170）。

从马士曼的这些描写和论述来看，他敏锐地观察到了汉语和东南亚诸语言之间的联系，也注意到了梵语的音系通过佛教的传播对汉语语音的影响，在历史上第一次把汉语放在全球语言体系之内进行观察和研究，这是一个很大的贡献。但遗憾的是，他却仅仅停留在判断相似性的基础上，未能进一步深入探讨这些语言之间的系统联系，未能提供充分的历史事实支撑他的判断。另外，他终究没有到过中国，不能对中国本土的真实口头语言作直观的观察和学习，因此他只能根据中国本土学者的语言学著作，特别是《康熙字典》，以及早期天主教传教士的研究成果来对汉语的书面语语音进行二手研究，他的标音体系也未能在前人基础上做出突破，所以他的汉语语音研究未能引起太多的关注。在评价马士曼的汉语音韵学贡献时，张世禄（1938）说马士曼的贡献在于"首指出梵文字母和三十六字母的关系，又发现暹罗语、缅甸语、藏语等和汉语间音韵相近"，虽然他没能够深入下去，但对后来研究汉语古音的中外学者有重要的启发。罗常培也肯定马士曼是西洋人中第一个指出梵文字母和中国字母类似的人，又发现汉语、藏语、暹罗、缅甸各种语言间的音韵相

① F. Carey 在他的缅甸语语法中指出，缅甸语最初是汉语的一个方言。

近。但可惜的是他根据《康熙字典》前面的《字母切韵要法》去猜想中国的古音，这未免类似于把很高的楼阁奠基在沙漠上了（罗常培，2004：368）。对这一评价我们深表认同，马士曼能站到很高的理论基础上对汉语语音进行审视，把汉语放到横向的世界维度和纵向的历史维度中进行考察，与当时的世界语言学研究趋势几乎同步，但是遗憾的是他不在中国本土，不能直观地、直接地接触汉语事实，不能在真实的汉语语音事实基础上开展自己的研究，所以他的研究一方面不能在西方来华学者圈中产生大的影响，另一方面也让其学术价值打了很大折扣。

2. 马礼逊的汉语语音研究

马礼逊是第一位基督教新教来华传教士。他于清嘉庆十二年即1807年受伦敦会的委派来到中国广州，开始其在华传教生涯，并先后担任过东印度公司及英国赴华使团译员。马礼逊在华期间，在中国语言和文化研究、翻译、出版、教育等领域都取得了卓越成就，是近代中西交流史上一个里程碑式的人物，对汉语语言学的贡献尤其不可忽视。他的《圣经》全译本"完成了天主教传教士在华二百多年都未能完成的事情"（顾卫星，2002），成为后世《圣经》汉译的基础。他的六卷本《华英字典》是第一部双向汉英词典，是汉英词典史上的奠基性作品，对中西交流也起到了重要的推动作用。他在汉语语法、汉语方言（粤语）、中国文学文化等领域都有丰硕著述。他在马六甲英华书院附设了一个活字版铅字印刷的印刷厂，还于1813年与其他传教士合作创办了中国第一份民间报纸——《察世俗每月统记传》（*Chinese Monthly Magazine*），1832年又和美国传教士裨治文①合作编辑了中国近代史上著名的英文报纸《中国丛报》（*Chinese Repository*），并在两年之内在丛报上发文91篇介绍中国文化（顾卫星，2002）。1818年马礼逊在马六甲办了英华书院，该书院以教育华人青年及儿童为目标，是第一所致力于中国语言和传教教育的新教学堂（Bolton，2001：v）。学校贯彻中西方文学语言互动教学的理念，即"教授欧洲人中国语言文学，教授恒河外说汉语的人英语、欧洲文学和科学"（顾卫星，2002）。

马礼逊在汉语语音研究方面的贡献，主要体现在他的汉语语法书

---

① 裨治文，又名高理文，Elijah Coleman Bridgman，1801—1861，美部会传教士，是响应马礼逊的呼吁而来华的第一位美国新教传教士。

图 2.10　马礼逊（Robert Morrison，1782—1834）

《通用汉言之法》以及他的《汉英字典》，特别是《汉英字典》第二部分《五车韵府》当中。在两部作品的序言中，马礼逊阐述了他对汉语语音和口语的认识，而他在《汉英字典》中对所有汉字进行注音，从这些注音中可以提炼出他的标音体系。马礼逊提出中国的官话是一种超越了地方方言的通用语言，早期官话以河南、江南两省语音为基础，是受过教育的

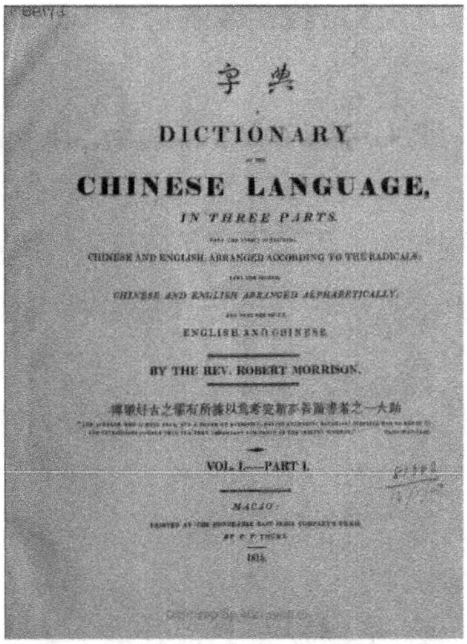

图 2.11　马礼逊《汉英字典》

图 2.12　马礼逊《通用汉言之法》

人之间的标准语，但后来随着清朝统治的延续，北京语音开始成为官话的基础，南北两种官话在一段时间内并存，最终北京官话后来居上，成

为官话的标准。马礼逊本人在字典和语法中出于对中国传统文化的尊重，采用了南京官话的发音。

马礼逊在其著作中并未给出整理好的拼音系统，后人多是根据其字典所列音节整理出其声韵母体系。根据周有光（2002：184）的整理，马礼逊拼音系统包含21个声母，48个韵母。杨慧玲（2011）整理统计得出马礼逊在其字典中共收录411个音节，其中声母30个，韵母52个。王仲男和方环海（2014）则从中整理出25个声母，58个韵母。而我们根据马礼逊原著，并参考前述学者的整理结果，得出马礼逊拼音方案如下：

声母（30个）

p，p‘，m，m‘，f，

t，t‘，n，n‘，l，l‘，

k，k‘，h，

ts，ts‘，s，s‘，

ch，ch‘，sh，sh‘，j，

tsz，sz，

w，w‘，y，y‘，

g。

韵母（63个）

a，ǎ，ae，ay，aou，an，ǎn，ang，ǎng，

o，ǒ，oo，ow，

e，ě，ea，eǎ，eae，ëě，eaou，eay，ëen，eo，eǒ，eu，euě，ei，ew，eang，eung，en，eun，eih，eǐh，euh，eǔh，euen，

in，ing，ih，ǐh，

u，uě，ǔe，uh，uen，un，ung，urh，uy，

wa，wǎ，wae，wan，wǎn，wang，wǎng，wei，wo，wǒ，wǔh，wuy，wǔy。

声调

用“-”“ˊ”“ˋ”表示平、上、去，入声单独成韵，用c表送气。

除了对汉语官话语音进行描写研究外，马礼逊还对广东方言语音进行了详细描述，并著有带词典性质的《广东省土语字汇》（*Vocabulary of the Canton Dialect*，Macao：Printed at the Honorable East India Company's Press，1828），本书后面将专门讨论传教士方言词典，对此书

的介绍也在该章一并进行。总体而言，马礼逊对汉语官话语音的研究因为有了天主教传教士的研究基础，加上他有称职的中国助手，以及他自己对于中国语言学著作的熟悉和参照，他的体系较之前人有了更多改进和完善，比如罗明坚系统中存在 c 表示 [k]、[k']、[x]，g 表示 [x]、[ʔ] 的多音一号以及 c 和 g 都能表示 [x] 的一音多号的情况（杨福绵，1995），在马礼逊这里就很少见了。声调、送气等符号也得到了大大的简化。标音字母也从原来更多使用意大利、葡萄牙等语言的罗马字母变为英语字母，后者与我们现在使用的拼音方案更为接近。因为马礼逊在中国语言文化研究方面的巨大声誉，他的汉语语法、字典、圣经翻译等都是当时包括传教士在内的来华西人学习汉语时的重要参考资料，同时也因为他的拼音体系要优于之前的体系，所以他的这一套方案在 1865 年威妥玛[①]的注音方案出现之前的几十年时间里也几乎是最具权威性的方案，如周有光（1960）就指出马礼逊是利玛窦、金尼阁方案和威妥玛方案之间承前启后的关键。

3. 卫三畏的汉语语音研究

卫三畏是最早来华的美国传教士之一，也是美国第一位汉学教授，被称为美国“汉学之父”。他于 1833 年 10 月抵达广州，在那里帮助裨治文编辑《中国丛报》，其后还出任过美国公使馆头等参赞兼翻译等外交职务，出席过 1858 年 6 月中美《天津条约》的谈判工作，主张传教宽容，使得西方传教士在中国的传教在经历了“礼仪之争”后再次完全合法化。1877 年，他被耶鲁大学聘为该校第一位中国语言与文学教授，也是美国的第一位汉学教授。

卫三畏曾先后出版过十多部关于中国的书籍，内容包括政治、经济、历史、文学、文字等诸多领域，如《拾级大成》(*Easy Lessons in Chinese*，1842)、《英华韵府历阶》（*An English and Chinese Vocabulary in the Court Dialect*，1844)、《中国地志》（*A Chinese Topography*，1844)、《中国商业指南》（*A Chinese Commercial Guide*，1844)、《英华分韵撮要》（*A Tonic Dictionary of the Chinese Language of Canton Dialect*，

① 威妥玛，Thomas Francis Wade，1818—1895，英国外交家、著名汉学家，曾在中国生活四十余年。1869 年至 1882 年任英国驻华全权公使。1888 年，任剑桥大学首位汉学教授。

图 2.13　卫三畏（Samuel Wells Williams，1812—1884）

1856）、《汉英韵府》（*A Syllabic Dictionary of the Chinese Language*，1874）等。其名著《中国总论》（*The Middle Kingdom*）把中国研究作为一种纯粹的文化来进行综合的研究，是标志美国汉学开端的里程碑。卫三畏对汉语语音的研究，主要体现在他的大部头词典《汉英韵府》中。

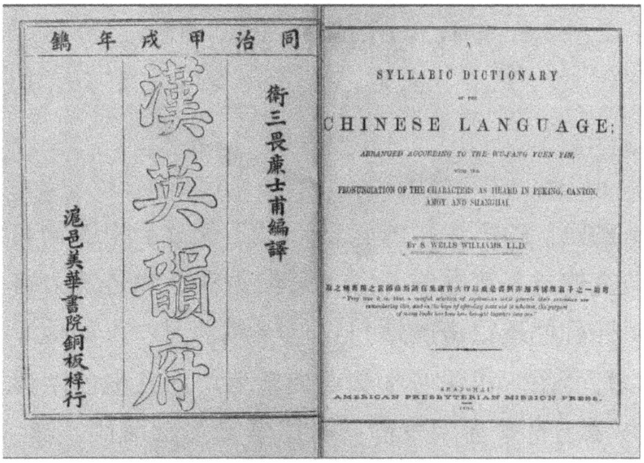

图 2.14　《汉英韵府》封面

在介绍部分，卫三畏自称本词典中汉字的发音取长江以北之平均音，但实际上仍然主要依据南京官话的发音；收录的 12527 个汉字，置于 522 个读音之下。其标音体系未采用已有的任何一种，而是在对比各种标音法的基础上自成一体。而且卫三畏也清楚指出，他的标音法主要是面向以英语为母语的学习者的，所以他的很多发音采用了英语的字母。这套标音系统包含 14 个单元音，25 个双元音，以及 30 个辅音。每一个音后面都详细说明了发音方法，以及与以前的标音系统如威妥玛和小德金①等人的标音法的区别。在介绍部分，卫三畏邀请了艾约瑟撰写第五小节，专门解释早期中国学者在拼写汉语发音时采用的原则。艾约瑟主要介绍了三个方面，即《康熙字典》体现的以反切为基础的注音体系、《广韵》的音韵体系和汉语古诗音韵。这一部分还提到了借助等韵图、古词典、汉语方言、邻近国家如日本、朝鲜、越南的语言对古汉语发音的记录以重构古汉语发音的方法。此外，介绍部分还有一个小节提供了部分汉字在官话和北京话、上海话、汉口话、宁波话、福州话、厦门话、广州话等七种方言中的读音对照表，这么全面的中国方言语音对照在可考的传教士语言学作品中是第一次出现，这份对照表对于我们了解清末中国方言形态极有参考价值。

根据词典，我们对卫三畏的标音系统整理如下：

声母：b，ch，ch‘，d，dj，dz，f，g，h，h‘，j，k，k‘，l，m，n，ng，p，p‘，s，sh，t，t‘，ts，ts‘，v，w，y，z，zh。

韵母：a，ă，e，é，è，i，í，o，ò，ö，ú，u，ū，ù。

ai，ao，au，ei，éi，eu，éu，ia，iai /iao，ie，ié，io，iu，iü，oi，òi，ua，üe，ui，úi，

'm，'ng，n，sz' /tsz'，'rh。

从《汉英韵府》的前言和内容看，卫三畏对于中国语言学传统、西人汉语语音研究的成果都非常熟悉，对汉语官话和各地方言也做了深入的观察研究，而且他还很谦虚地向其他学者学习，比如他专门请艾约瑟为他的词典编写介绍汉语语音学知识的章节，而且他的字典在词条编排及汉字注音方案上也是在明末清初中国学者樊腾凤的字典《五方元音》的基础上扩充而来。总体而言，他的标音体系比起之前的天主教传教士或者新教的马礼逊等人的体系更为简洁方便，更接近现代拼音系统，但一方面因为稍早于他的马礼逊名气更大，而与他差不多同时代的威妥玛体系更为完善，影响力也更大，所以卫三畏的体系还未来得及被西方人接受，就不得不面临被威妥玛方案替代的命运。但卫三畏在《汉英韵府》中对中国各地主要方言的对比描述，还是为我们留下了宝贵的语言史研

① 小德金，Chrétien-Louis-Joseph de Guignes，1759—1845，又译为小德经，法国外交官、汉学家，著名汉学家德金（Joseph de Guignes，1721—1800）之子。

究素材。本书在后面的词典一章中将继续介绍《汉英韵府》对各地方言的描述。

4. 艾约瑟的汉语语音研究

艾约瑟（Joseph Edkins，1823—1905）是英国伦敦布道会传教士，1843 年毕业于伦敦大学，1875 年获爱丁堡大学神学博士学位。艾约瑟于 1848 年来华，先后在上海、天津、北京等地传教，其间还于 1880 年被中国总税务司赫德[①]聘为中国海关翻译。艾约瑟在华半个多世纪，对中国历史、文学、文化、语言等各个方面的研究都下了极大功夫。他积极参与当时的文教、政治等事务，是《中国评论》（*The China Review*）、《中国丛报》等当时影响甚大的英文报刊的主要撰稿人，对西方人士了解中国起到了很大的帮助，是 19 世纪中西交流史上一个非常重要的人物。

2.15 艾约瑟（Joseph Edkins，1823—1905）

艾约瑟的汉语研究非常深入，他有良好的西方语言学训练基础，熟悉当时西方的语言学思想和动态，来华后大量研习西方学者对汉语的研究成果，还广泛涉猎中国学者的语言学著作，并经常与中国人进行交流探讨，同时特别注意观察身边的汉语官话和方言，凭借自己敏锐和细致的观察力，对其语音和语法进行了细致入微的分析和描写。在来华近半

① 赫德，Robert Hart，1835—1911，英国人，1854 年来华，曾担任晚清海关总税务司长达半个世纪之久（1861—1911），在任内创建了税收、统计、浚港、检疫等一整套严格的海关管理制度，他主持的海关还创建了中国的现代邮政系统。

个世纪的时间里，他除了在上文提及的报刊上发表大量文章介绍汉语语音、方言、语法、文学等以外，还留下了诸多汉语研究专著，涵盖了从语音、文字到语法、方言和汉语教学在内的多个层面。以下是其主要语言学著作列表：

《上海方言口语语法》（*A Grammar of Colloquial Chinese, as Exhibited in the Shanghai Dialect*，Shanghai：Presbyterian Mission Press，1853）；

《汉语官话口语语法》（*A Grammar of the Chinese Colloquial Language Commonly Called the Mandarin Dialect*，Shanghai：Presbyterian Mission Press，1857）；

《汉语口语教程》（*Progressive Lessons in the Chinese Language*，Shanghai：Presbyterian Mission Press，1862）；

《上海方言词汇》（*A Vocabulary of the Shanghai Dialect*，Shanghai：Presbyterian Mission Press，1869）；

《汉语在语文学上的地位》（*China's Place in Philology*，London：Trübner & Co.，1871）；

《汉字研究导论》（*Introduction to the Study of the Chinese Characters*，London：Trübner & Co.，1876）；

《以汉语的发展来论证人类语言的起源和发展》（*The Evolution of the Chinese Language as Exemplifying of the Origin and Growth of Human Speech*，1888）。

从这个著作列表中我们就不难看出艾约瑟在中国语言研究领域的深度和广度。艾约瑟对于汉语语音，包括官话和各地方言、现代发音和历史变化都有很深入的研究，其研究发现主要体现在他的上海方言语法和汉语官话语法中。艾约瑟的上海方言语法对上海话的语音作出了很好的描写和分析，对于研究汉语方言的人来说是弥足珍贵的历史资料，他的这一著作因而也引起了国内方言研究者的特别重视，如钱乃荣就这样评价艾约瑟在汉语方言研究方面的贡献：

> 艾约瑟……观察语言的方法和运用的语言学理论在当时都是领先的。他又在不太长的时间内悉心调查和准确观察到了上海方言及其周边的许多重要特点，有不少精辟的论述和独到的见解。他的这部著作不论从当时来说还是现今来看，都堪称第一流的语言学著作，

为我们保存了上海方言语音语法方面最早的相当全面的文献。这是研究中国方言语法的第一部语言学著作，对上海方言和吴语以及中国语言的语法学的创建作出了杰出的贡献，在准确记录和分析研究方言语料方面作出了示范，使上海方言和吴语的语言学研究从一开始就走上了一定的科学高度，迈出了可圈可点的第一步，因此具有开创性的意义。

（钱乃荣，2006）

同样的评价，我们也可以放到艾约瑟的《汉语官话口语语法》上去。在这一官话语法著作中，艾约瑟不仅细致地介绍了汉语官话的历史起源、发音体系，还详细地介绍了官话和主要方言的联系及异同，直到今天，该书仍然可以作为我们研究汉语官话及方言历史的重要参考资料。这里我们主要介绍艾约瑟的官话语法中的语音研究。

在《汉语官话口语语法》中，艾约瑟虽然主要关注汉语官话语音，但是他对各地方言也作出了观察和研究。他对官话的定义是：

中国人在宫廷里以及政府机关中使用的发音叫作官话，或者称Mandarin。这种发音实质上是长江以北各省、四川、云南、贵州，以及湖南和广西部分地区所使用的共同语言。至少，在如此广袤，差不多占到中国国土三分之二的地域上，人们所使用的语言发音相似度很高，足以保证它们可以被称作同一种语言。……这些官话区的发音可以很容易地划分成三个系统：南京官话、以北京话为代表的北方各省官话、西部各省官话。

（艾约瑟，2015：9）

艾约瑟自己在书中则“试图勾勒出官话发音的起源和成长、调类的长期变化，以及这一语言的古体形式，如 8 世纪以前的形式”。他试图在书中涵盖南北官话，并指出不同方言区语音的区别。在拼音体系上，他采纳了《中国丛报》上推荐的威廉·琼斯爵士[①]的拼写法，在此基础上形成了自己的拼音法。我们根据他的官话语法整理出他的标音体系，包括 22 个声母，54 个韵母：

声母：

① 威廉·琼斯，William Jones，1746—1794，英国语言学家和东方学家，被视作历史比较语言学的奠基人。他于 1786 年的一次演讲中正式指出梵语和希腊语、拉丁语之间的相似之处，由此提出印欧语假说，揭示了梵语和欧洲的希腊语、拉丁语、日耳曼语、凯尔特语等语言之间的同族关系。

喉音：k，k‘，ng；

齿音：t，t‘，n；

唇音：p，p‘，m；

送气音：f，h；

齿擦音：s，sh，j，ts，t‘s，ch，c‘h；

流音：l，r；

半元音：w，y。

在介绍各地方言发音时，他还会用到g，d，b，v，h，z，dz，dj这8个辅音。

韵母：

表2.10　单元音韵母

i	离	.li	记	ki‘	ei	为	.wei			u	布	pu‘	古	’ku
ï	支	,chĭ	世	shĭ‘	en	身	,shen	本	’pen	ü	句	kü‘	纡	,hü
ih	笔	pih	疋	p‘ih	eng	声	,sheng	冷	’leng	uh	伏	fuh	牧	muh
ĭh	石	shĭh	职	chĭh	a	麻	.ma	笆	,pa	üh	局	küh	律	lüh
in	民	.min	牝	’p‘in	ah	蜡	lah	察	c‘hah	un	论	lun	顺	shun‘
ing	明	.ming	病	ping‘	an	站	chan‘	占	,chan	ün	云	.yün		
e	赦	she‘	这	che‘	ang	芒	.mang			ung	工	,kung	中	,chung
eh	百	peh	墨	meh	o	磨	.mo	火	’ho					
èh	浙	chèh	舌	shèh	oh	薄	poh	合	hoh					

表2.11　双元音或者三元音韵母

ie	邪	.sie	借	tsie‘	eu	守	’sheu	口	’k‘eu
ièh	业	yè	烈	lièh	ai	埋	.mai	败	pai‘
ieu	刘	.lieu	羞	,sieu	au	貌	mau‘	刀	,tau
ia	家	,kia	暇	hia‘	ui	堆	,tui	雷	.lui
iah	夹	kiah	匣	hiah	uei	圭	,kwei	晖	,hwei
iai	戒	kiai‘	鞋	.hiai	uen	滚	’kwen	荤	,hwen

续表

ien	兼	,kien	颠	,tien	ueng	肱	,kweng	横	. hweng
iang	疆	,kiang	乡	,hiang	ua	寡	'kwa	化	hwa'
iau	嚣	,hiau	苗	. miau	uah	画	hwah	刮	kwah
ioh	掠	liŏh	觉	kiŏh	uai	拐	'kwai	怀	. hwai
iuh (ü)	局	kiuh	律	liuh	uan	乱	lwan'	冠	,kwan
iüèh	决	kiuèh	穴	hiuèh	uang	广	'kwang	凰	. hwang
iuen	卷	'kiuen	劝	k'iuen'	uo	果	'kwo	伙	'hwo (ho)
iün	军	,kiün	巡	. siun	uoh	惑	hwoh	说	shwoh
iung	凶	,hiung	蛩	k'iung					

声调：

上平、上声、去声、入声、下平。

艾约瑟在书中还指出了自己的标音法和其他标音法的差异，见下表：

表 2.12　艾约瑟描述的不同标音体系的差异

艾约瑟	马礼逊	马若瑟	公神甫	中国丛报	威妥玛	汉字
pí	pe	pi	pi	pí	pi	比
pih	peih	pǐ	pi	pih	pi	笔
shï	she	chi	xē	shí	shǐ	诗
sï	sze	se	sū	sz'	szû	思
tsï	tsze	tsee	tzū	tsz'	tsŭ	兹
pen	pun	pen	pen	pan	pen	本
jen	jin	jin	jen	jin	jen	人
shè	shay	she	sheŏ	shié	she	蛇
teh	tih	tĕ	toŏ	teh	te	得
tá	ta	ta	ta	tá	ta	大
kúng	kung	kong	kum	kung	kung	公
tó	to	to	to	tó	to	多
pú	poo	pou	pu	pú	pu	布
sheng	săng	seng	xām	sang	sheng	生
lieú	lew	lieou	lieu	liú	liu	留
kiüen	keuen	küen	kiuen	kiuen	chüan	卷
lún	lun	lün	luen	lun	lun	论
káu	kaou	kao	kau	káu	kao	告
súi	suy	soui	suei	sui	sui	虽
kièn	këen	kien	kien	kien	chien	见
rï	urh	eull	oir	'rh	urh	儿

和前人的标音体系相比，艾约瑟的方案有了很大的进步，在注音系统的简洁性、准确性等方面均远胜前人。除了同时代的卫三畏等人借鉴艾约瑟的研究成果外，后来影响深远的威妥玛、翟理斯等人的拼音体系在很大程度上也借鉴了艾约瑟的方案。相较威妥玛方案，艾约瑟方案保留了入声，但简洁性要逊于后者。在语言学理论方面，艾约瑟和马士曼一样受到当时欧洲主流的历史比较语言学的影响，在汉语语音描写过程中注重汉语官话和各地方言、汉语今音和古音、汉语和周边语言的比较，并试图对汉语历史语音形态进行构拟。比如罗常培（2004：368）就指出，艾约瑟根据汉语方言证明汉语古音里有浊塞音的声母，还有韵尾辅音。应该承认，艾约瑟对于汉语方言、汉语语音的历史变化的描写和研究还是相当精准的，他在《汉语官话口语语法》和《上海方言口语语法》两部著作中都留下了大量汉语方言和官话的语音记录，这些记录对于我们今天研究汉语语音的历史变迁构成了宝贵的资料。此外，艾约瑟还敏锐地观察到了汉语语音中的韵律对于句法的制约作用，并在其语法中专门辟出章节来讲解韵律在汉语语法中的地位，这样的观察体现了他的语言学功底和对汉语的深刻理解，也使得他的汉语语言学作品有了理论高度，使他远超前人。

小　　结

在《中国语言学史》一书中，王力指出，中国语言学曾经受过两次外来的影响：第一次是印度的影响，第二次是西洋的影响。前者是局部的，只影响到音韵学方面；后者是全面的，影响到语言学的各个方面（王力，1980：142）。这里所说的西洋的影响，其实主要是来华传教士的影响，而这一影响，首先体现在汉语语音的研究上。同时，王力还指出，传教士为了传教的目的，甚至为了侵略的目的，调查过我国的方言和少数民族语言。他们多数没有经过严格的语言学训练，因而他们的著作，可信程度是不高的（王力，1982：163）。我们认为王力的这一评价显然是有失公允的。从他对中国语言学史的论述中，我们没有发现他对西洋传教士在汉语语音或者语法研究方面的完整回顾，在没有充分阅读、了解传教士语言学研究文献的基础上做出的这种判断不可能客观地体现传教士的贡献。和王力一样，其他中国语言学史的编纂者也未能对传教士在汉语语音研究上的贡献给予足够关注和公允评价。比如在《中国现代语言学史》一书中，何九盈在对比现代音韵学和中国古代音韵学的优劣时，指出现代音韵学有这样一些长处：

一，运用现代语言学原理，特别是利用语音学、实验语音学的知识来研究音韵学。古人不懂得语音的物理特性、生理特性，不懂得语音是怎么产生、演变的，对汉语语音的构造虽然进行了深入的、长期的研究，但一遇到音理问题往往解释不清，甚至于求助阴阳五行，妄加比附，结果把音韵学弄得玄之又玄，使人望而生厌。

二，语音研究音标化：运用国际音标研究汉语音韵，克服了方块汉字在记音方面的局限性，并且有利于中西交流。

三，系统化观点的建立，使汉语音韵学成为系统的科学。

四，利用现代方音作为古音构拟的旁证。

五，利用对音资料研究中国古音，如梵汉对音、藏汉对音、日译吴音、朝鲜译音、越南译音、中国史书中的译音资料等。

六，方法论的革新：历史比较法、内部拟测等方法的运用。

（何九盈，2005：235-238）

而这些，不正是自利玛窦等人以来西洋传教士付诸于实践的汉语语音研究方法吗？中国语言学史的研究者们，难道不应该像罗常培那样，积极地正视传教士的贡献，并认真深入地研究他们的研究成果吗？

在艾约瑟之后，1865年，英国驻华外交官威妥玛参照之前传教士们的不同方案，拟定了一种北京话的拼音方案，体现在他的《语言自迩集》一书当中。1912年，英国汉学家和驻华外交官翟理斯（H. A. Giles）在威妥玛基础上又拟定了自己的拼音方案，体现在他的《华英字典》（1892）当中。这两种方案结合形成的威妥玛—翟理斯拼音方案，简称“威妥玛式拼音”，在历史上有很大影响，至今仍在港台及欧美多地广泛使用。此后，无论是1918年北洋政府的汉语注音字母，1928年南京政府的《国语罗马字方案》，还是1958年中华人民共和国中央政府的《汉语拼音方案》，实际上都是结合西人方案的基础上推出的。如张国刚（2001：257）所言：“用拉丁字母拼读汉字起初只是传教士学习汉语的便宜法门，却由此发展出一整套汉字注音方案，则可看做传教士汉语研究的重要影响。”马庆株在《〈汉语拼音方案〉的来源和进一步完善》（2013）一文中总结了16世纪80年代以来的不同拼音方案后，指出了利玛窦、金尼阁、卫匡国、马礼逊、艾约瑟、威妥玛等人在声母韵母各方面对《汉语拼音方案》的具体贡献，并提出“汉语拼音是中外十几代人智慧的结晶，是集大成的最佳方案”。董同龢（2001）在其《汉语音韵学》序言中也提出：“从西洋人把他们的语言学介绍到中国来，中国古音研究的进展，真是可观。我们可以说，近几十年间中外学人的收获，足足抵得上，甚或超过清代三百年间许多大师的成绩。眼界宽阔，材料增加，工具齐备，方法也更为精密；因此我们已经能从古音的‘类’，进而谈古音的‘值’；更要紧的则是，我们已经能使这门学问脱离‘童稚从事而皓首不能穷其理’的绝境。”我们认为，这些是对西洋传教士在汉语语音研究方面贡献的公允评价。

而作为中国现代语言学研究者，我们在面对这一段语言学历史时，一方面要做的是认真地梳理传教士在汉语语音研究领域的文献，对他们所做出的贡献做出客观的再现、严谨的审视和公允的评价，另一方面，则是把他们对于汉语通用语和方言历史形态的记录整理出来，并运用于我们对汉语语音史的研究之中。实际上，除了上述这些具有代表性的传教士在汉语官话语音领域的研究外，明清时期大量其他传教士针对汉语官话和各地方言语音也作出了深入的描写研究，并留下了大量著作，受作者精力和学养所限，本书此处无法一一详述。而近年来已陆续有学者开始利用传教士语言学文本进行汉语语音史的研究，如杨福绵利用《葡汉辞典》研究明代官话①、钱乃荣利用传教士词典进行吴语方言研究②等。对西洋传教士与汉学家在华各地方言著作的研究成为近年来的显学③，如商务印书馆2015年语言学出版基金中标著作《潮州方言一百多年来的语音演变与层次变迁》就是徐宇航利用传教士语言学文本进行的研究。

在未来，除了继续研究传教士汉语拼音方案的变迁史外，我们还可以利用他们的语言学文本，对汉语官话和方言的历史形态以及历史变迁进行研究。此外，如果说早期传教士如耶稣会士对汉语语音的研究还多停留在语音学（phonetics）层面上的话，十九世纪的新教传教士对汉语语音的研究则有了更宏大的视野，有了音系学（phonology）的建构，并且能把汉语语音放在世界语音史的范围内进行观察。虽然他们经常受宗教思想的影响而不能完全站在科学的立场上，但是对其语言学文本我们

---

① 杨福绵．罗明坚、利玛窦《葡汉词典》所记录的明代官话［J］．中国语言学报（第5期），北京：商务印书馆，1995：35-81。

② 钱乃荣．英国传教士J. Edkins在吴语语言学上的杰出贡献——《上海方言口语语法》评述［M］//钱乃荣．现代汉语研究论稿．上海：学林出版社，2006：251-284。

③ 本评语出自商务印书馆网站2016年3月25日报道，网址http://www.cp.com.cn/Content/2016/03-25/1438389601.html。

依然可以以批判性的态度去伪存真，得出一些有价值的发现。相信随着这些方面研究的进一步拓宽和深入，人们对传教士在汉语语音研究领域的得失以及近代汉语语音史的演变会有更好的了解。这样看来，我们对于传教士汉语语音研究的历史还有很多工作可以做下去。

附录 1　马士曼的汉语标音法：声母表（Marshman，1814：96）

THE INITIALS

	As given by the Catholic Missionaries.					*As given in this work.*				
1.	K,	k‘,	k,		y *or* ng.	K,	kh,	k,		y *or* ng.
2.	T,	t‘,	t,		n.	T,	t'h,	t,		n.
3.	Ch,	ch‘,	ch,		n.	Ch,	chh,	ch,		n.
4.	P,	p‘,	p,		m.	P,	p'h,	p,		m.
5.	F,	f‘,	f,		v.	F,	fh,	f,		w.
6.	C,	c‘,	c,	s	s.	Ts,	ts'h,	ts,	s,	s.
7.	Ch,	ch‘,	ch,	x	x.	Tch,	tchh,	tch,	tsh,	sh.
8.	Y *or* ng,	h,	y,		h *or* kh.	Y *or* ng,	h,	y,		hh.
9.	L,	j,				L,	y.			

附录 2　马士曼的汉语标音法：韵母表（Marshman，1814：107）

THE FINALS

	As given by the Catholic Missionaries.				*As given in this work.*			
	OPEN		CLOSE		OPEN		CLOSE	
	Primy.	*Secy.*	*Primy.*	*Secy.*	*Primy.*	*Secy.*	*Primy.*	*Secy.*
1	Ka	kia	kua	——	Ka	kya	kwa	——
2	Ke	kiĕ	——	kiuĕ	Kea	kyĕh	kwĕh	kwĕh
3	Kang	kiang	kuang	kuang	Kang	kyang	kwang	kwang
4	Keng	king	kung	kiung	kung	king	koong	kyoong
5	Kĕ	ky çu	ku	kiu	kŭh	kee	koo tse	kyu
6	Kao	kiao	——	——	kao	kyao	——	——
7	Kay	kiay	kuay	——	Kai	kyai	kwai	——
8	Poey	——	kuey	kuey	Py	——	kwy	kwy
9	Ken	kiu	kuon	kiun	Kun	kin	kwun	kyoon
10	Kan	kın	kwon	kiuen	Kan	kyen	kwan	kyuen
11	Keu	kieu	——	——	Kou	kyeu	——	——
12	ko	kio	kuo ko	kiŏ	Ko	kyŏh	kwo ko	kyŏh

第二章　传教士的汉语语音研究

附录 3　艾约瑟的标音法及与其他标音法的对比①（Edkins，1864：6）

10. Comparative Table of Orthographies.—The following table will show how the orthography here adopted differs from those of Morrison and Medhurst, Prémare, Gongalves and the Chinese Repository.

	Morrison.	Prémare.	Gongalves.	Repository.	Wade.	
pí	pe	pi	pi	pí	pi	比
pih	peih	pĭ	pi	pih	pi	筆
shï	she	chi	xĕ	shï	shï	詩
sï	sze	se	sŭ	sz'	szŭ	思
tsï	tsze	tsee	tzŭ	tsz'	tsŭ	茲
pen	pun	pen	pen	pan	pen	本
jen	jin	jin	jen	jin	jen	人
shè	shay	she	sheŏ	shié	she	蛇
teh	tih	tĕ	toŏ	teh	te	得
tá	ta	ta	ta	tá	ta	大
kúng	kung	kong	kum	kung	kung	公
tó	to	to	to	tó	to	多
pú	poo	pou	pu	pú	pu	布
sheng	săng	seng	xām	sang	sheng	生
lieû	lew	lieou	lieu	liû	liu	留
kiüen	keuen	kŭen	kiuen	kiuen	chüan	卷
lún	lun	lŭn	luen	lun	lun	論
káu	kaou	kao	kau	káu	kao	告
súi	suy	soui	suei	sui	sui	雖
kièn	këen	kien	kien	kien	chien	見
rï	urh	eull	oir	'rh	urh	兒

① 表中左边第一栏为艾约瑟的标音法，Morrison 为马礼逊，Prémare 指马若瑟，Gonçalves 指公神甫，Repository 指《中国丛报》（*The Chinese Repository*），Wade 指威妥玛。

第三章　传教士对汉字的研究

引　　言

在来华传教士的汉语学习过程中，汉字恐怕是最令他们头疼的部分了。汉字的象形性、音形意义的分离等特征给习惯了拼音文字的西方学习者造成了很大障碍。很多来华传教士都多次哀叹汉字带给他们的挑战。但是传教士对于汉字的认知也不仅限于象形性和学习的困难，在经历了最初的畏惧和迷思之后，他们借助中国语言学成果以及西方拼音文字的参照，对汉字的构造、汉字的符号性、汉字的音形义特征、汉字对于文化的影响、汉字的有效教学方式等各个方面都进行了深入研究，并形成了大量成果。本章介绍了从早期耶稣会士到 19 世纪新教传教士的汉字研究历程，以利玛窦、马礼逊、艾约瑟等代表性人物为线索，试图揭示传教士对于汉字特性的理解和他们所取得的成就，并探讨其研究成果的现代启示意义。

一、早期耶稣会士的汉字研究

西方对汉字或者汉语最早的描写来自于来华游历的西人所著游记或者书信集，如马可·波罗①、鄂多立克②等人对汉语和汉字的只言片语之

① 马可·波罗，Marco Polo，1254—1324，威尼斯共和国商人、旅行家及探险家。其自称曾随父亲和叔叔通过丝绸之路到过中国，担任元朝官员。回到威尼斯后，马可·波罗在一次威尼斯和热那亚之间的海战中被俘，在监狱里口述其旅行经历，由鲁斯蒂谦（Rustichello da Pisa，生卒年不详）写出《马可·波罗游记》。他的游记让欧洲人得以了解中亚和中国，对东西方之间交流与发展有很大的贡献。

② 鄂多立克，Odorico da Pordenone，约 1286—1331，意大利方济各会托钵僧。1318 年从威尼斯启程东游，先后到达君士坦丁堡、特拉布宗、霍尔木兹、孟买、奎隆、马拉巴尔海岸、锡兰、苏门答腊、占婆，后经广州入中国，游历泉州、福州、明州、杭州、金陵、扬州、北京等地，最终取道西藏回国。后在病榻上口述东游经历，由他人笔录成书《鄂多立克东游录》（中译本见何高济译，中华书局，2002）。

提及（参见莫东宣，2006），都还不足以让西人对中国之语言文字形成直观全面的认知。门多萨①在《中华大帝国史》中归纳了大航海以后东来的传教士游记中体现出的中国语言和文字观感，大体上得出了这样的看法：第一，汉字不是拼音文字，而是图形文字；第二，每个字表示一个事物；再就是，汉语口语和书面语是两个不同的体系，中国人说着不同的口语，但是可以通过文字相互理解，而且书面语比口语更容易理解（门多萨，1998：111-112）。真正对中国语言文字进行比较全面系统介绍和研究的则始于明朝以来的耶稣会士。曾德昭②、基歇尔③等人著作在西方的出版，让西方知识界对汉语和汉字形成了初步的较完整的认知。在早期耶稣会士和欧洲本土的书信往来中，他们对汉语和汉字的观感也得到了阐明。比较集中体现早期耶稣会士汉字观的是他们与欧洲哲学家莱布尼茨④的书信往来。受到17世纪欧洲普遍语言运动思潮的影响，莱布尼茨致力于寻

① 门多萨，Gonzales de Mendoza，1540—1617，西班牙传教士。他曾于1581年抵达菲律宾，但是未能抵达中国。1583年受教廷的指示，收集有关中国资料，写成《中华大帝国史》一书，并于1586年出版。随后十年内《大中华帝国史》被翻译为意大利文、法文、英文与荷兰文，是十六世纪末欧洲一部重要的介绍中国政治、制度、工艺、文化、文字的著作。本书参考的是何高济1998年在中华书局出版的中译本。

② 曾德昭，原名谢务禄，Alvaro Semedo，1585—1658，天主教耶稣会葡萄牙籍传教士。明万历四十一年（1613年）到达中国南京，1616年经历南京教案，后改名曾德昭潜回中国继续传教，1636年离开中国。著有《大中国志》（中译本见何高济译，上海古籍出版社，1998），其中对中国文字历史、象形特点、造字规律、书写形式、词汇、语音和语法有虽简单但较完整的介绍。

③ 基歇尔，Athanasius Kircher，1602—1680，德国耶稣会会士，一生兴趣广泛，著书四十多部，在物理学、天文学、机械学、哲学、历史学、音乐学、东方学上都有建树，但从未到过中国。他是来华耶稣会士卫匡国的数学老师，与许多到东方传教的传教士都有着密切的关系，如卜弥格（Michel Borm，1612－1659）、白乃心（Jeam Grueber，1623－1680）等。在掌握了这些传教士提供的第一手材料的基础上，他凭借着自己渊博的知识和丰富的想象，写了《中国图说》（*China Monumentis*，1667）。其第六部分介绍了中国的文字，共5章，展示了中国文字的各种类型。他在书中明确提出了一个观点，即汉字是中国人在古埃及文字的基础上创造出来的，汉字源自古埃及象形文字，形成于大洪水之后的300年。该书虽然错误很多，但是成功激发了西方对中国语言文字的兴趣，是推动18世纪“中国热”的重要著作之一（张西平，2005：231）。该书中译本见张西平、杨慧玲、孟宪谟译，《中国图说》，大象出版社，2010。

④ 莱布尼茨，Gottfried Wilhelm Leibniz，1646—1716，德国哲学家、数学家。

找或者创立一种具有超越性和普遍性的“通用字符”，以期直接唤起人类记忆，构建世界所有语言。在莱布尼茨看来，汉字是一种图画文字，并在象形的基础上抽象为一种思想符号，可以充当他所谓的“通用字符”。莱布尼茨对汉字的了解和认知主要来自于他与耶稣会传教士的书信往来。这些传教士包括闵明我①、李明②和白晋③等人。冯晓虎（2013）通过对各种传教士书信原件的整理发现，莱布尼茨在和耶稣会士们就汉字问题进行书信往来沟通时，主要关注了这样三个问题：

（1）什么是汉字的构造？

传教士给莱布尼茨的回答大致包括：汉字前身是象形符号，是“事物的……标记”、自然客体摹像，它们或由自然客体组合而成，或是对自然客体的密码化描摹。汉字由点和直线构成，是最初图画化汉字衍生而来的简化体。简单汉字由“数学元素”构成，这些元素包括“初符”和“次符”。推测起来，这些所谓的“元素”应该指的是汉字的笔画。

（2）汉字与汉语和通用字符的关系

传教士给莱布尼茨的回答是“汉字是所有共有事物的概念符号”，它们是有意义的，也许包含“前概念”或事物的“数字概念”。汉字没有字母表，汉字本身功能上类似阿拉伯数字，所有民族都能使用，但发音却各不相同。如果所有中国人都按朝廷命官、文学家和公务员的标准发音，那么“整个中国只有一种语言，同时只有一种文字”。“汉语和汉字就像两种完全不同的语言，一种对耳说话，另一种对眼说话”，每个汉字都各有读音或命名。汉语中的字是单音节、同音异义，并具有 5 个区分意义的声调之一。

（3）汉字构建服从哪种句法规则？是否存在破译汉字的“钥匙”？

传教士的回答是：在现有汉字基础上创造新汉字需通过增加笔画或

---

① 历史上有两个闵明我，第一个是多明我会会士西班牙人 Domingo Fernández Navarrete（1610—1689）。他离开中国后，耶稣会会士意大利人 Philippus Maria Grimaldi（1639—1712）冒充闵明我的名字进入北京传教。本书所指为后者。

② 李明，Louis le Comte / Louis-Daniel Lecomte，1655—1728，法国人，耶稣会传教士。1684 年受法国国王路易十四派遣来华传教，被授予“国王数学家”、法国科学院院士称号。

③ 白晋，Joachim Bouvet，1656—1730，耶稣会法国传教士。1684 年受法王路易十四派遣来华传教，被授予“国王数学家”、法国科学院院士称号。

"联想丰富的影射"来组合，所以绝大部分汉字都包含"论辩修辞格、词语转义、比喻和隐喻"，因此，中国士大夫普遍大量"使用生动表述和高雅隐喻"来让文章显得高雅。汉语和汉字不需要语法，"只需一把钥匙及其说明"，或用一种欧洲语言来解释字符构成及其意义，因为变格和变位都包含在汉字本身之中。

从这些书信往来可以看出这些早期传教士对汉字的认知还比较基础，对汉字的构造、音形义之间的关联、汉字的组合规则等都谈不上深刻理解，他们和欧洲本土学者的这种互动，更是迎合了17～18世纪"中国热"以来欧洲学者对于东方的神秘化想象和欧洲学者自身的知识路向以及当时欧洲的学术氛围，而并非真正出自对中国语言文字的研究兴趣，因而其论述无法准确反映中国语言的面貌。

从现有文献可以看出，欧洲最早对汉字的比较可信的认知，主要还是来自耶稣会士们的介绍。除上述几人外，其他天主教传教士对汉字也有较多介绍，其中比较有代表性的是罗明坚和利玛窦等人。如利玛窦说："中国语文非常难学，超出其他任何国家的文字，因为它无字母，字又多得不可计数，可说世界上有多少字，它也有多少字，因此为能达到会念的程度要学很长的时间，据说即使中国人也需读书十五年后方能读通、能写文章，由此可知是如何地难学、写了。"（利玛窦，1986：431）在谈到汉字的结构时利玛窦说，"中国文字的构造实难形容，他们的书法几乎等于绘画"（利玛窦，1986：31），"其字母，或者更准确地说是字，与古埃及的象形文字属同一类型"（转引自卡萨奇，莎丽达[1]，2011：8）。但利玛窦也指出了汉字的优点：首先，汉字具有通用性。在中国的各个省份和邻近国家如日本、越南、朝鲜等地，虽然口头语言差异很大，但文字相通，使得彼此交流可以无障碍。这和早期其他传教士如沙勿略[2]等人的观察一致。其次，汉字使用描画符号的书写方法生成了一种简洁的表达方式，它可以只用几个短语或者只用几个字就清楚明白地说出各种想法，而在拼音文字中却必须啰唆半天还不一定能说清楚（利玛窦，1983：

① 卡萨奇和莎丽达的著作中搜集整理了在欧洲图书馆发现的利玛窦的各种书信并将其译为中文，本书对利玛窦的转引不再赘述各条论述的书信来源。

② 沙勿略在亚洲其他地区传教时注意到汉字在亚洲多地的通用语地位，并在和其他传教士书信交流时进行了详细介绍。

30-31）。早期传教士这种不断把汉字基本结构和西方拼音文字的字母进行对比的思路，也反映在他们对汉字一直的研究中，他们把汉字的基本笔画和基础构形称为“字母”“字根”等。

关于汉字的数量，利玛窦多有夸张，他认为：有多少话、多少事，便有多少汉字。他估计单字不会少于六万，总数超过七万或八万，但其中常用的不过一万多字，余下的汉字没有必要都去记忆，中国人也不全认识（利玛窦，1983：28）。他说：“中国人的学问从他们虽然难学却也优美的文字发明中就可见一斑，每件事物都能对应一个相应的汉字，每个汉字都复杂混乱，也就是说世界上有多少词汇就有多少各不相同的汉字。”（转引自卡萨奇，莎丽达，2011：14）当然，识字多会带来明显的好处：“识字最多的人就是最有学问的人，这些人得以踏上仕途、身居高位。”（转引自卡萨奇，莎丽达，2011：13）利玛窦也像其他传教士一样认为汉字非常难学，“给记忆带来沉重的负担”。他认为中国没有公立学校的原因之一就是汉字难学，不能同时教授许多学生。但利玛窦并不觉得记忆汉字是一种痛苦，他自称拥有一种“神奇记忆法”，可以有效记忆汉字。利玛窦利用汉字构型的形象特征，将每一个汉字与它所代表的意义联系在一起记忆。利玛窦所创的“神奇记忆法”曾让中国士绅大开眼界，钦佩不已，这也是他获得中国知识阶层认同和接纳的手段之一。

关于汉字的单音节性，利玛窦也指出，“所有的读法都是单音节的，虽然也有很多含两三个元音的复合元音”，“每个读法都对应不同的字，彼此间的发音没有任何区别，不但元音和辅音相同，连音节也相同，而对中国人来说，说一个读法就像说一个字和一个音节”。汉字的单音节性也带来了很多麻烦，不光外国人学起来困难，对中国人实际上也构成障碍：“许多汉字虽然字形不同，但发音却完全一样，而且每个字都有许多字义。因此汉语也就成了最模棱两可的语言，且汉字是绝对无法听写得下来的；人们（其中也包括极富口才、文学修养且发音标准的人）在讲话时常常需要请对方重复一些词语或者请教某个汉字如何书写。”（转引自卡萨奇，莎丽达，2011：9-10）

利玛窦的这些汉字观感，大体上代表了他同时代的耶稣会士们对于汉字的认知。其他耶稣会士在他们的著作中谈到汉字时的看法和利玛窦基本大同小异，多集中于汉字的象形特征、汉字的单音节性和一词多义特征、汉字通用语地位、书面汉字和口头语言的分离、汉字的数量和学习之难度、中国语言学著作中介绍的汉字造字理据、汉字部首知识等方面。

但如前所述，耶稣会士的汉字观还远谈不上成熟，后来的传教士对他们多有批评。比如艾约瑟在他的《汉字知识入门》[①] 一书中就批评早期耶稣会士在解释汉字的时候喜欢牵强附会基督教教义，形容他们“惯于用最狂野的方式来阐释汉字，在最不期之处探寻到宗教传说”（Edkins，1876：viii）。比如他们把“船”的字形解释成是映射大洪水的典故，而把表示诡计多端的“诡”写成同音的“宄”，因为后者可以解释为“骑在九个天使头上的撒旦”。艾约瑟没有指出这些牵强附会的解释的出处，但是他指出这种汉字观已经过时，后来的传教士们不会这样解释了。其实这样的附会或者索隐在传教士对中国语言文化的阐释过程中始终存在，不仅见于耶稣会士中间。

耶稣会士向西方介绍中国语言文字之时，正值西方拉丁语式微、民族语言地位日益上升之时。但通用语言的需求仍然存在，迅速推进的经验科学要求更为清晰、精确的语文工具，以致哲学家和科学家纷纷提出革新语言、改进文字的主张。耶稣会士对汉字的介绍，让西方知识界看到了希望，他们把汉字看做是一种可能的理想文字体系，能完美地充当表达概念的符号。维杰耐尔己、布莱特、洛德威克等人甚至受汉字会意原则的启发，设计出各种可用于速记的符号。当然，对汉字的推崇也可能与当时西方对中国的神秘想象有关。随着西方知识阶层对汉语和汉字认知的逐步加深，加上中国的神秘面纱日益褪去，以及罗马天主教廷与中国政府的交恶，西方对中国语言文字不再推崇，反倒是随着历史比较语言学思潮和语言类型学的兴起，对汉语和汉字多了些偏见，有些学者甚至认为汉语处于人类语言发展阶梯的最底层（见姚小平，2003）。这大约也可以看做是历史文化大背景如何影响语言学思潮的一个很好的例子了。

---

① Joseph Edkins. *Introduction to the Study of the Chinese Character* [M]. London：Trübner & Co.，1876.

二、新教传教士的汉字研究

1. 马士曼的汉字观

在《汉字言法》一书当中，马士曼也对汉字的特性进行了阐述。在书开头部分对汉语的介绍论文中，他指出汉语分为书面载体（即汉字）和口语两部分。马士曼说，汉字是诉诸眼睛，而不是诉诸耳朵的文字（Marshman，1814：4）。他说，在字母语言中，口语和书面语具有同一性，语音内在于书面语之中，要从物质上改变语音是不可能的。这些字母代代传承，保证了语音的连续性。而汉语的情况则完全不同，没有哪一个汉字的读音是（像西方的拼音文字那样）内在于该字中的，读音可以完全改变，但是却不影响字的意义（Marshman，1814：81）。他指出，汉字与其他语言的文字区别在于汉字是由基本的字或者笔画构成的，而其他语言的文字则是由字母的联合构成的。他还引用了一本名为《语言和普遍语法的哲学分析》（*Philosophical Inquiry Concerning Language and Universal Grammar*）① 的书中的话，“我们用以表达思想的每一媒介，要不就是源自对自然属性（或者物体）的模仿，要不就是任意的符号”，而书面的文字则一定是任意的符号（因为像山和河这两个字展示给思维的不是这两种物体，而只是任意的联系），作为对自然物体模仿产物的字，不管这种模仿的相似性多么粗糙微弱，总还是能够构成另一种交流思想的模式的基础。这一模式诚然与字母文字迥异，但是却可能一样符合事物的本性（Marshman，1814：5）。马士曼显然赞同《语言和普遍语法的哲学分析》中的观点，这里的论述已经触及对语言符号象似性和任意性的探讨，而且也很接近现代语言学关于语言符号任意性的理论，反映了马士曼的现代语言学理论素养。马士曼在书中还讲述了汉字的部首以及汉字造字传说、汉字六书的演变过程等。他还特别在书中提到了汉字的 primitive。研究汉语的西方人提出的 primitive 不是指历史上最初的汉字，而是指根据在造字过程中的作用而分出来的一部分能参与构字

① 马士曼未交代此书的作者，就检索来看，应该是 James Harris（1709—1780）的 *Hermes. Or, A Philosophical Enquiry concerning Language and Universal Grammar* [M]. London: Printed by H. Woodfall, for J. Nourse, 1751.

的基础汉字及部首，类似西方文字的字母，我们大概可以将其翻译为“根字”。马士曼从早期传教士的拉丁文—汉语字典手稿和《康熙字典》中一共总结出3867个这样的“根字”，并进一步把它们压缩成1689个。在《汉字言法》的第36页，马士曼列出了这1689个根字构字数目的一个统计详表①。其后，他介绍了根字的分类。他把根字分为四类，即由一个部首加上一个没有意义的成分构成的根字；两个部首构成的根字；三个部首构成的根字，其中每一个部分都不可或缺；前三种根字的派生形式。该书后面还提到了部首与根字的组合规则。

2. 马礼逊的汉字观

马礼逊的汉字观最集中体现于他的大部头六卷本《汉英字典》中。在这部宏著的第一卷、按部首排列的《汉英字典》的序言部分，马礼逊指出，西方的汉语学习者必须特别注意汉字的学习，因为这是最终学会这种语言最快、最令人满意的办法。汉字字形和语词的正确组合，对于西方学习者来说比汉字的读音或者声调要重要得多。钱奠香（2016）把马礼逊的这种看法称之为“重汉字形义，轻汉字读音”的汉字观。但这并非意味着马礼逊不重视汉字的读音，从他的语言学著作看，他对于汉语的读音是下了大力气去研究的，所以这里的所谓重形义、轻读音应该只是针对汉字结构和组合的学习而言。马礼逊指出，汉字源于象形，但是通过暗示和联想等手段，有了更多的造字理据。在他的字典中，他对几乎每一个汉字的造字根据都做了特别说明。在他看来，汉字直接诉诸眼睛，其作为书写媒介的功能并不亚于任何西方拼音文字，甚至在一定程度上还能做得更好。因为通过视觉，意义可以更快更生动形象地得到传递，诉诸听觉的声音的传递速度和效果就没有视觉那么好了。汉语的书写系统中蕴藏着力量和美感，能如艺术般直击人心，拼音文字就没有这种效果。此外，拼音文字要根据实际语音而不断地调整拼写法，相比之下，汉字的书写体系因为和语音分离，因而要稳定得多。书面的汉字体系还在一定程度上促成了汉民族的统一和亚洲范围内中华文化圈的无障碍交流，实际上充当着一种共同语（lingua franca）的角色。这样一种超脱于口语、几乎不受读音改变的影响的思想表达媒介，相较于西方的拼音文字是一种优势。这样一种观点，在他字典的最后一卷，即汉英字

① 卫三畏的汉英词典——《汉英韵府》（1874）把汉语根字总结为1040个。

典的介绍部分“英吉利国字语小引”一文中也得到了再次体现：

> 天下万国人等言语不下二百样，说法不同且其字样多相异。唯大概论其制字之理止有两端而已。一则达所言之音兼义，一则形所言之义而不达语音。达音义之字即如清文、梵字、英字及西域友罗巴①之列国皆然。形义之字乃宜至比多国②古字、中国古今之字是也，或将此制字法两端比较有些难定其长短，形义之文字不能自达己音，乃要学者音义俱心记，固然系一短处，又论及形字义之法，于凡属心念无物可见之字，难要形出其义，断然形不出来。唯形字义之文有一件长处，即是字样可恒存而不以各地语音不同则辄要更改其字样也。以此观之，形字义之法有甚得矣！

这里马礼逊指出，虽然汉字与西方拼音文字相比不能“自达己音”，即不能见其字拼其音，但是汉字胜在“字样可恒存”，不因时因地而变，具有稳定性。在此基础上，马礼逊对汉字特别看重的另外一个原因就是出于扩大传教范围的考虑。马礼逊的志向远不限于中国内地传教，他的眼光早已投向亚洲其他地区：交趾支那、东印度群岛中国人居住地、琉球群岛、朝鲜王国以及日本等广袤的土地，人们说着不同的口头语言，但是他们使用共同的汉字书写体系，这种相通的书面语体把他们拢括到同一个中华文化圈内，在这一文化圈内人们也可以藉由相通的书写系统进行良好的交流。传教士如果能用汉字进行书写，那么他就可以在整个东亚范围内被人们理解和接受。因此，传教士在学习汉语的时候应该更加注重汉字的学习。此外，鉴于中国人是“喜欢阅读的民族”，因此多用中文撰写基督教书籍和文献，用文字进行传教，可以构成当时特定条件下的有效传教途径。可以看出，马礼逊的汉字观和他的宗教意识、传教目的是紧密联系在一起的。

3. 卫三畏的汉字观

卫三畏的汉字观主要体现在他的词典《汉英韵府》的介绍部分。卫三畏认为，由于汉字是一种表意文字，又缺乏拉丁化的标音体系，这样就造成了中国人学习外语的困难，并导致了中华民族与外界的隔离。他说：

---

① 应为欧洲（Europe）。

② 原文未交代英文名称，疑为埃及。

只会说自己语言的中国人不可能学会如何看懂本书的说明以查找汉字。用汉字书写外国发音不可能实现，因此中国学者也无法阅读其他语言的词语或者书籍。每一个来自其他文明的学生都可以通过自己的语言来学习外语，但是不论一个中国人读或说英文的能力如何好，他都不能把英语的宝藏通过语法或者实践展示给自己的同胞，使他们能不借助别人的帮助阅读或者学会英语。这毫无疑问与这个民族的性格形成有关，并且与这个民族的孤立有很大关系。……可以保险地说，中国人的符号语言比其他任何语言都更严重地使得他们孤立于其他民族。

这是一种明显反映 19 世纪以来欧洲语言类型观和由此带来的语言歧视的看法，语言文字的差异和民族性直接相关，又构成文化交流的障碍，这是一种显而易见的偏见，而这种带有偏见的语言观能从侧面解释卫三畏一直以来对汉字标音体系罗马化的积极态度。他显然对前人在这方面的工作都不甚满意，因而在介绍的第二部分里，他提出了自己的标音体系。这套标音系统包含 14 个单元音，25 个双元音，以及 30 个辅音。每一个音后面都详细说明了发音方法，以及与以前的标音系统如威妥玛和小德金等人的标音法的区别①。

在借鉴马士曼观点的基础上，卫三畏也进一步阐述了“根字”(primitive) 的观念。他指出根字在汉字构造中居于核心地位，类似英文字母或者词根的结构。马士曼是第一个对此进行研究的人，他研究了《康熙字典》，并作了一个完整的分类。卫三畏在马士曼的基础上把根字分为 5 类：(1) 214 个部首本身可用作根字；(2) 部首加上一个本身没有意义的结构构成的新结构，如重（基于“里”部）、然（基于“火”部）等；(3) 两个部首组成的根字，或者可以分解成两个部首的结构，如必、丁、千、壬等；(4) 3 个或 4 个部首构成的结构，如京、圣、坐、来等；(5) 通过给派生结构添加一个部首构成的根字，如忽、易等。在词典介绍部分，他还给出了一个 1040 个根字的附表。

卫三畏这种对汉字的分解，以及他在字典正文中对每一个汉字造字理据和词源的详细说明，显然都是为了把汉字分解成最基本的构造元素，并辅以构造原则，以便西方学习者能更容易掌握汉字的结构。这与在华

---

① 详见第一章。

传教士语言学传统相吻合，即特别注重研究汉字，包括其起源、结构特征、字体等问题，以寻求掌握汉语的捷径（龚缨宴等，2006：66）。同样，在此之前欧洲本土的哲学家们也表现过同样的态度，如培根就认为汉字有许多字符作为基本的字根，莱布尼兹也很关心汉语和汉字能否分解成一些基础元素（龚缨宴等，2006：92-93），前文对此也已详述。综而观之，卫三畏的汉字观是在西方知识传统内对汉字的审视。

4. 艾约瑟的汉字研究

1876年，艾约瑟专门出版了《汉字知识入门》一书，阐述了他的汉字观，并向西方汉语学习者介绍关于汉字的一些基础知识。在书的前言部分，艾约瑟指出此书的目的是为学习象形汉字及研究汉字历史提供指南，不仅学习汉字的字形，也学习汉字的发音。艾约瑟指出，汉字记录了中国古老的文明和历史，汉字的历史传承表明汉语虽然简单却绝不野蛮，它体现了中华民族绝大多数历久弥新的道德、政治和社会品格。艾约瑟也针对汉字的语音作了探讨，试图讨论很多汉字入声韵尾在官话中脱落的历史过程。他还试图重拟一些汉字的古音，希望以此寻找到汉字发音的所谓"词根"（root），并借助对不同语言词根的比较以发现各语言之间的关联，进而进一步证明他在《中国在语文学上的地位》[①] 里提出的观点——亚洲和欧洲语言有共同的起源。这样一种努力实际上体现了艾约瑟和19世纪欧洲本土语言学界的互动交流，艾约瑟在努力跟随当时欧洲主流的历史比较语言学的思潮，并以这种思潮为自己的理论指导，来对汉语展开研究。可惜的是艾约瑟很多时候放任自己的宗教信仰干扰学术的严谨性，他把宗教教义置于学术的严密探究之上，认为人类语言的源头总归要追溯到上帝那里去，因而自然地假设汉语与西方语言有共同的源头。所以尽管他自己曾尖锐地批判耶稣会士对汉字解释的牵强附会，但是他自己在讨论汉字或者汉语词语的起源时实际上也有很多牵强附会之处。

艾约瑟的《汉字知识入门》共分七章。第一章讲汉字部首，具体内容包括：汉字的起源；汉字创制者的传说；文与字的区别；部首；声旁；

① Joseph Edkins. *China's Place in Philology: an attempt to show that the languages of Europe and Asia have a common origin* [M]. London: Trübner & Co., 1871.

图 3.1 《汉字知识入门》封面

部首列表等。关于汉字，艾约瑟认为它和纺织、陶艺、冶炼、天文、历法、农耕、航海、谷物播种等其他文明成果一样，其起源是否完全内生于中国是一件不可确定的事情，但他也无法提供证据证明汉字有外来的源头。在提到“文”和“字”的区别时，艾约瑟提出“文”即象形文字，而“字”则指形声字。这是许慎在《说文解字》序中所说的“仓颉之初作书，盖依类象形，故谓之文；其后形声相益，即谓之字”，体现了艾约瑟对中国语言学成果的熟悉。艾约瑟指出《康熙字典》中的 214 个部首对于解释会意字的理据最为便利。在部首列表中，艾约瑟逐一介绍了 214 个部首，包括其今音和构拟的古音、语音历史演变的推测、语义等。他在介绍时主要依据了《康熙字典》《说文解字》等文献，但是也加上了自己的综合分析。在不少地方，他加入了和其他语言发音的比较、对该部首发音可能来源的假设等。总体而言，他对汉字部首的理解和解释是准确的，对古音的构拟和推测也有较大的可信度，但是不少地方也有错讹，比如他把“儿”的发音标注为“人”，把一些部首的发音起源归为古巴比伦或者其他民族的语言等。

第二章介绍关于汉字的象形特征，把 214 个部首分成若干范畴：28 个表线条、形状和覆盖物；23 个无生命的自然物；表人及人际关系的 23 个；表身体部位的 33 个；动物名 15 个；植物名 13 个；器具、衣服名等 25 个；度量名 6 个；颜色及其他特征 17 个；动词 29 个。艾约瑟对这些范畴进行了详细的解析，试图说明汉字部首在字形和发音上的理据性，他的解释和今天认知语言学中的象似性（iconicity）解释有异曲同工之妙。艾约瑟的这些分类范畴清晰，解释透彻，语言也饶有趣味，西方汉字学习者读后应该不会对汉字部首有望而却步之畏惧感。

第三章介绍汉字发音，共列举了1040个常用汉字部首和汉字的发音，以及它们的释义和语音自古至今的演变。这部分差不多可以看做是一部简单的字典，对于刚开始学习汉字的西方人士有很大的帮助。

第四章介绍汉字书写历史，介绍了汉字起源的不同传说，汉字从古代到现代书写工具、书写形式的历史变化。

第五章艾约瑟结合大量例子介绍了汉字构型的六种理据，即《说文》和《六书注》里提到的“六书”：象形、指事、形声、会意、转注、假借。

第六章探讨了汉字语音的历史演变，艾约瑟在这一章明确指出汉字的单音节特征，并详细地考证了汉字发音历史演变过程中入声发音脱落的过程。在介绍了表音汉字、诗歌韵律、中国本土学者的音韵学研究成果（以段玉裁为例）、中国本土语音词典之余，艾约瑟还介绍了日语、朝鲜语、交趾支那等语言中的汉字发音情况，指出可以从周边国家对汉字的注音来研究汉字语音演变的历史。这一章的详细描写对于汉字语音历史演变的研究有很大的参考价值。

第七章则是运用历史语言学的方法，研究汉字音变的历史过程和规律。这其中既有历史过程的考察，也贯穿了官话发音和不同汉语方言甚至与周边国家发音的比较。研究汉语语音史的学者，如能对艾约瑟的这一部分进行仔细研究的话，想必定会有所发现。

总体而言，艾约瑟的这部书既有教学的实用性（对西方汉语学习者学习汉字的构造、读音、意义和历史演变会大有裨益），同时也有一定的理论价值，书中体现的对中国语言学成果的灵活运用、历史比较语言学方法以及拿官话与方言、周边语言进行比较的思路，使得艾约瑟超越了同时代其他传教士。书中的材料和思路对于今天的汉语语音研究依然有重大价值。

小　结

西方人在接触汉字时的第一印象往往是，这是一种非拼音文字，无法像西方的文字那样见字即可拼读，而且这种文字虽有图画特征，却也发展出了抽象的符号性，不完全是象形，因此也不能完全见形知义。以汉字为汉字注音的拼读方法、繁杂的笔画和音、形、义之间复杂的对应关系往往令西人知难而退。故不少传教士呼吁放弃学习汉字，直接以拼音文字代替汉字来进行书写。比如在《中国丛报》上就曾有一篇题为《为中国人发明拼音语言》(An Alphabetic Language for the Chinese，*The Chinese Repository*，vol. 4，pp. 167-168）的文章，吴义雄（2008）推测为裨治文所写，文章认为中国现行的文字具有明显的缺陷，如它的难学使儿童受教育的起始年龄过迟，一般到六七岁才有可能学习这种难读难记的文字，从而影响了儿童心智的开发；这种文字使人们思想沉闷，难以活跃，它还使学习者感到沮丧，并常常遭受失败，许多学了三四年的中国人还无法阅读简单的书籍；由于学习这种文字占用过多的时间，结果使中国人无法获取广泛知识而陷入愚昧。因此作者建议采用拼音化的语言来编写教材和读物进行教学。19 世纪后半期到 20 世纪初来中国的一大批传教士，包括打马字①、丁韪良②、汲约翰③、蒲鲁士④、苏慧廉⑤等人，分别用罗马字母拼写各地方言以译成汉语的《圣经》，先后完成了包

① Rev. John Van Nest Talmage，1819—1892，厦门人俗称他为打马字牧师(闽南语：Táⁿ-má-jī)，为美国归正会牧师。毕生传教于中国厦门一带。他先后用罗马字拼音完成了闽南语白话教科书《唐话番字初学》(1852)、闽南语拼音译本《圣经》(1853—1872)、厦门方言字典《厦门音个字典》(1894）等著作。

② 丁韪良，William Alexander Parsons Martin，1827—1916，美北长老会派至中国的传教士。在中国生活了 62 年（1850—1916，其间有 4 年时间不在中国)，曾长期担任北京同文馆的负责人。1898 年起任被清朝皇帝任命为京师大学堂首任总教习。他于 1851 年发明了宁波话的拼音系统，后来，丁韪良的同事与好友美国北长老会驻宁波传教士蓝亨利（Henry Van Vleck Rankin）据此编纂了《宁波土话初学》一书。

③ 汲约翰，John Campbell Gibson，1849—1919，英国长老会来华传教士、汉学家，在广东汕头地区传教。

④ 蒲鲁士，William Nesbitt Brewster，1864—1918，美以美会在华传教士。1890 年，他被派往兴化府（今莆田市）传教。他设计了莆仙语的拼音书写体系，并在 1892 年至 1900 年期间用莆仙语翻译了《新约全书》，开办美兴书局以印制《圣经》，后来又创立了教会刊物《奋兴报》。

⑤ 苏慧廉，William Edward Soothill，1861—1935，英国来华传教士，在中国温州传教 26 年，牛津大学中文教授，英国知名汉学家，并曾在 1906 年任山西大学校长。他参与设计温州话罗马注音体系，1903 年以此翻译出版《Sang Iah Sing Shi 新约圣书》。他还出版过一部影响力很大的汉英词典（*The Student's Four Thousand [characters] and General Pocket Dictionary*，1900）和一部佛教大辞典（*A Dictionary of Chinese Buddhist Terms：with Sanskrit and English Equivalents and a Sanskrit-Pali Index*，1937，with Lewis Hodous)，他的《论语》英译本在西方也有很高的认可度。

括厦门、汕头、台湾、兴化、温州、福州、上海、客家、北京、广州、台州等方言的罗马字《圣经》的拼写（见王鸿生，1995）。从历史来看，这种努力的效果远不如人意，这证明传教士们的汉字拼音化尝试是不被认可和接受的。类似的观点和做法在早期来华西人中虽然有一定的代表性，但是更多的传教士还是努力地学习汉字并研究解决汉字难学的方法。早期来华耶稣会士一面艰难地学习汉字，一面研究解析汉字的特征，一面还尝试为汉字创制罗马字母拼音体系。传教士的努力至19世纪的新教传教士马礼逊、艾约瑟等人时终甄成熟，他们为中国现代拼音体系的最终建立打下了坚实的基础。在解决汉字拼读问题的同时，传教士们也努力研究汉字的结构，了解这种文字对于整个中华文化圈历史文化传承和凝聚的重大影响力，从而克服了对于汉字的许多偏见，形成了比较成熟的汉字观。较晚近一些的传教士如丁韪良、狄考文等人，在前人研究的基础上，形成了成熟有效的汉字教学方法，分别体现在《认字新法，常字双千》（*The Analytical Character*，1863）和《官话类编》（*A Course of Mandarin Lessons*，1898）之类的著作中，他们的方法，对于今天的汉字教学，特别是对外汉语教学过程中的汉字教学，有重要的参考价值。

传教士们早期对汉字的学习和思考，对汉字单音节性、象形性等特征的描述，促使西方语言学界更好地了解到汉语言文字的特性，同时他们对于汉字难读、难写、难认、难查等客观困难的讨论，不仅推动了汉语拼音体系的建立，也推动了中国本土学者认真审视中国文字，并进行文字改革的不断尝试，最终导致现代汉语拼音系统的建立和汉字简化方案的出台。现代汉字简化方案的出台，表面看起来没有传教士的贡献，但是拉长至整个历史的视角来看，很难否认早期传教士的观察和讨论在其中的推动作用。

进入近代以来，中华文化圈的一些国家如韩国、越南等废弃了汉字书写系统，转而采用新创制的拼音书写体系。这种拼音书写系统，固然便于读写，但是也带来了不少弊端，如不识汉字的年轻一代与自身文化传统和历史的割裂、拼音文字在达意方面的简洁性不够等问题。近年来韩国、越南不少学者开始反思废除汉字这一政策是否合理的问题。实际上早期传教士如艾约瑟等在这方面已经给出了明确的答案：汉字固然有其学习上的不便，但是无论从语言学本身出发，还是从历史文化的传承而言，都有不可替代的优势。对一种语言或者文字的变革，必须从语言本身的符号性和历史文化的大视野进行综合考量。文字除了其符号性特征外，还负载着历史、文化、审美和民族心理，是文明的载体。进入计算机时代以来，汉字的电脑输入问题也得到了完美的解决，汉字更是拥有了不亚于任何一种拼音文字的地位。随着中国经济文化影响力的日益提升，中国语言文字的影响力也随之提高，汉字的未来也必将更为光明。现代语言学者，在研究汉字和汉字教学的时候，不妨多回头看看早期传教士们作出的观察和思考。

第四章　来华传教士对汉语词汇的贡献

引　言

从早期的罗明坚、利玛窦等传教士开始，每一批来华的西方传教士在汉语学习研究过程中，都要为词汇或者术语问题大伤脑筋。由于近代中国和西方之间存在着巨大的概念鸿沟，在试图用中文向中国人传递西方宗教、社会、历史文化、自然科学知识的时候，传教士们首先要绞尽脑汁地把西方的核心概念、术语转换成中文的概念或者术语，但两种术语体系之间存在巨大的不对称性，很难直接对应翻译转换，所以大部分时候，传教士们必须采取音译、意译、述译（描述）、新造字 /词等多种方式，对西方概念体系进行传递。这一概念术语的翻译 /创制活动持续了四个多世纪，几为现代汉语创造出一套新的词汇体系，也可认为是为现代中国输送了一套新的思想体系。如高名凯、刘正埮（1958：8）所言，一个新词的产生总可以促使新概念的产生，而新概念的产生也总要以客观新事物的产生或对客观事物新认识的产生为基础。冯天瑜（2004：12）也指出，中外历史上产生的术语，是学术发展的核心成果，人类在科学及技术领域的每一项进步，都以术语形式在各种自然语言中记载下来，一个专业的知识框架，有赖于结构化的术语体系加以构筑。术语体系之于思想史的意义由此可见，传教士的词汇术语译介之于中国近现代思想史的意义也由此可见。从语言的角度看，传教士的术语翻译 /创制活动不仅仅是对汉语词汇内容进行扩充，更对词汇的形态构造乃至汉语的语法系统产生了直接作用，其影响不容忽视。在本书的其他章节，如词典学研究、翻译研究中，都谈到了传教士的词汇翻译或者研究活动，但是考虑到传教士词汇译制的特殊影响力，以及传教士语言学体系的完整性

（语音、词汇、词典、语法、教学、翻译等的完整层次），我们在这里专辟一章，以便对传教士的汉语词汇研究活动做专门的深入研究。

一、早期耶稣会士的汉语词汇研究

在《中国近代新词语谈薮》中，钟少华指出，新词语的产生是中华民族在近代进步的标志之一（钟少华，2006：31），而中国的近代新词语之源，基本上可以以四百多年前利玛窦与徐光启合作翻译出版的《几何原本》（1607）为开端（钟少华，2006：39）。实际上，在更早的耶稣会士中文文献中，就已经出现了新词汇的萌芽，如利玛窦1595年的《交友论》中就出现了“上帝”，《西国记法》中也出现了“数字”“造物主”“枕骨”等新词。冯天瑜（2004：15-23）认为中国人从西方借词的历史大约可以分为这样三个阶段：

（1）第一阶段：明万历至清乾隆年间（利玛窦1582年入华至教皇克莱芒十四世1773年解散耶稣会）。这一阶段新词汇的译创主体是耶稣会士。

（2）第二阶段：19世纪初叶新教传教士入华至19世纪90年代中期。这一阶段的译创主体是新教传教士。

（3）第三阶段：中日甲午战争至民国初年（即19世纪90年代中期到“五四”），但这一阶段的新词主要来源于掌握了西文和西学的中国知识分子直接译介的西书，以及明治维新后的日本汉字词汇。

本书的研究主要集中在第一、二阶段。在耶稣会士主导的第一阶段，利玛窦、艾儒略等先行者译创了第一批关于西方科技、宗教、哲学、社会文化的汉字新词。例如在利玛窦与徐光启合译的《几何原本》（1607）、利玛窦与李之藻合译的《同文算指》（1614）中，点、线、直线、平面、曲线、对角线、平行线、直角、钝角、三角、面积、体积、平方、立方、开方、乘方、约分、通分等沿用至今的数学术语得以创译。在利玛窦的《西字奇迹》(1605)、艾儒略的《西学凡》(1623）和《职方外纪》（1623）等书中，也出现了天主、圣徒、欧罗巴、救世、圣经、天国、文明、原罪、救世主、造物主、公法、文科、理科、法科、法学、地球、西洋、热带等最基础的宗教和地理、文化类术语。

除利玛窦等先驱外，这一时期其他来华天主教传教士大多数都在西学译介和名词译创方面做出了努力尝试。马祖毅的统计显示，明末清初来华传教士中，知名者70余人，完成译著300余种，大体分布在天文学与数学、物理学和机械工程学、采矿冶金、军事技术、生理学与医学、生物学、舆地学、语言学和文学、经院哲学与宗教等九大领域中（马祖毅，2004：267-304）。在译介过程中，概念术语的翻译传递自然是首务。这一过程显然不易，传教士和他们的中国助手们往往要反复磋商、绞尽脑汁，才能找到西方术语在汉语词汇系统中最准确、简洁又能为中国人广为接受的对应表达。早期天主教传教士的这些筚路蓝缕的艰苦工作，为现代汉语创制出了一整套词汇体系的雏形，也打开了现代汉语词汇快速扩张的大门。正是由于早期天主教传教士译制的术语基础，后面的东西方大规模交流和词汇翻译创制活动才得以顺利开展。

在术语的翻译过程中，早期天主教传教士，特别是耶稣会士们出于他们一贯的对中国文化的顺应思路，虽然在专名的翻译中多用音译法，但专名以外，更多时候还是采取了意译的方式，力争让新译创的术语看起来像汉语中固有的词汇，以便中国人顺利接受。

我们还是以利玛窦的术语译创为例来说明早期传教士的术语译创策略和过程。在可能的情况下，利玛窦总是尽量用汉语中固有的词汇来对应翻译西方概念，比如用"上帝、天主"来翻译Deus / God，用圣经来翻译旧约和新约之总称，用圣母指代耶稣基督之生母。而上帝、天主、圣经、圣母之类的词汇，在中国古典文献中都能找到痕迹，如上帝本指中国传统信仰中的最高神，又称"帝""天""天帝""昊天上帝""天皇上帝""皇天上帝"等，如《通典·礼典》云："所谓昊天上帝者，盖元气广大则称昊天，远视苍苍即称苍天，人之所尊，莫过于帝，托之于天，故称上帝。"而天主在中国典籍中原意为天神，如《史记·封禅书》中称："天神，一曰天主，祠天齐。天齐渊水，居临淄南郊山下者。"圣经原指儒家经典，圣母的原义也是对皇太后的尊称。现在看来，这些词汇在中文典籍中的原始意义都已经被新的宗教意义不动声色地替代了，今人在使用这些词汇的时候，已鲜有人能想起它们的原初意义。在译介西方自然科学知识的时候，利玛窦也尽量使用中文原有词汇，如把北极、南极这对原本表示北方或者南方极远之地的普通名词对应为表示地球自转轴与地表相交的两点的专有名词，把经线、纬线这对原指编织品上的纵向和横向线条的名词对应为地理坐标概念。这种术语译创方式借用汉语原有词汇，符合中国人的语言和文化偏好，在接受度上阻力最小，最终也都顺利完成了概念的置换。

但并不是所有西方术语都可以如同上述那样顺利地找到汉语中已经有现成对应或者接近的词汇来进行转换，很多时候利玛窦必须想办法突破汉语结构的阻碍，以准确表达西方概念的内涵。比如说，古代到近代汉语中单音词占多数，一词多义或者同音异形的情况很多，如果用单音词翻译西方术语的话，势必带来意义的混乱和概念的不精确。为了保证词汇表述的精确性，利玛窦译创的术语以复音词为主。在他从 1595 到 1610 年间的 11 部汉语译著中，我们可以看到，他所译创的汉语术语多数为双音节或者三音节词。如《几何原本》中，除点、边、角、面、弧等少数几个单音词外，其余均为推论、直线、比例、钝角、多边形、割线、界说、几何、金星、平面、平行线、切线、曲线、锐角、直角、三角形、四边形这样的双音节或者三音节词汇，其中又以双音节为主。其他传教士和利玛窦一样，更多采用双音节词汇来对译西方术语。早期传教士的这种不经意的努力，却不期然地揭开了近代汉语向现代汉语过渡的大幕，因为“双音节化不仅限于词汇的层面，作为横跨语法、文体的现象，是赋予汉语近代特征最大的变化”（沈国威，2013）。词汇的双音节化，也被视作是现代白话文的一个主要特征。虽然汉语词汇的双音化早在汉唐时期佛经翻译中已经初现端倪，在近代也有汉语内部的“进化”诱因，出现了数量较多的双音词，但是双音词汇大规模进入汉语语言系统并引起汉语语法结构的改变，却是从基督教传教士的术语译创开始。在这一点上，利玛窦可谓“始作俑者”。

此外，利玛窦在词汇译创过程中也使用了不少“定语/修饰语＋中心语”的定中结构（或者用逻辑学的术语表述为“种差＋属”的格式）对概念进行描写性翻译。比如在中心语“线”的基础上可以衍生出割线、切线、直线、曲线、虚线、子午线、地平线等词汇，在“角”的基础上可衍生出锐角、直角、钝角等词汇，在“形”的基础上可以衍生出三角形、四边形、多边形等。这样一种灵活的组合构词方式具有很强的能产性，对概念的定义也能描述得更精确，所以在他之后的传教士也大量采用了这种构词法。这种构词法产生的另外一个后果就是，作为中心语的汉字如果频繁参与构词的话，会出现词缀化的倾向，使得其能产性在继续提高的同时，也产生了大量词缀或者类词缀，让汉语的词汇形态得到了丰富。在利玛窦等人的基础之上，后来的新教传教士在这一领域做了更多工作，不仅把大量中心语变成词缀，而且也生造了很多对应西方语言中派生形式的词缀。

二、19世纪到20世纪初来华传教士的汉语词汇研究

经历了“礼仪之争”之后，中西交流出现了长达百年的停滞状态。19世纪初，以马礼逊为代表的新教传教士开始辗转进入中国。鸦片战争后，西方传教士获得中国官方允许大批入华，并深入中国内地，对中国的现代化进程产生了远超前人的影响，在汉语词汇的研究方面，也做出了更多努力和探索，对现代汉语的体系产生了更大影响。这一时期的传教士先驱是马礼逊，他于1807年入华，在他身后则是米怜、裨治文、罗存德、卫三畏、郭实腊、艾约瑟等一大批追随者，其中也不乏大量天主教传教士。这一时期的传教士在汉外/外汉词典编纂、西学译介、兴办学校及医院、开办报刊杂志等多方面都有丰硕成果，对汉语的词汇系统也产生了更为深远的影响。

在鸦片战争爆发以前，清政府对西人在华活动依然严格管制，传教士活动范围主要限于南洋、广东一带，在不能深入中国内陆的情况下，他们试图以文字为工具，打开中国封闭的大门。文字传教的先行者，依然是马礼逊。他的《圣经》全译本（1823）和马士曼的译本（1822）相隔一年，是最早的全译本；《华英字典》（1823）是第一部汉—英、英—汉对照的大部头字典；他协助米怜、裨治文创办的《察世俗每月统记传》和《中国丛报》介绍大量西洋知识，也向外介绍中国；他的汉语语法和广东方言著作都是本领域的代表性作品；他的现代教育尝试，即创立英华书院（1816）等活动，都为现代知识的普及作出了贡献，他在汉语新词汇领域的贡献更需要特别关注和研究。黄河清（2008）针对《华英字典》的专门研究显示，马礼逊创制或收录的汉语新词数量庞大，仅其《英汉词典》部分，就可检测到首次出现的新词138个。此外，在《汉英词典》部分，即《字典》和《五车韵府》中，又分别检测到了33个和166个新词。这些新词汇中虽然有一部分是当时已通用于中国民间或者传教士群体中间，只是由马礼逊首次收录，但绝大多数都还是由他自己创制的。在这些马礼逊创制的新词汇中，除去近半如今不再使用的以外，

还可以看到这样一些今天依然通用，对现代汉语词汇系统有着不可替代意义的词汇：

餐饮类：刀叉、大餐、正餐、咖啡、柠檬、柠檬水、石花菜、西米、糖果、花椰菜、芒果、面包、洋参、阳桃、椰子油、发酵等；

度量类：度量衡、奇数、双数、磅、码、单数、单位、净重、折尺、立方等；

法律类：法律、案情、被告、合法、凶杀、凶手、公判、上告、人证等；

经济商业类：招商、长工、散工、打工、出口、进口、纺纱、纺线、卸货、验货、走私、海运、行销、原价、定期、经费、估量、交换、支出、跌价等；

医学生理类：堕胎、薄荷油、疟疾、手淫、包皮、阴茎、阴毛、阴囊、止痛、直肠、胸骨、眼科、受孕、霍乱、卵生、胎生等；

语言类：唇音、轻唇音、轻读、重读、重唇音、译音、小写等；

专有名词：撒马尔罕、默罕默德、英国/英吉利国、英文等；

宗教类：末日、圣油、预言、魔窟、教匪、使徒、新教等；

其他如关系、戏剧、鞋刷、帆布、小说、雕塑、白鸽、驳船、草纸、查询、车床、臭虫、鹅毛笔、番荔枝、方向、疯狗、风化、海獭、黑子、红宝石、护理、花篮、教师、精神、酒桶、狂犬、葵花、芦荟、录取、螺丝、默示、默想、木偶戏、内地、呢、绒、炮眼、派别、批评、品质、签名、赛马、省会、试用、刷牙、水货、水獭、塘鹅、铁桥、万花筒、尾数、细布、下属、显微镜、新闻、行为、引水、宇宙、原序、澡盆、真理、纸牌、知识、纸张、装潢、钻石、城堡、灯罩、灌木、胶水、闹钟、乔木、球形、肉欲、神枪手、水准、跳舞、土蜂、卫城、响板、演习、牙签、油布、晕船、运河、桌布等今天仍在广泛使用。

有些学科如医学、法学、经济学的基础核心词汇也源于马礼逊的翻译。再比如“打工”这一词汇直到改革开放以后才由中国南方地区推广到全国范围内广泛使用，但其源头却早在近两个世纪前的马礼逊这里，当然也有可能这一词汇并非马礼逊原创，其本身可能就是当时广东地区民间通用的词汇，只是由马礼逊收录入词典。此外，马礼逊词典中还大量收录了早期天主教传教士所创制的词汇，因此，从新词汇创制的角度而言，马礼逊这部作品可以视为一部集大成之作。在马礼逊的《广东方言词典》（1815）的第一部分，即《英汉词典》部分，我们也检测到这样一些新词：波（ball）、波球、打波、卑酒（beer）、铅笔、罢囒地酒（brandy）、英吉利大班（chief of the English factory）、买办（comprador）、托人代办（consign to agents）、公司、港口、海关、中衫（jacket）、利哥酒（liquors）、新闻、地理图（map）、洋货铺（shop）、走私、千里镜（telescope）等。从这部词典的收词情况分析，马礼逊自己创制的译词极少，主要是收录当时广东沿海地区通用的词汇，所以这些新词汇实际上也反映了当时广东沿海相对开放、对外贸易活跃的社会生活面貌。有趣的一点是，在"千里镜"词条中，马礼逊收入了"打千里镜"一例，意为"to look with a telescope"，联系到今日搭配意义丰富的"打"字，如打的、打电话、打手机等，甚至有的地方把"用微波炉加热"也称为"用微波炉打一下"，这种"打"字用作动词的同时也标记工具格的用法，虽然不一定系马礼逊首创，但至少是由马礼逊留下的珍贵的历史记录。

上文提及，马礼逊也参与了这一时期几份主要报刊的创办。这一时期的中文报刊，如《察世俗每月统记传》《东西洋考每月统记传》等，大量介绍了世界历史、地理知识，其中包含了大量西学词汇，体现了包括马礼逊在内的来华传教士在词汇译制方面的努力。

以郭实腊和他创办的《东西洋考每月统记传》为例。郭实腊创制了类似夏娃、禁果、以色列人、大教主（主教）、天后（圣母）、万里镜（望远镜）、蒸船（steamship）、铁轱辘路（铁路）、民族、议会、上家（上议院）、下家（下议院）、国师（大主教）、绅士之会（house of the commons）、神权、商务（business affairs）、加非/加匪（马礼逊《华英词典》译为咖啡）、可可、海沟（trench）、长颈鹿、半地/半土（peninsula）、爵会（senate）、香水、恺撒、拿破仑、居鲁士、尼布甲尼撒、澳大利亚、悉尼、牙买加、海地、危地马拉、雅典、巴黎等大量至今仍通行的专有名词或者普通词汇（见庄钦永，周海清，2009）。此外，这一时期罗存德、湛约翰、卫三畏等人的英汉词典中也包含了大量汉语新词汇，体现了他们创制汉语词汇的努力，但目前对这些词典中所含新词汇的研究还不多见，今后我们可以继续关注和研究。

到19世纪中叶，鸦片战争以后，传教士入华的限制被打破，更多天主教和新教传教士得以深入中国境内，掀起了第二次西学东渐的高潮。

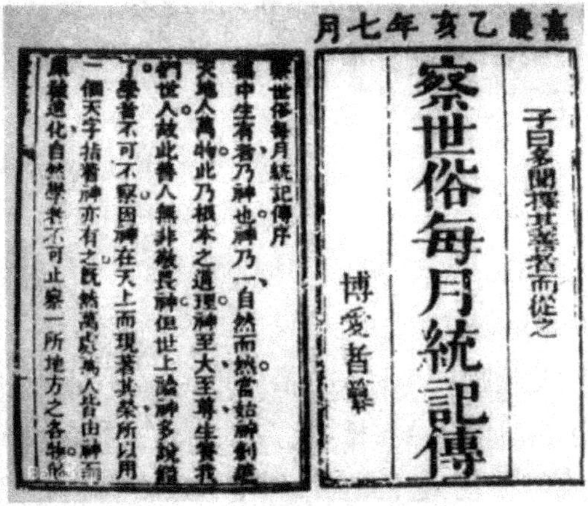

嘉慶乙亥年七月

子曰多聞擇其善者而從之

察世俗每月統記傳

博愛者纂

察世俗每月統記傳序
蓋中生者乃神也神乃一自然而然當始神創造
天地人萬物此乃根本之道理神至大至尊生養我
們世人故此善人無非敬畏神但世上論神多說錯
了學者不可不察因神在天上而現著其榮所以用
一個天字指著神亦有之既然萬處萬人皆由神而
原被造化自然學者不可止察一所地方之各物

图 4.1　《察世俗每月统记传》

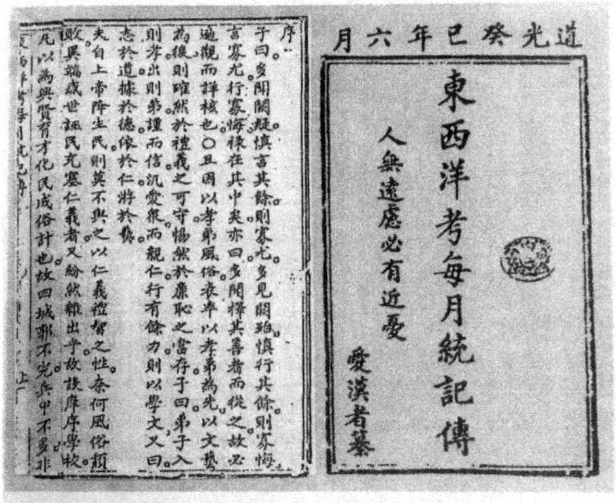

道光癸巳年六月

東西洋考每月統記傳

人無遠慮必有近憂

愛漢者纂

序
子曰。多聞闕疑。慎言其餘。則寡尤。多見闕殆。慎行其餘。則寡悔。
言寡尤。行寡悔。祿在其中矣。亦曰。多聞擇其善者而從之。故必
遍觀而詳核也。〇且國以孝弟風俗。求本以孝弟為先。以文藝
為後。則確然於禮義之可守。惕然於廉恥之當存。子曰。弟子入
則孝。出則弟。謹而信。汎愛眾。而親仁。行有餘力。則以學文。又曰。
志於道。據於德。依於仁。游於藝。
夫自上帝降生民。則莫不與之以仁義禮智之性。奈何風俗頹
敗。異端惑世誣民。充塞仁義者。又紛然雜出乎。故設庠序學校。
凡以為興賢育才。化民成俗計也。故曰城郭不完。兵甲不多。非

图 4.2　《东西洋考每月统记传》

在传教的同时，他们自然也绕不过语言的关口，需要学习、研究汉语，并竭力填补彼时汉语和西方语言在概念上的鸿沟，这种概念鸿沟背后虽然是科技、文化的巨大差异，但在语言系统中就体现为词汇系统之间的意义不对应，因此大部分传教士都自觉或不自觉地被卷入汉语词汇创制的工作中去。在汉语词汇的使用和创制过程中，这一时期的传教士很自然地要在早期天主教传教士的工作基础上开展他们的研究。他们一方面重新启用早期耶稣会士创制的词汇，另一方面也要独立地译创大量新词汇，因为此时的西方已远非两个世纪前耶稣会士入华时的西方，科学技术和社会文化思想都发生了激烈的变革，术语和词汇体系也都发生了巨

大的改变，因此这一时期的传教士在西学的译介方面是全方位的，从宗教到社会、经济、法律、人文、科技等等，几乎每一个领域都有深入的研究和翻译。此外，他们还大量创办学校，编写合适的中文教材；兴办医院，普及医学知识；创立中文报刊；等等。这些活动都涉及到词汇的翻译创制，客观上也促进了汉语新词汇的大量出现。例如，丁韪良在1864年翻译出版的美国法学家亨利·惠顿（Henry Wheaton）的《万国公法》（*Elements of International Law*），是第一部译介到中国的国际法，不仅为中国处理外交事务和维护主权提供了法律依据，还为中国的法律学科创制了大量基础性词汇，如权利、主权、法院、人民、国体、自治、章程、政治、选举、司法、国会、制宪、领事等，也使得中国人对民主、平等、自由、权利、法治、选举等重要政治和法律观念开始有所了解（何勤华，2001），在一定程度上起到了开启民智的作用。类似这样的译介工作还有很多。有建制的系统翻译也开始出现，比如1843年由英国伦敦会传教士麦都思、美魏茶①、慕维廉②、艾约瑟等人在上海创建的墨海书馆（The London Missionary Society Press，1843—1863）成为上海最早的一个现代出版社，在这里，传教士和中国本土学者如通晓西学的学者王韬、李善兰等合作撰写、翻译了许多介绍西方政治、科学、宗教的书籍。再比如1868年清政府成立的江南制造局翻译馆就特别聘请了傅兰雅③、伟烈亚力④、秀耀春⑤、金楷理⑥、林乐知⑦、玛高温⑧等传教士参

---

① 美魏茶，William Charles Milne，1815—1863，英国伦敦会来华传教士，是传教士米怜的儿子。

② 慕维廉，William Muirhead，1822—1900，英国伦敦会来华传教士，上海墨海书馆创办人之一，在向中国介绍现代历史学、地理学、地质学方面作出了很大贡献。

③ 傅兰雅，John Fryer，1839—1928，英国圣公会传教士，1868年脱离教会，长期在江南制造局任翻译，翻译了大量科学、技术、社会科学类书籍。

④ 伟烈亚力，Alexander Wylie，1815—1887，英国伦敦会来华传教士，知名汉学家。

⑤ 秀耀春，Francis Huberty James，1851—1900，英国内地会和大英浸礼会教育传教士。1900年义和团运动时，在参与北京东交民巷被围教民给养供应诸事后于6月20日失踪。

⑥ 金楷理，Carl Traugott Kreyer，1839—1914，美国来华传教士。

⑦ 林乐知，Young John Allen，1836—1907，美国来华传教士，对晚清维新变法运动有较大影响。

⑧ 玛高温，Daniel Jerome Magowan，1814—1893，美北浸礼会派遣来华的医疗传教士。

与译书。同时传教士自身也投入了巨大的热情于西学译介中，西方现代科技、政治、思想、法律、教育、历史、文化、习俗、文学、社会等诸领域的知识通过译书、教材、报刊等手段系统地得到译介。且不论他们在传教方面的功过，在推广科学和世俗知识方面，这些传教士对近代中国的影响几乎覆盖到了彼时社会生活的每一个方面，对中国的现代化进程起到了重要的推动作用。在新词汇的创制方面，他们的影响就更为直接和显著了，可以说，现代中国学术的几乎每一个学科领域的基础性术语词汇都离不开传教士的译介努力。

但大量传教士参与词汇的译创工作，也带来了新的问题，那就是没有统一的翻译和创制标准，所以不同的传教士对同一概念经常会有不同的转译方法，很多时候还会创制出非常蹩脚、难以流通的汉语词汇，这就带来了思想交流的不便甚至混乱。1877 年在上海召开了第一届在华新教传教士全国大会，会上决定成立益智书会（The School and Textbook Series Committee），主要工作是为教会学校编写教科书。但教科书中的术语如何保持一致成为困扰大家的难题，所以傅兰雅、林乐知、伟烈亚力、丁韪良、韦廉臣①、狄考文等人开始整理各个学科的原著和对应中文译著，同时整理出术语译表，供后来者作为参考，以便统一术语译法。益智书会和后来于 1886 年成立的博医会（The China Medical Missionary Association）共同构成了晚清维护译名统一的主要力量。1890 年在上海召开的第二届在华新教传教士全国大会也着重讨论了汉语新词汇的统一问题，并提出了新词汇译创的一些基本指导原则。傅兰雅在这次大会上发表了影响深远的《科技术语：目前的歧异与走向统一的途径》（*Scientific Terminology: Present Discrepancies and Means of Securing Uniformity*）长文，指出了传教士在术语翻译过程中的一些主要问题，并总结了一些基本原则：

第一，尽可能意译而非音译；

第二，实在不能意译的，要尽量用合适的汉字音译，基本词素的音

① 韦廉臣，Alexander Williamson，1829—1890，苏格兰籍伦敦会传教士，1887 年创建了同文书会（Society for Diffusion of Christian and General Knowledge among the Chinese，系在 1883 年成立的 Book and Tract Society 基础上成立，后于 1892 年改名为广学会，即 Christian Literature Society for China）。

译字要固定，尽量用官话音译；

第三，新术语尽可能与汉语言的基本结构保持一致，要注意利用汉字的偏旁部首表音和表意特征；

第四，译名要简短而精炼；

第五，译名的定义要准确而清晰；

第六，新术语应该与同一类词中的其他成员保持相似性，应该采取一些方法来标记同一类术语中成员之间的关系；

第七，译名具有灵活性，能适应不同的句法位置要求。①

但在这次大会上，傅兰雅和狄考文也因为数学和化学术语的翻译问题发生了争执。狄考文主张应当使用阿拉伯数字代替中国数字，并在数学著译中用直排代替竖排，傅兰雅则主张尊重中国习惯，使用中国数字书写方式，并使用竖排。化学元素的译名方面，狄考文和赫士主张化学元素译名应该尽量避免发音相同的情况，因此应该对傅兰雅和徐寿此前的译名进行修订，但傅兰雅坚持认为已形成定例的译法不应更改。从这一插曲中也可以看出当时术语词汇领域的混乱和统一术语的必要性。1896 年，益智书会还专门成立了一个科技术语委员会，这个委员会后来在狄考文、赫士②、师图尔③等人的主持下先后出版了《协定化学名目》(*Chemical Terms and Nomenclature*, Shanghai: 1901）与《术语辞汇》(*Technical Terms, English and Chinese*, Shanghai: 1904)，这两部辞书汇集了当时有较大影响力的词汇术语，为后来者提供了很好的参考，但鉴于传教士们联系松散，在词汇术语的译创中还是有不少人坚持各自为政，所以译名不统一的情况依然长期存在。

1872 年，美国传教士卢公明在他的两卷本词典《英华萃林韵府》的第三部分汇集了当时传教士汉语译著中有较大影响的译名对照表，如伟烈亚力和艾约瑟等人的术语、慕维廉的矿物学和地质学术语、山嘉利④的

① John Fryer. *Scientific Terminology: Present Discrepancies and Means of Securing Uniformity. Records of the General Conference of the Protestant Missionaries of 1890* [M]. Shanghai, May 15th. 中文译文参照了傅兰雅著，孙青，海晓芳，译. 科技术语：目前的歧异与走向统一的途径 [J]. 或问，2009 (16)：117-135.

② 赫士，Watson Mcmillen Hayes，1857—1944，美国来华传教士。

③ 师图尔，George Arthur Stuart，1859—1911，美国来华传教士。

④ 山嘉利，Charles Alfred Stanley，1835—1912，美国来华传教士。

地理学术语、狄考文的印刷术语、嘉约翰①的分类药物术语和化学术语、合信②的解剖学与生理学术语、丁韪良的物理学术语、伟烈亚力的数学和天文学术语等，算是较早的术语统一方面的努力尝试了。但类似这样的努力甚至是争执，都从另一个侧面反映了晚清来华传教士在汉语新词汇的创制方面的努力和贡献。

图 4.3　狄考文主编《术语辞汇》封面

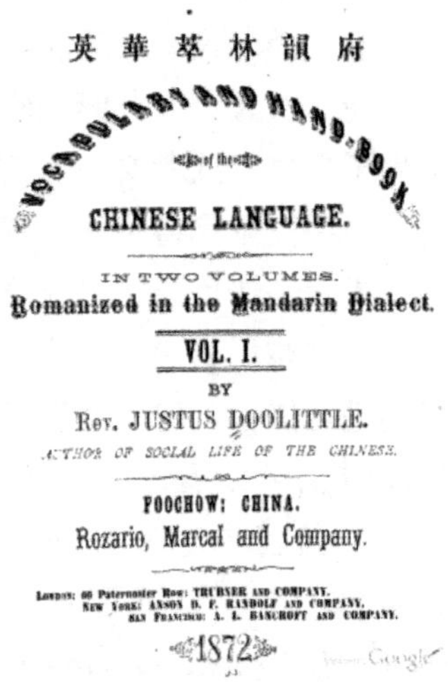

图 4.4　卢公明《英华萃林韵府》封面

三、传教士汉语词汇研究中的顺应与创新

1. 顺应

对中国语言和文化的顺应与创新，是来华传教士从一开始就面临的一对矛盾，在词汇的译创方面尤其如此。早期耶稣会士在文化方面采取顺应的策略，总希望在中国历史文化中找到和他们译介的西方概念相对应的源头，以便中国人能顺利接受他们所介绍的西方宗教或者科技、文化概念。如前文所叙利玛窦等人在上帝、天主、圣母、圣经等词汇的译制过程中的索隐，即是一种顺应的努力。到19世纪中叶的1847—1852年间，英美两国来华传教士又就God应该翻译为“上帝”还是“神”展开

① 嘉约翰，John Glasgow Kerr，1824—1901，美国来华传教士、医生。

② 合信，Benjamin Hobson，1816 —1873，英国来华传教士、医生。

了激烈的论争。以理雅各为代表的英国传教士主张译为“上帝”，而以文惠廉为代表的美国传教士则主张译为“神”，双方都试图在不违背基督教原义的前提下论证自己的译法与中国语言和文化的契合性，并都对中国典籍进行了深入的考证。这即是历史上的“译名之争”[①]，虽然不同传教士的观点存有分歧，但是这也体现了他们在词汇译制过程中对中国文化的顺应姿态。

在词汇的翻译过程中，很多传教士都是把对中国文化和语言的顺应当成一条基本原则来遵循的。马礼逊就主张，在把西方概念译为汉语的时候，应该尽量顺应中国人所熟悉的文化背景及思维方式。比如他在《华英字典》中创制的coffee的译词“咖啡”就很好地体现了他对中国语言文化的顺应考量：这一译名既是对英文词汇的音译，同时也注意到了汉字的表意功能，在表音字旁边加上了形旁，最大限度地减少了音译词的接受障碍，相较郭实腊的译词“加非/加匪”就要高明得多，所以后来也为傅兰雅津津乐道。郭实腊本人在词汇翻译中也和马礼逊持相同的观点，比如在写给美国劝世书会（American Tract Society）的一封信中，他说道：

> 在（文字）风格上，我们必须完全符合中国人的口味。……一般上，翻译文字显得很生硬，很少读者能明白其中的涵义。……倘若是一本准备向中国人传达思想意识的译著，最好的方法是将所要传达的思想意识通过中国人的表述模式表达出来，不然，这些文字只是一堆亦英亦中的术语罢了。[②]

在他的词典和著述中，他也尽可能地使用中国人使用过的词汇，如李渔在《十二楼》中创制的“显微镜”；1707年康熙皇帝颁布的圣旨中首次使用的“国籍”；并沿用当时澳门、广州等地流行的本地新词，如“火船”“黑奴”等。当然，郭实腊也有不太成功的顺应或者归化翻译的例

---

① 关于译名之争，可以参看：陈可培．一名之立 名实之辨——“译名之争”所引发的思考［J］．中国翻译，2008（6）：22-26；吴义雄．译名之争与早期的《圣经》中译［J］．近代史研究，2000（2）：205-222。

② Labors of Rev. Gutzlaff, in Thirteenth Annual Report of the American Tract Society [R]. New York: American Tract Society, 1838, pp: 132-133. 中译参见尹延安．传教士中文报刊译述中的汉语变迁及影响（1815—1907）［M］．上海：上海交通大学出版社，2013：57.

子，如把英国外交部译为“英国理藩院”，把美国总统译为“国主/统领”，把基督教中的先知译为“圣人”，把天主教的神父译为“僧”，把非基督教信仰的异邦神明译为“菩萨”，这些则是顺应得过了头的失败例子：完全不顾概念的内涵意义在源语和目的语词汇中的差异，结果沦为了生搬硬套，也使得源语的概念内涵在目的语中完全走形①。

另一个成功顺应原文翻译的例子是米怜以中国周朝封建贵族分封制下的贵族称号对译西方贵族头衔②：

公爵—duke

侯爵—marquess

伯爵—earl /count

子爵—viscount

男爵—baron

这两套概念系统在内涵和外延上有高度的契合性，译者准确地找到了这种对应，这一译法使得这一套术语看起来就像中国文化土生土长的概念，接受起来自然就没有违和感了。

在《新语探源》一书中提及传教士创制新词语的方法时，冯天瑜（2004：10）指出：“新名的产生，无非四途：吸收方言词、复活旧词、遵循造词法创制新词、译介外来词。而译介外来词，往往也借助复活旧词、创制新词等方法。”这其中吸收方言词、复活旧词、遵循造词法创制新词等都属于顺应的思路，都包含在传教士新词译介的过程中。

曾长期在江南制造局担任翻译的傅兰雅毕生致力于向中国译介西方科技知识，曾单独翻译或与人合译西方书籍129部（绝大多数为科学技术性质），是在华外国人中翻译西方书籍最多的一人，在词汇术语的翻译方面，他在十九世纪来华传教士和其他西人中有着毋庸置疑的权威。在术语的翻译过程中，他坚决主张顺应中国语言和文化的观点。他坚持认为，中文古老而丰富，比英语更有资格成为世界通用语言，所以科学的真理完全可以用中文里有效的名词术语来表达，在术语的翻译过程中也应该尽量坚持意译而不是音译的方式，以顺应汉语的语言和文化结构

---

① 以上例子见庄钦永，周海清．十九世纪上半叶基督新教传教士在汉语词汇史上之地位——以郭实腊中文译著之旧词新语为例［J］．或问，2009（17）：1-20。

② 《察世俗每日统计传》，1820，17下。

(Fryer，1890)。对比之下，自清末至今，依然有很多中国本土学者认为汉语不适合科学思维的表达，汉语的结构特点导致了中国人无法用汉语进行严谨的逻辑思考和科学推导（见袁毓林，2015）。把自身因为逻辑和科学思维训练不足导致的表达贫乏归咎于自己的母语，这种错误归因和文化自卑令人感叹！傅兰雅对顺应的坚持，甚至到了一种偏执的地步。比如，在数学领域，他坚持应该使用中文数字而不是阿拉伯数字，使用阿拉伯数字应该受到谴责。书写时也应该按照中文竖排习惯从上到下地写，因此分数的书写方式就成了分母在上分子在下。他还对数学符号进行了一定的改良，如把“+”号改为“⊥”，“−”号改为“丅”等（见夏晶，2011）。针对此事，狄考文和他发生了多次争执，认为应该尊重普遍通行的科学符号，不应另起炉灶创立新的数学符号体系，但两人始终无法达成共识。后来的事实证明，狄考文的观点更为人接受，中国人有能力也应该接受普遍性的科学符号体系，分隔的书写符号体系并不利于知识的传播。

在谈到应该坚持意译而不是音译的方法时，傅兰雅指出，汉语缺乏术语，但汉语又不容易改变。汉语需要切实可行的翻译，而不是音译。音译词并不能丰富汉语（事实证明傅兰雅的这个观点是可以商榷的，有些时候音译同样是切实可行的翻译，贴切的音译一样可以丰富汉语）。同时意译也不是拘泥于字面的翻译，如罗存德在《英华字典》中将 demigod 译为“半个上帝”，另一位传教士将 brother-in-law 译为“兄弟在律法”，这种翻译令人如坠云雾。

1890 年在上海召开的第二届新教传教士全国大会上，在谈到术语翻译的指导思想时，傅兰雅指出，术语翻译一方面必须考虑科学的精确性，另一方面也必须仔细考虑语言本身的特点和大众的认可度。他认为应该更多使用意译法，只有在不得已的情况下才去使用音译。他对历史上“袈裟”（kashaya / cassock）的译名大加赞赏，认为这个译名既反映了源语的发音，又通过“衣”旁反映了意义，是意译和音译的完美结合。耶稣会士坚持顺应原则而译制的术语“翻译得近乎完美”，因此他们的创制要得到利用。此外，中国人自己的词汇术语体系也应得到充分利用，这些术语可能是汉语中已经存在但在词典中找不到的，可以在本地关于工艺和科学的著作或传教士著作中查找，或对中国的商人、工厂主、技工等进行调查，以掌握他们正在使用的术语。这些都反映了傅兰雅既尊重中国语言文化又务实的态度。此外，术语翻译顺应的对象不应仅是中国本土的语言文化，西方学者的优先权也应得到承认，应尊重前人创造的被广泛传播的术语词汇。例如，合信将 nitrogen 译为“淡气”（今译为“氮气”），而数年后，另一位传教士却用“淡气”翻译 hydrogen（今译为“氢气”），这造成了极大的混乱！

1871 年，江南制造局刊行了傅兰雅和徐寿合作译著的《化学鉴原》，首次提出一套完整的元素汉译原则，并给出了当时所知的 64 种元素的汉译表，其元素译名“取罗马文之首音译一华字，首音不合则用次音，并加偏旁，以别其类，而读仍本音”的形声字创制原则也广为人知（傅兰雅，徐寿，1872：19-20）。这种新创汉字的理据，即以单字译元素名，以保证元素名称继续构造复合词的灵活性，同时以形旁标示元素特质，起到分类作用，声旁则对应源语发音的方式，也符合傅兰雅一以贯之的顺应思路。在这 64 种元素名中，有 49 种是傅兰雅和徐寿的创制，其中 21 种来自《康熙字典》中不常用的汉字，如铂、钾、钴、锌等，其余新造字则有钙、镁、锰、钼等。傅兰雅的这种译制方法成为后来化学元素命名的通例，大批新的汉字循此得以创制，既便利了科学技术在中国的传播，也大大丰富了汉语的词汇形态，同时还证明了傅兰雅在最大程度顺应的基础上进行创新的做法的合理性。

与傅兰雅的化学术语创制形成鲜明对照的是罗存德的做法。在他的《英华字典》（1869）第四部分的序言中，罗存德提出汉语中表示构成世界基本元素的字是五行的“行”，因此绝大部分的元素名称都可以通过将某一汉字插入“行”中而轻易得到，即把“行”分成左右两部分，在中间夹上与化学元素有关的汉字（见沈国威，2010）。比如 hydrogen（氢）译为“行”字中间夹“水”字，phosphorus（磷）译为“行”字中间夹“光”，carbon（炭）译为“行”字中间夹“炭”字，chlor（氯）译为“行”字中间夹“绿”字，循此法共造得元素名 21 种。但因为一方面“行”字标示的意义太泛，对元素的范畴辨析太过模糊不清，不能给出概念的精确分类，另一方面夹在其中的汉字出于何种理据，是根据元素特质还是发音或者其他考量，罗存德没有统一标准。此外，最关键的是，所造的字结构太过繁琐，和汉字原有结构相差过大，对于中国学生来说太过陌生，不利识记，所以他的这套元素术语并未流传开来。罗存德的元素名称创制可以视为对汉语言结构顺应不够而导致的失败案例。晚清译介到中国的西学知识浩如烟海，其中翻译创制的词汇术语能传世的，多数都是能顺应中国语言文化并与汉语基本结构保持一致者。

2. 创新

虽然多数传教士在词汇译制过程中都希望尽量顺应中国语言和文化的结构，但是毕竟在明清时期中外概念体系之间存在巨大鸿沟，很多西方概念在汉语中不存在直接与之对应的表达，汉语的现有结构如果不作出突破的话，很难容纳下西方的知识和概念体系。因此，传教士们在尽量顺应的前提下，也要不时地对汉语词汇体系进行创新，以准确传递西学概念的内涵和外延。他们的创新既表现为对旧有词汇的改造，或生造新字，也表现为对汉语词汇结构的改变。

所谓的改造，可以分为形式改造和意义改造。形式改造是指通过已有词汇中某个语素的改换而使之成为表达新概念的译词，如“判牒”改造为“判决”，“统领”改造为“总统”。语义改造则是保留汉语旧有词汇的结构，但所指意义部分或完全改变，如法律、民主、总统、教师、卫生、经济、几何等词汇都被传教士做了意义上的改造后重新流通（见尹延安，2013：51）。前文也提及天主、圣经、圣母等宗教词汇的概念意义改造替换过程，这种改造既可以看做是对中国语言结构的顺应，也可以看做是一种意义上的创新。

生造新字这一创新方法在上文已经提及，傅兰雅等人的造字法在最大程度顺应中国文字特征的基础上，也对汉字体系做出了极大创新，因为几千年来汉字书写体系几乎成为一个封闭的系统，很少有新造字的产生。即使到了今天，我们的词汇体系相对开放，能通过音译、意译等方式接纳大量外来词，但是也主要是通过构词法，即通过已有文字的重新组合来接纳外来概念，很少通过新造汉字的方式构成新词。近年来在网络空间中有不少使用者抱着游戏的心态倒是做了一些新造汉字的尝试，有些新造字在表情达意、传递信息上效果很好，但语言学界对这类新造字的接受度似乎并不高。参照傅兰雅的成功经验，我们对于新造汉字应该保持更开放的态度，使汉字成为开放而非封闭的系统。

传教士在汉语词汇译制上的创新，还表现在词缀的创制上。前文已提及耶稣会士创制了大量“修饰语＋中心语”或“种差＋属”的词汇结构，这种结构的大量拷贝，使得中心语词缀化，大大提高了汉语词汇的组合灵活度和能产性。例如，丁韪良在《万国公法》翻译过程中将“权”

字作为后缀成分，创制出主权、全权、特权、物权、私权、战权等词汇，类似的词缀还有法、票、状、人等。

在狄考文夫人（A. H. Mateer）于1913年出版的 *New Terms for New Ideas* 一书中，我们可以看到家、派、界、世代、时代、思想、主义、精神、术等后缀及由这些后缀组成的复合词，但没有收入化、性这两个现代汉语中更为常见的后缀（Mateer，1913：1-3）。

图 4.5 *Technical Terms* 封面

图 4.6 *New Terms for New Ideas* 封面

而在莫安仁同年出版的 *Chinese New Terms and Expressions* 一书中，我们可以看到更多这样一些词缀或者类词缀①：

(1)“教、法、制、道、理、义、务、业、学、论、说、话”：这些字表达了某些基本的概念如法制、学术、义务、原则。

(2)“部、院、所、局”：表达机关、组织等部门的概念。

(3)“种、类、科、界”：表达类别等的概念。

(4)“族、派、会、党、家”：表达社团等的概念。

(5)“工、税”：表达国家的生产、服务及义务等概念。

---

① E. Morgan. Chinese New Terms and Expressions [M]. Shanghai: Kelly & Walsh Ltd., 1913。此处总结参照了沈国威. 传教士与20世纪初的新汉语——以 A. H. Mateer 和 E. Morgan 的两本书为例 [J]. 江苏大学学报（人文社会科学版），2009 (1)：74-77。

（6）“权、力”：常用概念，力多用于自然方面，权侧重于与人有关的方面。法律为“权”；自然的、法律以外的为“力”。

（7）“官、律、刑、审、令、书、告、诉”：这些字常见于媒体，是法律文件等常用的语词。

（8）“体、线、点”：这些字经常用来指称形状、度量、界线等。

（9）“金、产、物、质”：表示物质、金属等的类。

（10）“限、态、状、度、意、知”：这些字一般被用于表示某些条件或现象的各个方面。

图 4.7　傅兰雅（John Fryer，1839—1928）

在术语的创制方面，傅兰雅无疑作出了最具系统性的思考，也是最有经验和心得的。在 1890 年那篇专门讨论术语翻译问题的长文中，傅兰雅提出了三个原则：

一是利用现有的术语词汇。

二是创造新的术语，有 3 种方法。

（1）创造一个新的汉字，并且通过声旁可以很容易推断其发音，或用一个汉语中存在但不常用的字，赋予其新义。

（2）创造一个描写性的术语，用尽量少的汉字来表述。

（3）为外语术语注音，用官话注音，并且尽量使用同一个汉字表示同一个音，优先选择那些以前被译者和编纂者所大量使用的汉字。

三是创建总的术语词汇以及专有名词列表。

这里的第二条原则即是创新的原则，其中提出的3种方法可以归结为新造汉字、利用已有汉字组合新词及音译，这些方法在他的词汇创制过程中都得到了很好的体现。此外，具体到译创的方法上，傅兰雅也提出了7条可行性很强的操作性建议，在前文中已经作了介绍。在谈到不得已要使用音译法时，傅兰雅提出要使用可以找到的最合适的汉字。有一些术语，特别是那些由专有名词派生的名词，是无法翻译的，只能用最接近其发音的汉字来音译。在术语翻译中要尽量用一些固定的汉字对应西方语言中的某些词缀，如ic，ia，ine，ite等。用什么样的汉字进行音译合适呢？应参照中国人熟知的汉字音系，如李汝珍的《李氏音鉴》，其中包含一套人名标音汉字、一套地名标音汉字、一套科学术语标音字。再如卢公明的《英华萃林韵府》（第2卷，408页）有一套标注英语音节的汉字（实际为汉字与其罗马字注音的对照表，且多数为粤语发音，方便译者音译汉字时选用）。方言语音的不同也带来音译的困扰，不同地区汉字发音不同，即使官话，不同地区也存在差异。可以试图找到一些在全国各地发音差异不大的汉字来进行音译。另外，哪一种西方语言的语音适合作为音译的标准，是拉丁语、德语还是英语？即使都用拉丁语，也存在是用英国人的发音习惯还是欧洲大陆的发音习惯的选择问题。关于这一点傅兰雅没有给出可行的建议，实际操作中还得看译者个人的选择。

傅兰雅还指出，新创制的术语应该尽可能地与（汉语）语言的基本结构保持一致。汉语有一个与众不同的特征，即其偏旁部首，新术语的翻译不能忽视其重要性。可以发掘使用"化石化"的汉字，如锌、钾等，这些汉字既有表音性又有描写性，还是得到承认的正统汉字。但在借用古汉字的时候也要注意一个问题，例如，"加非"不如"咖啡"译得好，但是如果用"樌樌[①]"这两个古老的汉字也有危险，因为其语义所指可能和古代中国的某个事物重合，较真的中国人可能会据此力证咖啡是中国古已有之的东西，而不是舶来品。用来翻译化学元素的汉字已经广泛使用，但是其中的新造字经常被人诟病，得不到认可。制作整个科学术语词表应尽可能遵循汉语的特征和需要。

在提及新词汇的简洁性时，傅兰雅指出，术语中的汉字越少越好，

① 此处木、费为一个字，木为形旁，费为声旁。

如“火轮船”可以缩为“轮船”。没有科学术语就不能传授知识，但应该让它们明白易懂，减少其阻隔知识传播的负面性。

此外，新术语应该与同一类词中的其他成员保持相似性。应该采取一些方法来标记同一类术语中成员之间的关系。如将 number 译为数，则可将 fractional number 译为分数，root number 译为根数，factor 译为乘数，multiple 译为倍数，而将 prime number 译为数根就不好了（今译为素数 /质数）。

新术语的生成和使用还应该具有灵活性。相同的术语可能会因在句中不同的位置而充当名词、形容词、动词及副词等角色。命名法应该具有灵活性和适应性，如 chemistry 有“化学 / 转化科学”两个译法，但用于 chemicals 时，“化学材料”的译法更易于接受，而“转化科学的材料”就不易接受，所以“化学”比“转化科学”的译法好。只有经历一段较长而严格的试用期，一个新的科学术语才能获得在汉语中永久使用的资格。

傅兰雅的这些原则和建议，源自他对前人经验的充分把握、丰富的翻译实践和创新经验以及深入的思考，也反映了他对汉语语言结构的深刻认识。比如他的第 7 条建议依据句法环境判定词语译法适切性，他指出相同的术语可能会因在句中不同的位置而充当名词、形容词、动词及副词等角色，因此命名法应该具有灵活性和适应性。把词汇的译法放到句法环境中去检验的做法既有很强的操作性，又体现了他对汉语词汇语法的整体认知观。不管顺应也好，创新也好，傅兰雅的努力都是晚清来华传教士在汉语词汇译创方面的一个缩影，从他的书中我们可以窥见这一历史时期中国语言在词汇领域经历的巨大变革。

小　　结

从 16 世纪末到 20 世纪初，西方来华传教士在译介西学的过程中进行了大量汉语词汇创制的工作。他们在词汇译创的过程中一方面利用了汉语中已有的活跃词汇，或激活已“化石化”的古词汇，或升格民间俚语、行话的词汇，另一方面也不断创制新鲜词汇，或音译，或意译，或两者结合，或生造新字构词。他们创制的这些词汇能流传至今的，大多是顺应了中国语言和文化的特征，因而能被广泛接受并成为现代汉语的核心词汇。他们创制的这些词汇，涉及人文、社会、科技等几乎所有现代学科领域，既丰富了汉语的词汇库，也丰富了汉语的概念体系，构成了中国的现代学术和思想之基础。如徐时仪（2008）指出的那样，新名词不仅丰富了汉语的概念系统和观念系统，形成了突破传统范式而体现中西会通的新思想体系，而且丰富了汉语的表达功能系统，并从根本上改变了中国传统的语言体系，形成了一种新的话语生态。来华传教士创制的这些中文词汇中一部分甚至经由中国流传至日本，构成日本西学译介基础之一。如马西尼指出的那样，曾经一度被视为现代汉语中的日语外来词，其总数几乎有四分之一实际上是在中国本土由19世纪的新教传教士和中国本土的合作者发明出来的，直到19世纪下半叶，日本人才开始在他们自己对于同一文本的二手翻译过程中采用这些新词语，并且造成他们自己的仿译词和语义外来词（Masini，1993：157-223）。他们使用的这些词汇后来又随着更多新创制的汉字词汇重新流回中国，这构成了近现代东西方交流宏大画卷中独特的语言文字交流现象。

具体到语言本体层面，来华传教士的词汇创制和研究工作给现代汉语也带来了明显的影响。比如前文已提及的词缀化趋势和由此带来的汉语词汇构词灵活度即能产性的提高。再比如大量“修饰语＋中心语”，或“种差＋属”结构的词汇，一方面体现了新构词法的灵活性和能产性，另一方面也使得词汇表达的意义更为精确，逻辑更清晰，提升了汉语表达的精确度。此外，传教士创制的词汇中，双音节的居多，大量双音节词汇的出现，推动了汉语的现代化转型（沈国威，2013）。表达各种逻辑关系的连词在传教士的译介中得到广泛使用，也大大丰富了汉语表达的层次性和逻辑性，使汉语的句法变得欧化（尹延安，2013：93）。另外，在词汇译创过程中，传教士对参照语音的选择，由明末的南京官话语音转向19世纪北京官话语音，对中国现代语言文字运动的影响几何，也值得我们仔细去梳理。

从整体来看，近现代来华传教士在汉语词汇的创制和研究领域作出了巨大贡献，但是从目前的研究来看，哪些词汇是传教士创制的，又经历了什么样的流变，目前的研究还很难说全面。此外，传教士创制的词汇对现代汉语的词汇、语法、文体又产生了什么样的具体影响，目前的研究多数还缺少翔实的语言证据或者数据的支撑，我们需要更深入、更实证的研究去探明。

第五章　传教士的汉外词典编纂

引　　言

汉语字典（辞典）的编纂历史悠久，从早期的《尔雅》《方言》《说文解字》《玉篇》到晚近的《康熙字典》《汉语大词典》等，可谓成就斐然。汉外词典的编纂则起步较晚，且主要是在西方来华传教士的主导下进行的。汉外词典编纂的历史，也是中国社会从封闭走向逐步开放和西学东渐、中西交流的历史。据现有文献，学者们一般认为第一部汉外词典是意大利籍耶稣会士利玛窦和罗明坚等人在大约1584—1588年间合作编写的、未正式出版的《葡汉词典》手稿（见张西平，2005：7-8）①，但这部作品更像是早期传教士在汉语学习过程中根据笔记整理出来的一部带有拼音的字汇集，很难算严格意义上的词典。早期传教士们在汉语学习过程中编制了为数不少的此类注音字汇集手稿，近年来陆续有此类手稿被人们发现。比如法国汉学家伯希和②在他的《梵蒂冈图书馆所藏汉籍手稿和印本简明目录》中收录了多部早期传教士手稿名录。2006年，姚小平据伯希和目录在梵蒂冈图书馆检索到了14部早期汉外字典手稿（见姚小平，2007），它们分别是：

《字汇腊丁略解》（甲本）（*Dictionario Sinici-Latina Brevis Explicatio*），

① 近年来针对《葡汉词典》有较多专门研究，其中有代表性的如姚小平从体例（2014a）、语言接触（2014b）、汉字（2015）等不同角度的分析，为如何研究与利用传教士语言学历史文献提供了很好的思路。

② 伯希和，Paul Pelliot，1878—1945，法国语言学家、汉学家、探险家。1908年曾到中国敦煌石窟探险，购买了大批敦煌文物运往法国，今藏法国国家图书馆老馆。

叶宗贤[①]（Basilio de Glemona，1648 — 1704），1722，广州；

《字汇腊丁略解》（乙本）（*Dictionarÿ Latina Brevis Explicatio*），叶宗贤，1726，广州；

《部首汉拉字典》（*Dictionnaire chinois-latin par ordre chinois clef*），著者、年代、书名不详，现法文书名疑为伯希和所取；

《汉拉字典》（*Dictionarium Sinico-Latinum Ordine Lusitano-alphabetico Digestorum*），著者、年代信息不详；

《汉拉字典》（*Dictionarium Sinico-Latinum Missionis Hispan. Cantenensis*），著者、年代信息不详，拉丁书名意为“供在粤西班牙传教士使用的汉拉字典”；

《汉拉音序字典》（*Lexicon Sinico-Latinum Ordine Alpha. Digestum*），著者为 Antonio Wladikin，北京，年代信息不详；

《拉汉字典》，著者、年代信息均不详；

《汉意字典》，（*Dizionario Cinese e Itaniano MS*），著者、年代均不详；

《拉—意—汉字典》（残篇），（*Dictionarium Lationo-Italico-Sinicum. Tam vocum，quam Characterum usualium Sinensium*）（《拉—意—汉字典》，包括常用汉字和字音），著者、年代信息不详；

《拉—意—汉字典》，著者信息不详，其序显示大约完成于 1732 年，北京；

《汉西字典》（*Lexicon Sinicum，MS*），著者信息不详，大约完成于 1693 年；

《法汉字典》，Mathieu Raper，1811 年，伦敦；

《类纂古文字考》（*Dictionarium Sinico-Lusitanum*，汉语—露西塔尼亚语字典），伯希和推测可能为傅圣泽[②]所作；

《康熙字典全目》，（*Index Lexico Sinico sub Kang Hi Edito cum Miscellaneis*），著者大约是柯恒儒[③]，大约完成于 1816 年。

---

① 又名叶尊孝，意大利天主教方济各会传教士。清康熙二十三年（1684 年）抵中国南京，后至浙江、江西、陕西等地传教。

② 傅圣泽，Jean-François Foucquet，1663—1739，法国籍耶稣会士，1699—1720 年在华传教。

③ 柯恒儒，Julius Heinrich Klaproth，1783—1835，德国语言学家、历史学家、东方学家。

此后，随着传教活动在中国的深入和中西交流的日益频繁，以及传教士们汉语学习和研究的精进，汉外词典的编纂活动日渐兴盛，出现了大量主要由传教士和汉学家编纂的汉外、外汉词典，其水准也不断提高。这些词典既是辞书，又从语音、语法、词汇各方面对汉语进行了很好的描写分析，为后来海内外的汉语研究作出了很大贡献，也为我们今天了解汉语的历史形态提供了很好的资料。

一、传教士汉外词典的开端

从纯粹的词典学角度来看，早期汉外字典都很粗陋，没有太多条规，释义简单，也没有什么例证，更像是对照字表，而不像是条理分明的词典（姚小平，2007）。但如果从更宏观的语言学视角来看的话，这些早期字典记录了初期来华传教士的汉语学习过程：他们如何学习汉字，如何为汉字记音，遇到了哪些困难，如何给词语释义和划分词类，如何利用解释汉语的语法现象等，它们实际上是早期传教士在学习汉语时整理出来的笔记或者字汇集，对现代对外汉语教学和汉语研究依然是有启发意义的。其次，这些字典记录了明末汉语的语音和词汇甚至语法形态，有宝贵的语料价值。此外，这些词典虽然简陋，但是也有了部首、音序等不同的检索法，编排方式也初具雏形，为后来的汉外词典编纂奠定了基础，也为后来的传教士学习汉语提供了弥足珍贵的参考资料。本书在之前语音部分已对此类早期词典，如《葡汉词典》《西字奇迹》《西儒耳目资》等进行过介绍，讨论其体例及对汉语语音学的贡献，因此本章对此类词典不再赘述，而将注意力放在稍晚近一些、正式出版的传教士汉外词典上。另外，由于本书作者本身的语言局限，以及传教士语言学文本的影响力，本章也主要关注汉语（官话及方言）—英语词典，对其他语种的汉外词典只能暂时割爱。

二、传教士的汉—英词典编纂

由于英语背景的传教士在中国的活动直到 19 世纪新教教徒进入中国才算形成规模，所以第一部汉英词典也一直到《葡汉词典》问世 200 多年以后的 1815 年才出现。这就是英国新教传教士马礼逊编写的

Dictionary of the Chinese Language，或者说《华英字典》。在马礼逊之后的近百年时间里，又有多位欧美传教士及汉学家编纂了多达数十部汉英词典。这其中既有官话词典，也有方言词典；既有袖珍词典，也有百科全书式的大部头词典；既有简单中英对照的词典，也有大量注释汉语语法、文化的词典。尽管用现代词典学的评价标准或者从它们自身的影响力，或者与同时期西方的单语或者双语词典相比较来看，这些词典都很难称得上成熟，其中能得到较高评价的不过两三部（徐式谷，2002），但从历史的眼光来看，这些词典在当时的历史条件下为当时的中西交流作出了极大贡献。今天，我们仍然可以从这些词典中管窥到许多弥足珍贵的信息：当时西人对中国文化及语言的认知态度、近代汉语词汇的演化轨迹、汉语的历史形态、当时的社会生活状况、汉字注音系统的演变过程、汉语研究成果的发展等。除了这些历史信息以外，这些词典也可以为我们今天的汉外词典编纂提供借鉴。

对历史上的汉英词典进行的汇总研究并不多见。杨福绵（1985）书中收录了多部汉英词典及相关评论的索引，但不完整；关于某一部词典或者词典编纂者的研究较多散见于汉学或者语言学研究作品中，如徐文堪（2004）、张西平（2003）、游汝杰（2002）、马军（2002）、王绍祥（2004）、董守信（2002）、谭树林（2003）、雍和明（2002）、顾卫星（2002）、司佳（2000）等。较为完整地总结并简介了近代史上的汉英词典的是徐式谷（2002），但徐文所总结的信息也并不完整，而且只重点提到了其中的两本，对于其他词典则只是一带而过。较近些的有董方峰（2012）的综述以及杨慧玲（2012）对几部大型汉英词典的谱系学研究。由于出版数量的稀少和年代的久远，这些词典许多现在已经不再流传，且馆藏也较少。近年来此类词典中有较大影响者都得到重新影印出版，其价值得到现代学者愈来愈多的关注，下文将逐一对这些词典有一定影响力者进行介绍。

1. 马礼逊的《华英字典》

马礼逊词典中文名叫《华英字典》，英文名为 *Dictionary of the Chinese Language, in three parts*。该词典共有三个部分，分为 6 卷。第一部分中文名称为“字典”，英文名为 *Chinese and English, Arranged According to the Radicals*，词条根据汉字的部首排列，分 3 卷出版：第一卷共 930 页，另有前言、说明等计 18 页，于 1815 年出版；第二卷共

884 页，于 1822 年出版；第三卷共 908 页，于 1823 年出版。第二部分仍然是汉英词典，中文名称为“五车韵府”，英文名为 *Chinese and English*，*Arranged Alphabetically*，分 2 卷出版，第一卷共 1109 页，于 1819 年出版；第二卷共 305 页，另有 19 页附录，于 1820 年出版，主要包括各种索引、图表、汉字字体的古体形式等。第三部分是英汉词典，也是该词典的最后一卷，名为“英汉字典”，或者 *English and Chinese*，共 480 页，于 1822 年出版。2008 年，国内的大象出版社影印出版了该词典全部 6 卷本。

马礼逊词典的第一部分，即“字典”，以《康熙字典》为蓝本。尽管马礼逊承认《康熙字典》是中国有史以来最完整、最出色的字典，但他对其仍然有很多不满之处，如认为其前后不一致、引文不可辨认、释义晦涩、混杂多种发音、忽视口头语等。因此，“字典”在收字和排列上以康熙字典为蓝本，释义和例子也主要来自《康熙字典》，但是还加上了其他一些来源，如作者个人关于汉字用法的知识、早期天主教传教士的汉语字典手稿、本土学者的语言学作品，以及其他一些引证过的作品。此外，在“字典”中马礼逊补充了不少例句或者短语。马礼逊在这一部分的前言中还详细介绍了汉字起源的传说；汉字的六书；汉字字形从大篆文到小篆文、钟鼎文、隶书、草书、楷书的变迁；训诂学中的韵学和四声；汉字的部首，乃至中国的造纸书和印刷术等内容。这一前言较完整地反映了他对于汉语的认识和态度，也给初习汉语的西方人士一个很好的汉语知识概览，为他们学习汉语提供了很好的帮助，也反映了马礼逊这部大部头词典的主要目的：便利西人学习汉语。

“字典”的字目和编排方式以《康熙字典》为蓝本，按笔画顺序排列。每一字目右边标注罗马字母读音，读音取以南京话为基础的所谓“官话”发音，而非北京方言。罗马字母读音后标注造字理据，以及字目字的不同字体。有些字会在释义前作出解释，如“用”字解释为“From knife and splinter”，“精”字解释为“from rice and pure”，“義”字解释为“compound of my and sheep”①。大部分字目只有简单英文释义，少数字目会在英文释义外给出词语、短语或者句子作为例子。在例子的选用上，马礼逊似乎也尤其注重其文化负载意义：宗教哲学、神话传说、风

① 这类字字形均须参照古体字形，如篆文或者钟鼎文。

俗礼仪、历史人物、社会制度、科技文化，都在其介绍之列。如一、三、佛、人、理等字的举例如单独列出来竟能各自独立成为一篇介绍中国文化的文章。算上前言、附录等内容，“字典”是三部分中负载文化内涵最多的，几近一部百科辞典。但其中却也存在例子与义项无对应关系、例子选取流于随意①、大多数字目无例证等问题。不过考虑到其筚路蓝缕之功，对“字典”我们认为还是应该持更多的肯定态度。

第二部分“五车韵府”主要基于大约生于康熙年间、在《康熙字典》问世之前的“陈先生”及其弟子“含一胡”（似应为“胡一含”）等人所编著的《五车韵府》，遗憾的是我们目前还无法获知这两位中国本土学者的详细信息。据马礼逊所称，陈先生的《五车韵府》对《康熙字典》的编纂过程应该起到了很大的影响，因为二者的很多释义完全相同。《五车韵府》的字目排列依其读音的字母顺序。为方便检索，在正文前面，除了一个总体介绍的前言外，还附有检索方法说明、标音法（orthography）特殊情况说明、标音符号、广东话标音法、早期天主教传教士汉语词典手稿的旧标音法与本词典标音法的对照表、本词典中出现的所有读音附表等几项内容。因此，无论是对讲广东方言者还是讲官话（以北京方言为基础）的或者看不懂拼音检字表（第二卷有部首检字表）的读者来说，都能方便地使用本词典。词典正文中，马礼逊先列读音，其下对发音方式进行说明，并注明在广东话和官话中的区别，在读音下再列所有发同一读音的汉字。如 CHAE 读音解释为：

CHAE. VITH SYLLABLE

Broad A and E. Sound like igh in High. Manuscript Dictionary Chai, Chay, Tshay. Often confounded with Tsae. Canton dialect generally Chae. Same as in the Kwan dialect.

---

① 如“房”字，共列举了 11 个义项，但是所举 8 个例子“单房、银房、房劳、犯房劳者多死、房劳过度、房劳伤损、房术、人数月无房事而精始厚可用”仅涉及两个所列义项，后 6 个例子均指性事，但此一意义却并未在释义中指出。再如“月”字，下列 4 个义项，附 13 个例子，仅 5 个例子与所列义项对应，而后 8 个例子均指女子月经，这一意义也未在释义中列举。再如“精”字，共给出 19 个义项，16 个例子，其中竟有 9 个例子指男性精子之义。类似情况还见于玉、经、龟等字目。马礼逊解释介绍中国文化的用心可以理解，但是这些字目的生殖意义与文化关系很难说大，如此强调似无必要。

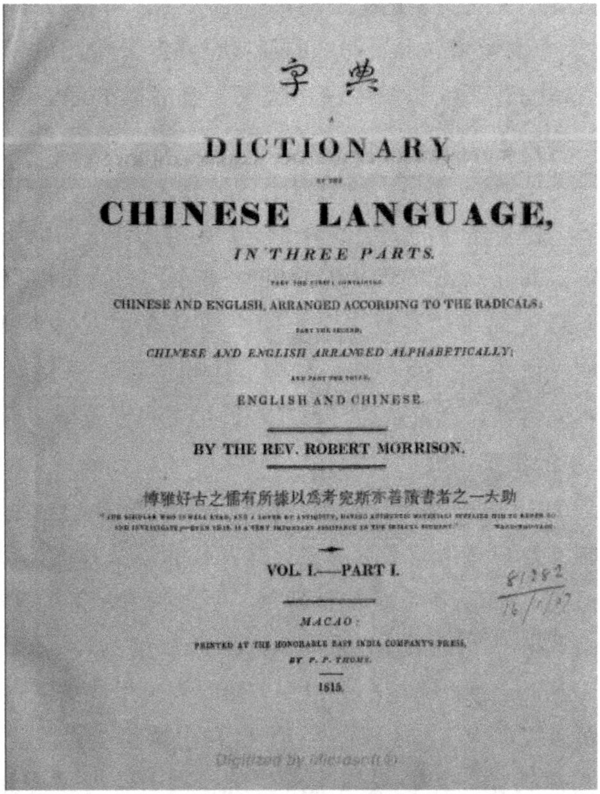
字典

A

DICTIONARY

OF THE

CHINESE LANGUAGE,

IN THREE PARTS.

PART THE FIRST; CONTAINING

CHINESE AND ENGLISH, ARRANGED ACCORDING TO THE RADICALS;

PART THE SECOND,

CHINESE AND ENGLISH ARRANGED ALPHABETICALLY;

AND PART THE THIRD,

ENGLISH AND CHINESE.

BY THE REV. ROBERT MORRISON.

博雅好古之儒有所據以爲考究斯亦善讀書者之一大助

VOL. I.—PART I.

MACAO:

PRINTED AT THE HONORABLE EAST INDIA COMPANY'S PRESS,

BY P. P. THOMS.

1815.

图 5.1 《字典》封面内页

在其下则列了斋、猜、侪等数个字目。

单个字目下，先列举不同释义，释义之后列举词语或者短语例子，例子不区分是以字目字开头还是结尾，也无排序规则。相比第一部分，第二部分的例子要简单得多。少数汉字下会注明其用途、用法。如“查”字最后就注明“本字常见于政府公文，见于陈述公案后、作出决断前，用于表示‘我已参阅相关法律或者记录并且发现…，故此作出本决定’”。

第二部分的第二卷基本都是附录，包括部首目录、部首检字表、难检字表（来自《康熙字典》）、一个英语单词表（指向本词典中与每一英文单词对应的汉语表达出现的页码）、汉字不同字体对照列表，或称同文字表。在最后还有一个中国星座图的附录，包括一副极为详细的中文标注的星座图；一篇由就职于东印度公司的英国博物学家 John Reeves（1774—1856）应邀为本词典所写的“恒星及星座的中文名称”（*Chinese names of stars and constellations*）的文章；一个汉字读音—中文星宿名称—希腊文或者英文对应表达的表格；一个中英文对照的行星名称表格；一个包含92个中文恒星名称、对应的经度、纬度及希腊或者英文名称等详细信息的表格。对于欲了解中国古代天文学成就的西方学者来说，这一卷具有重要价值。

第三部分，即英汉字典，篇幅较小，只有480页。该部分在前言之后有一个名为“拼音语言的简要解释——以英语为例”（Brief explanation of an alphabetic language: as exemplified by the English）的小文章。正文部分，词条释义简单，多数先以一两个同义或者近义英文单词注释，其后再附对应汉语表达。词条的用法解释比较详细，多义词往往按不同意义分列为不同词条，动词的屈折形式，如过去式，也被视为单独词条。

2. 麦都思的汉英词典

麦都思于1816年被英国伦敦会派往马六甲，在那里学会马来语、汉语和多种中国方言，并帮助编辑中文刊物《察世俗每月统记传》。1843年麦都思被派遣到上海，1843年和美魏茶、慕维廉①、艾约瑟等传教士在上海创建中国第一个近代印刷所——墨海书馆（London Missionary Society Mission Press），印刷出版中文书籍。麦都思在墨海书馆得王韬协助，将圣经翻译成中文（深文理圣经）。他在山东路一带建立了伦敦会的总部，包括墨海书馆、天安堂和仁济医院，被人称为“麦家圈”。1857年，麦都思在伦敦逝世。

除汉英词典外，麦都思的其他语言学著作还包括一部福建方言词典（*A Dictionary of the Hok-këèn Dialect of the Chinese Language: According to the Reading and Colloquial Idioms: Containing about 12 000 Characters*. Macau: East India Press, 1832）、一部英汉词典（*English and Chinese Dictionary*. Shanghai: Mission Press, 1848）、一部英—日/日—英双解词典（An English and Japanese and Japanese and English Vocabulary, Batavia, 1830）、一部中、韩、日字汇（*Translation of a comparative vocabulary of the Chinese, Corean, and Japanese languages : to which is added The thousand character classic, in Chinese and Corean: the whole accompanied by copious indexes, of all the Chinese and English words occurring in the work*, Batavia :

① 慕维廉，William Muirhead，1822—1900，英国伦敦会传教士。

Printed at the Parapattan Press，1835），等等。仅从这些书目中我们就能看出麦都思对中国及周边国家语言和文化了解的广度。

麦都思的汉英词典全名为《汉英词典：包含〈康熙字典〉的所有词，按部首顺序排列》（*Chinese and English Dictionary*：*Containing All the Words in the Chinese Imperial Dictionary*，*Arranged According to the Radicals*）（Batavia：Parapattan，1842—1843），分为两卷。该词典正文部分共计1486页，另有前言、附录、索引共计57页。词典基本上基于对《康熙字典》的翻译，另外从马礼逊词典和别的地方补充了一些短语。汉字标音系统沿用了马礼逊词典的系统，但是加上了音调和送气音。该词典篇幅较小，释义简单，只列举词语或者少数短语例子，对语法、使用情况或者文化背景知识交代极少。从后来词典编纂者的评价来看，对麦都思此词典的提及不多，可见其并未产生太大影响，倒是其编纂的汉语方言词典影响力似乎更大一些，本书后文将专门介绍。

3. 司登得、季理斐及其词典①

司登得，George Carter Stent（1833—1884），英国人，出身于坎特伯雷市一个商人之家。司登得没有上过大学，于1855年离家加入了国王轻骑兵卫队（the 14th King's Light Dragoons），随即赴印度，参与了对1857—1858年印度兵变的镇压。1860年代中期，司登得来到北京，成为英国公使馆卫队（the British Legation Guard）的一名成员。在这里，司登得学习中文，他杰出的汉语口语能力很快得到了英国驻中国外交大臣威妥玛爵士的注意和鼓励。1869年，他又受雇于赫德爵士领导下的海关税务司。1871年，他的《北京话汉英词典》出版，并很快成为一部非常受欢迎的案头字典。1874年，他又出版了一部方便携带的袖珍版汉英词典（*Chinese and English Pocket Dictionary*，Shanghai，1874）。司登得还撰写了大量关于中国文化的文章，特别是他在1877年写成的一篇名为"中国太监"（Chinese Eunuchs）的文章，给他带来了极大的声誉。司登得还在1905年出版过一部英汉词典 *A Dictionary from English to Colloquial Mandarin Chinese*。

季理斐1888年受加拿大长老会派遣来华传教，在中部的河南省传教

---

① 因为司登得词典与季理斐实为一脉相承的关系，虽然后面名称改变了，但是仍可以看作是同一词典的不同版本，故此处合并讨论。

达10年之久。1899年，受英国传教士李提摩太（Timothy Richard）的邀请前往上海参加“广学会”的工作。“广学会”创立于1887年，是清末民初最具影响力的基督教出版社，影响当时中国的知识分子极深，本书前面已经提及。季理裴的著作除了汉英词典以外，还包括《圣经辞典》及中文《圣经》注释等数十种。他还先后出版了《女铎》《福幼报》《明灯》《中国基督教年鉴》（*The China Mission Year Book*）等多种期刊。1931年5月，季理裴病逝于英国。

司登得词典的中文名为《汉英合璧相连字汇》，英文名为 *A Chinese and English Vocabulary in the Pekinese Dialect*（Shanghai：American Presbyterian Mission Press，1871）。该词典于1871年首次出版，1898—1930年间共修订9次。该词典后来由季理裴购得著作权，他更正了词典中的若干错误，并增收了大量由于西方文化的影响而涌现出的新词，于1898年在上海保留原书名出版。后来他继续修订该词典，并于1911年出版修订第3版，同时把书名改为《英华成语合璧字集》（*A Mandarin-Romanized Dictionary of Chinese with Supplement of New Terms and Phrases*，Shanghai：Printed at the Presbyterian Mission Press，1911）。

从司登得到季理裴，尽管词典名称发生了变化，但是季理裴修订本除收录了更多新词或短语及订正部分释义外，与1898年的《汉英合璧相连字汇》在体例编排、结构和主体内容上都保持着一致性。两部词典均以威妥玛氏标音法给汉字注音，字目按读音的字母顺序排列。每一个注音的右上角还以数字1、2、3、4标注声调[①]。在编排体例上，词典主体内容每页分为三列，最左边是词条的罗马拼音，中间一列为对应的汉字或者词，最右为英文释义。词典（1898年版）收录汉字4500个，在每一汉字下面再列以该字目字开始的词语或者短语，1911年及以后的版本也沿袭此制。另外，季理裴所作修订的一个较为显著的特色是和另外两部篇幅和影响均更大的汉英词典进行相互参照。其参照方式是在字目字的右上角标注数字及字母，以指向另外两本词典。例如，在“安”字右上角注有4c620标记，这里的4表示“安”字在翟理斯词典中的页码，c表示该字在翟理斯词典第四页中的第C列，而620则表示“安”字在卫三

---

① 按照王逢鑫（2000）文中所引述的汉学家富善的评论（王文未交代评论出处）来看，司登得一开始并未标注声调，声调是后来由季理裴加上的。

畏词典中的页码。这样，如果检索者对词典中的注释不理解或者不满意的话，也可以非常方便地找到其他词典关于该字目的解释。词典后面附有部首、偏旁以及汉字索引，以便检索。除此以外，附录中还有一个 Notes，里面收录中国传统文化中所独有的事物及典故，如招亲、招魂、招驸马、时间、节气、生肖等。此外，1911 年版本的附录中还出现了一个 Modern Literary and Other Combinations 的栏目，里面收录了大量当时刚出现的新词新语，例如：爱国、债权、常备军、昭信票（即“政府债券”）、真空、侨民、殖民地、治外法权、警察局、劝业场、法制、选举权、红十字会、议员、议院、入场券、股利、股董、公益、国债、国际法、列强、留学生、拍照、拍卖、保险、博览会、博物馆、三权鼎立、社会主义、德育、自治、自然淘汰、唯物主义、有限公司和运动会等。1911 年，正值辛亥革命爆发、清王朝政府被推翻，这部词典所收录的新词反映了 19 世纪末至 20 世纪初我国政治、经济、法律、教育和自然科学的发展（王逢鑫，2000）。

4. 卫三畏的《汉英韵府》

卫三畏的汉英词典名为《汉英韵府》，1874 年首次出版，英文名为 *A Syllabic Dictionary of the Chinese Language : arranged according to the Wu Fang Yuen Yin, with the pronunciation of the characters as heard in Peking, Canton, Amoy, and Shanghai* (Shanghai: American Presbyterian Mission Press, 1874)。卫三畏在其词典封面下端注曰：“取之精而用之宏诚哉斯语兹集诸书大旨以成是书无非期为博雅君子之一助尔”，与马礼逊词典封面上的“博雅好古之儒有所据以为考究斯亦善读书者之一大助”之语相映成趣。《汉英韵府》正文部分共计 1250 页，另有 84 页的前言和介绍，102 页的附录。介绍部分包括 8 项内容：《五方元音》所反映的汉语官话体系；对本词典的标音法的介绍；送气音；声调；汉字古音；方言范围；部首目录；部首检字表；1040 个汉语根字 (primitives) 列表。这一部分较系统地介绍了汉字标音法的不同系统、汉语的主要方言之间的差异、汉字的部首检索方法、作者对汉语或者汉字的认知态度等内容。在最后的汉字部首附录中，卫三畏把汉字部首归为 11 类，以便学习者记忆，这 11 大类是：跟身体部位相关的部首、跟动物相关的部首、跟植物相关的部首、跟矿物质相关的部首、跟性质相关的部首、跟动作相关的部首、跟地理方位所相关的部首、数字、杂项。其他附录内容包括检字表、难检字表、百家姓、汉字勘误表、短语勘误表等。散见于词典各处的附表还包括中国朝代列表、宋至清朝各代皇帝列表、鲁国国王列表、明代皇陵名称、历代都城、官阶标志、28星座列表、天干地支、甲子图（the sexagenary cycle）、二十四节气、月份的文言表达、18个行政区、早期的诸侯国等。

卫三畏从1863年开始编纂此词典，但和马礼逊重起炉灶的做法①不一样的是，卫三畏把他的工作建立在了一部汉语词典——清代中国学者樊腾凤（1601—1664）于1654—1664年间编纂的韵书《五方元音》② 的基础之上。卫三畏《汉英韵府》所收录汉字源自《五方元音》；汉字注音按其本人交代系取长江以北之平均音；释义方面，除了参照麦都思对《康熙字典》的翻译以外，主要还是对照《康熙字典》原文；词源方面则参照了清代中国学者沙木所著的《艺文备览》③。收字方面，《汉英韵府》收12527个汉字，置于522个读音之下。字目排列按读音的字母顺序。其标音体系未采用已有的任何一种，而是在对比各种标音法的基础上自成一体（由12个声母、20个韵母构成，在介绍部分对不同标音法有详细对比）。这一标音体系或许也是受到樊腾凤《五方元音》影响而成。

正文排列体例上，《汉英韵府》与马礼逊《字典》相类。即先列读音，其下注明读音方法、古音、方言（广州话、厦门话、福州话、上海话、北京话等）中的读法等。其下再列发此音（包括不同声调）的所有汉字。字目下面，先注其读音，包括声调，次则该汉字的造字理据（有些字目无）。继之为简单英文释义和词语、短语例子。有些情况下会注明该字在不同方言中的不同意义及用法。异体字并排作为同一字目。同形异义字也列入同一字目下，但分开注释，后面遇该字的不同读音时不再列举。如“差”字三个读音cha，chai，ci就全部列举在cha音下，chai，

---

① 卫三畏在其前言中这样说，但其实马礼逊词典也是基于现有的汉语词典之上的，比如其第二部就是基于《五车韵府》，而且在编纂过程中似乎也很难不受到以前的汉外词典编纂者的影响。

② 《五方元音》是樊腾凤编纂的北方官话民间韵书，使用反切法，用十二个韵母和二十个声母来拼音。十二个韵母是：一天、二人、三龙、四羊、五牛、六獒、七虎、八驼、九蛇、十马、十一豺、十二地。二十个声母是：梆、匏、木、风；斗、土、鸟、雷；竹、虫、石、日；剪、鹊、系、云、金、桥、火、蛙。该书是《中原音韵》以后的一部重要音韵学著作。

③ 该书为浙江嘉兴人沙木于乾隆丁未年（1787年）编成的一部书法字典，为考补许慎《说文解字》之阙义，深究八体之渊源，考据其声平仄，历三十年而成。

ci 音下不再提及。释义、例子均较为简洁，在全书的一致性、编排的科学性方面比前面的汉英词典有了很大进步。但是该词典也遭到了同时期其他编纂者的批评，如在 1874 年，翟理斯[①]就发表书评，指出《汉英韵府》中的许多“荒唐的错误，还有一些删节过多的地方”。1879 年 9 月，翟理斯还专门出版《卫三畏〈汉英韵府〉中的翻译和误译》（*On Some Translations and Mistranslations in Dr. Williams'Syllabic Dictionary*）一书，列出了 300 来个错误的翻译，并着重批评了卫三畏的注音法，认为他犯了一个致命的错误，即没有采用当时通用的注音法。翟理斯是卫三畏之后一位影响力更大的汉英词典编纂者，他的书的确指出了卫三畏词典的不少错讹，但不管怎样，卫三畏词典信息量大，收词齐全，注音中拿古音—今音、官话—方言进行比对的思路令人称道，对今天的语音研究也有重要价值。

5. 富善的《中英袖珍字典》

富善，Chauncey Goodrich (1836—1925)，生于美国麻省西部一个农庄，先后在威廉斯学院、纽约协和神学院及麻省安道弗学院学习，对语言学习兴趣甚浓，此外数学及天文学造诣亦很深厚。1865 年抵达上海并开始在中国的传教。他有极强的语言天赋，来华不久就熟练掌握汉语。他 1891 年出版了《中英袖珍字典》*A Pocket Dictionary* (*Chinese-English*) *and Pekingese Syllabary* (Shanghai: American Presbyterian Mission Press, 1891)。该词典后来多次重印，如 1944 年纽约哥伦比亚大学出版社、1965 年香港中文大学出版社、1982 年香港大学出版社都曾重新出版过该书。另外他还出版了一本汉语官话的教材，英文名为 *A Character Study of the Mandarin Colloquial* (Shanghai: American Presbyterian Mission Press, 1916)，包含 39000 句汉语。他还曾参与 1890 年至 1917 年的白话文和合本《圣经》的翻译，在其中发挥了重要作用。他于 1925 年 9 月 29 日殁于北京。

---

① 翟理斯，Herbert Allen Giles，1845—1935，汉学家、前英国驻华外交官。1892 年，他出版了巨型汉英词典《华英字典》（*A Chinese-English Dictionary*, Shanghai: Kelly and Walsh）。该词典收汉字 13838 个，按读音字母顺序排列，注音系统采用翟理斯自己改进了的威妥玛氏注音法，并且注出多种方言读音。词典释义详细，例证充分，对文化负载词的解释尤其详细，如“精卫衔石”条的释文追本溯源长达 16 行，“北京”在历史上的 60 多个不同名称也收罗无遗。《华英字典》首版为两卷本，1912 年又出版了三卷本增订版，直到 1968 年还在美国重印，被称为 20 世纪上半叶最流行的汉英词典。

富善词典是一本袖珍词典，正文 237 页，前后附页 70 页，收字总数 10587 个。其字目按读音的字母顺序排列，采用威妥玛氏标音法。其正文按四栏排列，第一栏为字目字，第二栏为该字部首，第三栏为阿拉伯数字（指向卫三畏词典中字目字的页码，以及该字的文体性质等）加“，/;”，第四栏则为简单英文释义。异体字纵向并排作为同一字目。释义极为简单，通常为两到三个对应英文单词。例子极为少见，即使列举也不过两三个词语或者短语。附录部分为部首目录及检字表。字目编排方式可见下两例：

第 4 页，ch'a 音下

差^{1}工^{5}，To mistake，differ；4，ch'ai^{1}，t'zu^{1}.

这里第一栏“差”右上角的数字表示该字声调为第一声，及上平声。第二栏的“工”表示“差”字的部首，第三栏的数字“5”表示该字在卫三畏词典的第 5 页，“,”表示该字可用于口语（如果用“;”的话则表示该字为正式文体或古典用法，如果两者都无的话则通常为古典用法）。第四栏的“4”表示该字还可以读作第四声，及去声。“4”后的 ch'ai^{1}，t'zu^{1} 表示该字还可读作这两音，且在这两个读音下均可见其释义。

第 8 页，chang 音下

張^{1}弓^{22}，Open out，C. S.

这里第一栏的数字“1”表示声调。第二栏“弓”为部首。第三栏的“22”表示该字在卫三畏词典的第 22 页，“,”表示该字可用于口语。第四栏的 C. 表示该字可用作量词（classifier），S. 表示该字可用作姓氏（surname）。

作为一部袖珍词典，富善词典收字较全，检索方便，能较好满足用户需要，而且也提供了更大型词典的编用范式，因此应该说是较好地完成了一部袖珍词典的任务，从后来该词典不断得到重印可以看出其受欢迎程度。

6. 芳泰瑞的汉英词典

芳泰瑞，Courtenay Hughes Fenn（1866—1927），或称 C. H. Fenn①，美国长老会驻华传教士。1893 年来华，在北京传教。芳泰瑞汉英词典第一版名为 *The Five Thousand Dictionary*：*a pocket dictionary*

① 芳泰瑞有一个儿子，Henry Courtenay Fenn（1894—1978），又称方亨利，或范亨利，是美国著名的汉学家，也是耶鲁大学汉语系的设计者，经常被简称为 H. C. Fenn。父子俩的名称很容易混淆。

and index to character cards of the Yenching school of Chinese studies (Shanghai：Mission Book Co.，1926)。该书问世后受到热烈欢迎，后由 W. B. Pettus，J. D. Hayes，Chin Hsien Hseng & George D. Wilder 等人于 1932、1936、1940 年重新修订出版，改名为 *Fenn's Chinese-English Pocket Dictionary：The five thousand dictionary，and index to the character cards of the College of Chinese Studies，California College in China，originally compiled by Courtenay H. Fenn，M. A.，D. D. with the assistance of Mr. Chin Hsien Tseng* (Cambridge：Harvard University Press，1960)。

本书的介绍依据的是国家图书馆收藏的 1960 年哈佛大学修订版。本次修订基于第五次北京修订版，首次印刷时间按照词典前言应该是在 1942 年。参与修订工作的还包括 Mr. Min-yuan Wang 和赵元任等华裔学者。本词典虽名为袖珍词典，正文释义和例子也很简单，但是全书信息量及篇幅远超富善词典。其正文部分为 658 页，正文前有 35 页的前言和各类附表，正文后有 39 页的拼音索引、部首索引和检字表。正文前的内容除了首次及各次修订版前言外，还包括部首表（包含读音和意义）、部首的口语名称、汉字注音索引、北京话声母韵母表、发音标准、发音风格、声调、中国朝代列表、明代皇帝列表、清代皇帝列表、天干、地支、甲子图（1804—1983)、汉语韵图、姓氏表、二十四节气、12 月份名称表达、省份及其首府、列代帝都、度量衡、中文数字、中文排序表达等。这一部分内容与卫三畏词典基本对应。词典的编纂基于芳泰瑞为其负责的语言学校—华北协和语言学校（North China Union Language School)① 编写的教材，即最常用的 5000 汉字卡片，所以对初学中文者来说，这本词典是最适合不过的了。

本词典采用威妥玛氏标音法，依据的是北京方言读音。字目按读音的字母顺序排列。正文编排体例类似富善词典，分六栏排列。首栏为字目字，及其声调。第二栏给出字目字的部首。第三栏指出该字以汉字标注的读音，以及在苏慧廉词典（后文将提及）中的页码。第四栏给出释义、常见搭配、风格（口语还是书面语）、是否量词/数词/姓氏等。第五

① 1910 年在北京由传教士和英美公使馆、华北美国协会、美国商会等联合创办设立的中文学校，专为外国传教士和学习汉语的外国人提供中国语言及文化的培训。

栏给出该字的其他读音（如果有的话）。第六栏则指向该字在芳泰瑞为其负责的中文学校编写的语言教材（即按字母顺序排列的汉字卡片）中出现的页码。跟富善词典一样，本词典中异体字也并列竖排，释义简单，往往只用一到三个对应英文单词或者短语，但举例较详，几乎每一字目都有数个词语或者短语（主要是双音节词）例子，较之富善词典要完善得多。同形异义字（如差 cha，chai，ci）与富善词典一样，按不同字目分开处理。作为一部小型汉语学习者词典来说，这部词典应该算是成功的。

7. 马修斯的汉英词典

马修斯，Robert Henry Mathews（1877—1970），又名马守真，澳大利亚传教士和汉学家，但很多人都误以为他是美国人或者英国人。他生于墨尔本，年轻时当过印刷学徒，后来还在阿德莱德市受过 18 个月的神学教育。他于 1906 年加入中国内地传教会（China Inland Mission），曾先后在上海、河南、安徽、四川等地传教。他从 1928 年起开始修订鲍康宁（后文将提及）的汉英词典，并在三年后完成，于上海出版。1943 年哈佛大学出版社出版了该词典的美国版本。直到今天该词典还在不断重印，影响甚大。另外，他的汉语口语入门教材《英华合璧》（*Kuoyu Primer: Progressive Studies in the Chinese National Language*, Shanghai: China Inland Mission，1938）一书也深受欢迎。他于 1962 年获得墨尔本大学颁发的荣誉博士学位，1970 年殁于墨尔本。

马修斯词典名为 *A Chinese-English Dictionary, Compiled for the China Inland Mission*（Shanghai: China Inland Mission，1931）。本书的介绍基于 1943 年哈佛大学修订版（2000 年，第 19 次印刷），该修订是为了适应当时美国本土对汉英词典的迫切需要而进行的①。词典正文部分共计 1164 页，前后附录共计 41 页。正文前附录内容包括前言、汉字注音法介绍、汉字读音表、汉字结构介绍、字典中的缩略语等；正文后附录包括中国朝代表，关于时间、数字、度量衡等的 7 个附表，214 个汉字笔画，笔画检字表等。词典（1931 年版）收录 7785 个单字，104000 多个

① 哈佛大学燕京学社在 1942 年影印出版了芳泰瑞和马修斯两部词典，其后又对这两部词典进行了修订，参与修订者包括前文提及的 Mr. Min-yuan Wang 和赵元任。在马修斯词典的修订中，赵元任核对了所有字目的读音，还撰写了词典的介绍部分。

短语，包括古今术语（美国修订版有增补），较多收录了当时新出现的新鲜表达，如阿富汗、阿根廷等国名，阿吽（即阿訇）等异域文化概念，爱克司光、安眠药等术语亦有收录。汉字注音基于北京方言，主要采用威妥玛氏标音法。字目字右上角用阿拉伯数字标注声调。异体字和前文提及的其他词典一样并列竖排，作为同一字目处理。释义详细，在前言中马修斯称“本字典争取做到对每一义项都列举例子”，事实上也是如此。遇到一词多义的情况，不同义项往往以（a），（b），（c），（d）等字母进行归类，并随即在每一类释义下列举例子详细说明。这种义项编排方式较之其他几部词典要清楚得多，查阅起来也更方便。作为一部中小型汉英词典，马修斯的这部词典到今天依然有其应用市场。

8. **苏慧廉的《学生常用4000字袖珍汉英词典》**

苏慧廉，William Edward Soothill（1861—1935），生于英国约克郡，于1881年来华，曾在温州传教29年，在华期间还曾经担任山西省太原府大学堂、山西大学西斋总教习。后来担任牛津大学中文教授，是著名的传教士和汉学家。苏慧廉佛学造诣颇深，出版过一部佛教术语词典（*A Dictionary of Chinese Buddhist Terms: with Sanskrit and English equivalents and a Sanskrit-Pali index*，London: K. Paul, Trench, Trubner & Co.，1937）。2013年沈迦出版的《寻找·苏慧廉》（新星出版社）一书在中国登上畅销书榜单，使得国内广大读者了解到苏慧廉的传教和中国学术生涯，也使得苏慧廉成为国内民众熟悉的一个名字。苏慧廉的汉英词典名称为《学生常用4000字袖珍汉英词典》（*The Students' Four Thousand Tzu and General Pocket Dictionary*，Shanghai: American Presbyterian Mission Press，1899）。这是一部共计463页的袖珍型词典，收录4300个常用汉字，但是却包含了两个部分，第一部分按部首顺序检字，第二部分按读音检字。读音方面，苏慧廉在序言中自称本词典的发音依据了翟理斯的词典，词典的每一个字目只有简单英文释义，没有提供语法或者用法信息，每一个字目后也只有简单几条词语例证，或者干脆没有。和芳泰瑞词典一样，苏慧廉的这部词典基于汉语教学实践，适用于汉语初学者。

9. **鲍康宁的《汉英分解字典》**

鲍康宁，Frederick William Baller（1852—1922），英国传教士、汉学家。他于1873年11月来华，先后在上海、安徽、江苏、山西等地传教。

1885 年他成为中国内地传教会负责人，曾参与 1907—1918 年中文和合本《圣经》的修订工作。鲍康宁的汉英词典名为《汉英分解字典》(*An Analytical Chinese English Dictionary*, Shanghai: China inland mission and American Presbyterian Mission Press, 1900)，按读音字母顺序排列，共收录 6089 字（加上异体字的话则为 7264 字），正文部分 592 页，前言后附等共计 45 页，是一部中型便携词典。鲍康宁收字的依据是汉文典籍（《四书》及其注释、《三字经》、《圣谕广训》等）和圣经的中译文所包含的基本字汇。所有字母均按序编号，以便前后参照。全书共有约 40000 个例子，但是例子主要来自汉语书面语和传福音可能涉及的用语，作者还特意避免收录专业术语、新词新语，以控制篇幅。词典体例得当，释义清楚，例证比较翔实，对虚词还加上了语法性质和用法说明。注音方面，作者在翟理斯和卫三畏的注音法基础上作了一些改进，并在词典前言后用一张表详细说明。在词典的每一个官话发音后面，作者还介绍了其在中西部方言中的通常发音。

10. 其他传教士汉英词典

除上面提到的这些词典以外，影响力稍逊一些的还包括罗存德、湛约翰等人的汉英词典。罗存德，Wilhelm Lobscheid，1822—1893，德国礼贤会（Rhenish Missionary Society）来华传教士。其词典名称为《汉英字典》(*A Chinese and English Dictionary*, Hong Kong: Noronha, 1871)。罗存德还著有香港出版的第一部双语词典《英华字典》(*English and Chinese Dictionary*, with the Punti and Mandarin pronounciation, Hong Kong: Office of The Daily Press, 1866—1869); *Grammar of the Chinese Language*, Hong Kong Daily Press, 1864; 《英华行箧便览》(*The Tourists' Guide and Merchant's Manual, Being an English-Chinese Vocabulary of Articles of Commerce of Domestic Use*, Hong Kong: Office of The Daily Press, 1864）等。《英华字典》对日本第一部划时代的词典《英日词典》(1873 年）产生了深刻影响。

湛约翰，John Chalmers (1825—1899)，英国传教士，1852 年加入伦敦会并于当年抵达香港主持英华书院工作。1859 年，赴广州传教，居广州十余年。1897 年返回香港。他曾著《英粤字典》(*English and Cantonese Dictionary*, Hong Kong: Kelly & Walsh Ltd., 1891)，并完成了《老子》的第一个英译本。他的汉英词典名为《康熙字典撮要》

(The Concise Kanghsi Dictionary，1877)。罗存德和湛约翰的汉英词典部头不大，影响力也不大，所以此处不再一一赘述。

尽管当代学者对西人编写的汉英词典一直褒贬不一，但是不可否认，这些词典对于外国人学习汉语和促进中西交流起到了很大的推动作用，其中相当一部分甚至就是西人汉语学习的教材或者学习过程的成果总结。事实上，在历史早期，汉外词典编纂的主要目的就是服务西方人学习汉语。本书介绍的这些汉英词典中的一些，直到今天依然被很多西方人用作汉语学习的参考工具，其编排体例、释义、信息取舍等符合西方学习者的习惯，对当代汉英词典的编纂依然有重要的借鉴价值。另外，随着汉语的国际影响力日益增强，对外汉语教学过程中面向外国学习者的汉英词典需求依然强劲，近代传教士的这些词典有些可以直接作为学习者的参考工具，但在传教士的经验之上，结合汉语语言的变化和对外汉语教学的现实，编写出一部新的针对外国学习者的汉英词典依然有其迫切性。即使在中国国内，西人的汉英词典也还有一定的认可度和市场。此外，通过这些汉英词典，我们可以窥见19—20世纪西方汉语观的演变过程、西人在汉语学习过程中的难点和兴趣点、他们对汉语言的描写方法、对中国历史文化和社会变化的记录与态度等。近年来针对或者利用这些汉英词典进行的研究屡见不鲜，或是它们价值的证明。

三、传教士的汉语方言—英语词典

汉英词典以外，传教士在汉外方言词典方面的贡献亦不可小觑。如前文所述，这些方言词典多数都在近年来被重新影印出版。本节择其要者11种加以介绍，这11种词典分别是：

马礼逊的粤语词典：*Vocabulary of the Canton Dialect：Chinese words and phrases*，Macao：East India Company's Press，1828；

卫三畏的粤语词典：*A Tonic Dictionary of the Chinese Language in the Canton Dialect*，Canton：Printed at the Office of The Chinese Repository，1856；

欧德理等人的粤语词典：*A Chinese Dictionary in the Cantonese Dialect*，London：Trubner & Co.，1877；

高德的潮州方言词典：*A Chinese and English Vocabulary in the Tie-*

chiu Dialect，Shanghai：American Presbyterian Mission Press，1888；

麦都思的客家方言词典：*A Dictionary of the Hokkeen Dialect*，Macao：East India Company's Press，1832；

麦利和与摩嘉立的福州方言词典：*An Alphabetic Dictionary of the Chinese Language in the Foochow Dialect*，Foochow：Methodist Episcopal Mission，1870；

杜嘉德的厦门方言词典：*Chinese-English Dictionary of the Vernacular or Spoken Language of Amoy，with the Principal Variations of the Chang-Chew and Chin-Chew Dialects. supplement by Thomas Barclay*. London：Trubner & Co.，1873.

艾约瑟的上海方言词典：*A Vocabulary of the Shanghai Dialect*，Shanghai：American Presbyterian Mission Press，1869；

睦里逊的宁波方言词典：*An Anglo-Chinese Vocabulary of the Ningpo Dialect*，Shanghai：American Presbyterian Mission Press，1876；

殷德生的汉口方言词典：*Hankow Syllabary*，Hankow：Printed by Kung Hing，1899；

钟秀芝的西蜀方言词典：*Western Mandarin，or the Spoken Language of Western China*，Shanghai：American Presbyterian Mission Press，1900.

1. 马礼逊等人的粤方言词典

马礼逊粤语词典名为《广东省土话字汇》(*Vocabulary of the Canton Dialect：Chinese words and phrases*，Macao：East India Company's Press，1828)，是一部三卷本的中型词典。词典一共分为三卷，兼用汉字及罗马注音，但注音一概不标声调。第一卷实际上是一部英汉字典，以英语字汇为纲，每词条后附汉字及罗马字注音。第二卷以广东土语字汇为纲（按罗马注音排序），先标罗马字注音，次列广东土语字汇，再附英文注释。第三卷为广东土话谚语、警言、成语等汇编，按本地人编排的24大事类编排，每条的排列为：注音、汉字、英译。整部词典除中英文词条、中文注音和简单例证外，不提供词性、语法、语义详解和例句等信息。但本词典记录了19世纪上半叶广东方言的语音和词汇形态，也为了解当时社会生活提供了窗口，具有重要的史料价值。

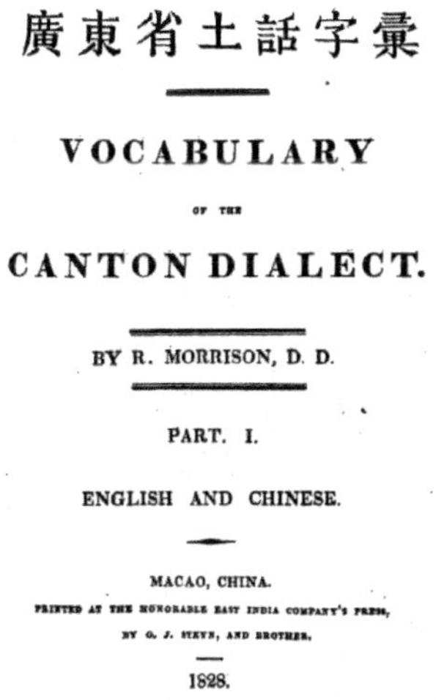
廣東省土話字彙

VOCABULARY

OF THE

CANTON DIALECT.

BY R. MORRISON, D. D.

PART. I.

ENGLISH AND CHINESE.

MACAO, CHINA.

PRINTED AT THE HONORABLE EAST INDIA COMPANY'S PRESS,

BY G. J. STEYN, AND BROTHER.

1828.

图 5.2 马礼逊《广东省土话字汇》(1828)

2. 卫三畏的粤方言词典

1856 年，卫三畏出版了他费时六年的《英华分韵撮要》（*A Tonic Dictionary of the Chinese Language in the Canton Dialect*）。这部汉英词典为八开本，收录字目 7850 个，共计 900 页，汉字按（粤语）读音字母顺序来排列。本词典基于纪录明末清初广东方言语音系统的韵书《江湖尺牍分韵撮要合集》（作者和具体成书年代均不详），按照英式字典的体例和顺序编排，除了粤语读音之外，在每个字头上还标注了官话读音。相较于马礼逊的《广东省土话字汇》，本词典在词语的语法特征、词义解释、用法等方面要详细得多，提供少数例证，但是仅有罗马字注音，没有汉字。卫三畏的词典问世后，受到广泛好评。如传教士 Rev. William Macy 这样评价：

> 在吸取前人精华的基础上，卫三畏对许多词语进行了新的释义，尤其是那些有关历史、地理和自然科学方面的词汇。他的释义比以往任何词典都更精确。那些词典只是指出某个名称所指的是一条河流、一种树、一种鱼或者一种昆虫，而卫三畏则力图说明其地理位置、区域或所属物种，以及它们的科学名称。如果读者已经习惯于查阅小德金（Joseph de Guignes）和马礼逊的词典，那么这本词典也

许会大大出乎他们的预料，因为没有词典在词条释义方面能比该词典更详尽全面。它在释义时收入了大量同义词或同义表达法，并指出了词与词在意义上的细微差别以及词义的变化。

（见卫裴列，2004：152）

图 5.3　卫三畏《英华分韵撮要》(1856)

不仅基于中国本土作者的韵书，同时又加入了自己的观察和判断，以及与其他汉语方言的比对，加上卫三畏多年的词典编纂经验，卫三畏的这部辞典更加专业，更接近现代辞典的水准，对于研究粤方言的历史形态具有重大的历史价值。

3. 欧德理等的广东方言词典

欧德理（Ernst Johann Eitel / Ernest John Eitel，1838—1908），德国人。1838 年，欧德理出生于德国的符腾堡。1860 年，图宾根大学文学硕士毕业。1865 年赴广州伦敦会传教。1870 年移居香港，但仍然掌管广东传教事务。在香港期间他也为港英政府服务，是典型的“中国通”。1877 年，欧德理出版了他的粤语词典 *A Chinese Dictionary in the Cantonese Dialect*，该词典的书面语部分以《康熙字典》、理雅各翻译的《中国经典》为基础，口头语部分则以卫三畏的《英华分韵撮要》为基础。整体上比马礼逊和卫三畏的词典更进一步，篇幅达到 1200 多页，收词量更大，体例上首列汉字，其后是罗马字注音，其后是详细的释义和语法特性、用法特征等的讲解，并配有较丰富的例证。在每一个字目上方有阿拉伯数字说明其部首在《康熙字典》中的检索位置以及部首的笔画数。编纂过程中欧德理不断参照中国本土学者的语文学成果以及马礼逊、艾约瑟、卫三畏等传教士前辈的作品，所以体例更为成熟。

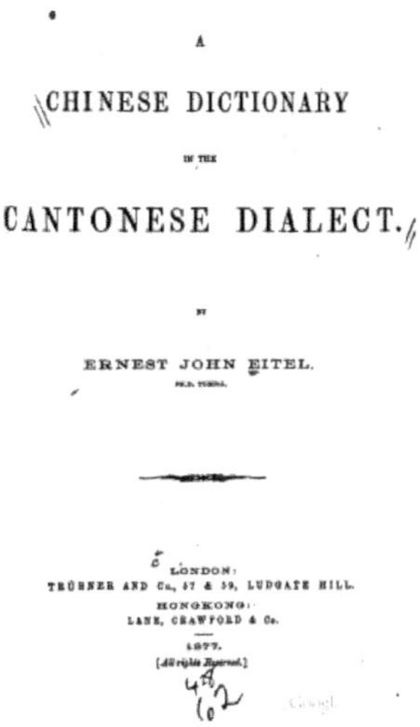
A

CHINESE DICTIONARY

IN THE

CANTONESE DIALECT.

BY

ERNEST JOHN EITEL.

PH.D. TUBING.

LONDON:

TRÜBNER AND Co., 57 & 59, LUDGATE HILL.

HONGKONG:

LANE, CRAWFORD & Co.

1877.

[All rights Reserved.]

图 5.4 欧德理《广东方言词典》封面

4. 麦都思的福建方言字典

1832 年，麦都思的福建方言词典在澳门的东印度公司出版，但实际上真正的印刷发行要到 1937 年才由卫三畏负责完成（词典起始处有卫三畏的专门说明页）。在词典前言中，麦都思指出本词典是基于 1818 年出版的中国本土韵书《十五音》。根据这个信息看，这部韵书应该是《汇集雅俗通十五音》，即 1818 年东苑谢秀岚编纂成的一部以漳州音为主的闽南语音韵学书籍。该书采用红、黑二色套印，又称《红字十五音》，亦称《增注雅俗通十五音》。

《福建方言字典》共 860 页，分成序言介绍、正文和索引三部分，介绍部分长达 58 页，在该部分，麦都思详细介绍了福建省的历史和行政区划，他还在《十五音》的基础之上构拟了一个详细的福建方言音系系统，这对研究福建方言的历史和演变有重要价值。麦都思指出，所谓福建话（Hokkeen）包含了以漳州方言为代表的十个郡县，其中漳州话为最纯正的代表。按杜嘉德（1873）、杜晓萍（2014）、洪惟仁和马重奇（2008）等的考证，麦都思描写的所谓福建方言实际就是漳州方言，更确切地说，是漳浦方言。《福建方言字典》正文共收录约 12000 字，按字母顺序排

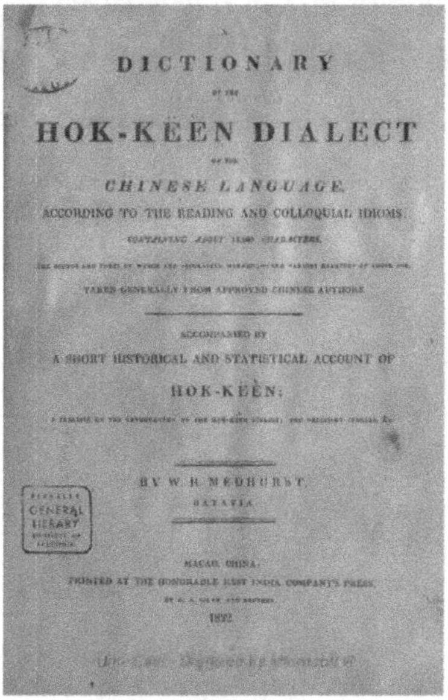

DICTIONARY

HOK-KEEN DIALECT

CHINESE LANGUAGE,

ACCORDING TO THE READING AND COLLOQUIAL IDIOMS:

TAKEN GENERALLY FROM APPROVED CHINESE AUTHORS.

ACCOMPANIED BY

A SHORT HISTORICAL AND STATISTICAL ACCOUNT OF

HOK-KEËN;

BY W. H. MEDHURST,

BATAVIA.

MACAO, CHINA:

PRINTED AT THE HONORABLE EAST INDIA COMPANY'S PRESS,

图 5.5　麦都思《福建方言词典》(1832)

列，并用罗马字拼音逐字注出文白音，若文白同读的则归入文读音，其中文读音以“read”加字母拼音的正体表示，白读音以“vulg.”加字母拼音的斜体表示，并举例解释字义，字义解释和例子按照麦都思自己的说法主要采用本土字典（如《汇集雅俗通十五音》）的释义，引文例句多取自中国最好的作家的书面语，包括四书五经等典籍，以及《康熙字典》中的例子。总体来说，麦都思的这部辞典释义和例子都比较简单，也少有语法和用法的解释，其现代价值可能更多地体现在语音方面。

5. 高德的潮州方言字典

高德（Josiah Goddard，1813—1854），美北浸礼会来华传教士。1813 年 10 月 27 日出生于马萨诸塞州温戴尔，1835 年毕业于布朗大学，1840 年抵达新加坡传教，1848 年同家人经上海前往宁波传教，1854 年 11 月 28 日在宁波逝世。

高德的潮州话方言字典 *A Chinese and English Vocabulary in the Tie-chiu Dialect* 于 1847 年由曼谷教会组织出版，1888 年由上海美华书院出版其第二版。这是一部只有 250 余页的小型字典，正文前有作者的“序言”。序言首先说明了字典的宗旨，是为潮汕地区的基督教信徒提供帮助；其次阐述本字典的编排体例，即按照潮州话音调排序的汉字为字头，并提供简要的英文释义；最后说明个人编撰的一般汉语方言字典和官方编撰的方言字典是不同的，因此提议应该制订一份“包含若干种方言的便于使用的词汇表”。本词典对潮州元音系统和声调系统也做了详细的描写，对每一个词条都只提供罗马字注音、标注在汉字右上方的声调和简单英文释义，不提供例证、用法或者语法解释，因而只能算一部袖珍词典，但其在潮州方言语音研究方面的价值不容忽视。

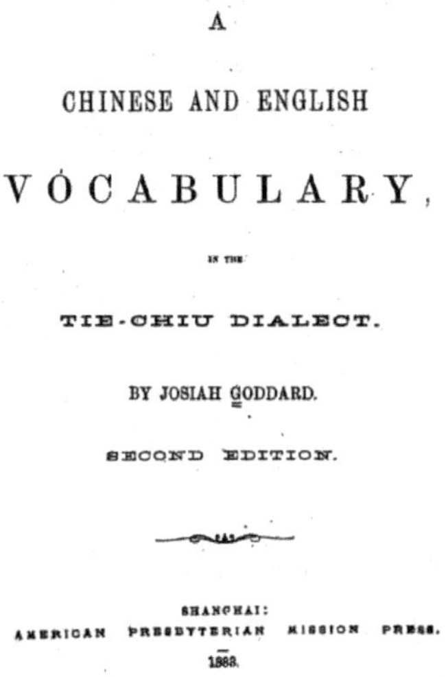
A

CHINESE AND ENGLISH

VOCABULARY,

IN THE

TIE-CHIU DIALECT.

BY JOSIAH GODDARD.

SECOND EDITION.

SHANGHAI:
AMERICAN PRESBYTERIAN MISSION PRESS.
1888.

图 5.6　高德《潮州方言词典》封面

6. 麦利和与摩嘉立的福州方言字典

麦利和（Robert Samuel Maclay，1824—1907），美国基督教美以美会传教士。1845 年毕业于迪金森学院（Dickinson College）。1847 年 9 月 10 日，麦利和被选定为前往中国的传教士，1848 年 4 月 12 日抵达福州开始传教。麦利和到达福州以后，为了方便传教，开始潜心学习研究福州话。他和美国公理会的摩嘉立牧师合作编撰了《福州方言拼音字典》（*An Alphabetic Dictionary of the Chinese Language in the Foochow Dialect*，Foochow：Methodist Episcopal Mission，1870）和《榕腔初学撮要》（*Manual of the Foochow Dialect*，Foochow：Methodist Episcopal Mission Press，1871），是把新约全书翻译成福州话的委员会成员之一。

摩嘉立（Caleb Cook Baldwin，又译为摩怜，1820—1911），是最早进入中国福州的传教士之一。1820 年，摩嘉立出生于美国新泽西州的布鲁姆菲尔德，毕业于普林斯顿神学院。1848 年立为牧师后，和妻子一同被美国公理会差会派往福州。他在中国的传教生涯长达半个世纪。1895 年他回到美国，1911 年去世。

麦利和与摩嘉立合作的这部方言词典又称作《榕腔注音字典》，分为前言、使用说明、正文、附表四大部分。全书总共 1130 页，其中前 631 页初稿由麦利和编写，第 403 页至 631 页后来又经过摩嘉立修改、重写；第 632 页至 1014 页及导论由摩嘉立撰写。在福建海关任职的李华达（Walter. T. Lay）承担官话注音部分。麦利和负责全书总撰以及写序言。（见周典恩，王邦虎，2008）

在介绍部分，麦利和提到本词典的注音是以本土韵书《戚林八音合订》为标准的。《戚林八音合订》是明代抗倭名将戚继光编写的《八音字义便览》与林碧山编写的《珠玉同声》这两本福州地方音韵书的合编本。此外，他们还参考了马礼逊和麦都思等人的汉英词典的注音方法。在体例上，本词典先列汉字，后注罗马字福州发音，提供简单释义和用法、语法信息等。有少量例证，但是词条中的例证以拼音形式出现，其汉字形式则在每页底部集中提供。

《福州方言注音词典》问世后被奉为福州方言的必读工具书，还被视为学习中国其他方言的重要借鉴（周典恩，王邦虎，2008）。它不仅系统地总结了福州方言的发音规律，同时还保留了大量福州方言的书面文字和词汇。它在前后五十多年时间里，共出版了三种版本，我们可以从中考察一个多世纪以来福州方言语音和词汇的发展演变过程，所以至今它仍是研究福州方言最为权威的参考工具书。（郑辉，2005）

7. 杜嘉德（1873）的厦门方言字典

杜嘉德（Carstairs Douglas，1830—1877），苏格兰长老会传教士。1851 年，杜嘉德从格拉斯哥大学毕业，进入苏格兰爱丁堡大学神学院深造，四年后完成神学课程。1855 年 3 月，他被派往中国宣教，在闽南地区宣教二十多年，被不少人称为“闽南使徒”。

1873 年，杜嘉德在厦门编撰了《厦门音英汉大辞典》（*Chinese-English Dictionary of the Vernacular or Spoken Language of Amoy, with the Principal Variations of the Chang-Chew and Chin-Chew Dialects*. London：Trubner & Co.）。为了编撰辞典，杜嘉德广泛收集厦门话，把日常听到的新词都记录下来并反复学习，直至熟练掌握为止，

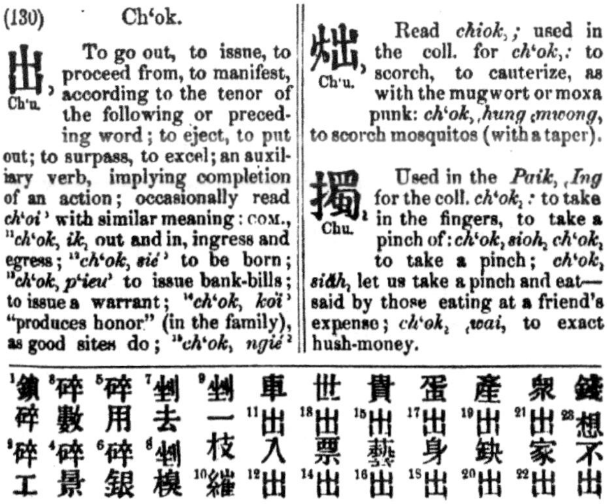
(130) Ch'ok.

出, Ch'u. To go out, to issue, to proceed from, to manifest, according to the tenor of the following or preceding word; to eject, to put out; to surpass, to excel; an auxiliary verb, implying completion of an action; occasionally read *ch'oi'* with similar meaning: COM., [11]*ch'ok, ik,* out and in, ingress and egress; [13]*ch'ok, sie'* to be born; [15]*ch'ok, p'ieu'* to issue bank-bills; to issue a warrant; [14]*ch'ok, koi'* "produces honor" (in the family), as good sites do; [18]*ch'ok, ngie'*

炪, Ch'u. Read *chiok,*; used in the coll. for *ch'ok,*: to scorch, to cauterize, as with the mugwort or moxa punk: *ch'ok, hung mwong,* to scorch mosquitos (with a taper).

擉, Chu. Used in the *Paik, Ing* for the coll. *ch'ok,*: to take in the fingers, to take a pinch of: *ch'ok, sioh, ch'ok,* to take a pinch; *ch'ok, siah,* let us take a pinch and eat—said by those eating at a friend's expense; *ch'ok, wai,* to exact hush-money.

[1]鎖 [2]碎 [5]碎 [7]剉 [9]剉 車 世 貫 蛋 產 泉 錢
碎 數 用 去 一 [11]出 [13]出 [15]出 [17]出 [19]出 [21]出 [23]想
[3]碎 [4]碎 [6]碎 [8]剉 枝 入 票 藝 身 鉠 家 不
工 景 銀 模 [10]縱 [12]出 [14]出 [16]出 [18]出 [20]出 [22]出 出

图 5.7 《福州方言词典》体例（第 169 页截图）

通过这种方式很快学会厦门方言。词典正文部分 605 页，另有 20 余页是说明及附录。体例上，本词典在每一词条后有比较简洁的释义，并有较多例证，但是几乎不提供用法或者语法信息。

《厦门音英汉大辞典》是第一部厦门音白话华英辞典，全书无汉字，只用罗马拼音。杜嘉德在序文里解释这样做的原因说是，一是因为很多字找不出适当汉字，二是要利用假期在英国排印，故无法印出汉字，三是因为他无法抽出时间在外埠（如上海）监印，所以不能使用汉字。据杜嘉德在序言里介绍，他的这本字典是在已故美国长老会牧师庐一（John Lloyd）所遗留下的《厦门语字汇》手稿的基础上编写而成。在编写过程中，他参考了麦都思的《汉语福建方言字典》、罗啻（Elihu Doty）的厦门语法及施敦力（Alexander Stronach）的厦门腔字典手写稿。同时，他也参考了一些闽南的本地字典，如泉州的《汇音妙悟》和漳州的《汇集雅俗通十五音》。《厦门音英汉大辞典》采录的闽南方言非常广泛，以厦门腔音为标准，遍及漳州、永春、惠安、安溪、同安、长泰、南安、灌口等地方言。因此此书一出版即受到闽台地区的传教士、商人、船员等的青睐，成为所有学习闽南语者必备的工具书。（见周典恩，王邦虎，2008）

《厦门音英汉大辞典》出版半世纪之后，其收词已经无法反映中国社会发生的变化和实际情况，因而不能完全满足使用者的需求。为了适应时代的需要，1913 年英国长老会传教士巴克礼（Thomas Barclay）受委托做补遗的工作。巴克礼在厦门用了三四个月编纂整理，最后于 1922 年完成修订，交上海商务印书馆印刷。1923 年，《厦英大辞典增补》（*Supplement to Dictionary of the Vernacular or Spoken Language of Amoy*）出版，序及说明 5 页，辞典正文 276 页，篇幅约为原著的二分之一。杜嘉德原著无汉字对照，增补补充了汉字，但拼音方法尽可能与原著一致。因其资料搜集完备、说明清晰详尽，出版后立即受到普遍欢迎。1970 年台北古亭书屋将杜嘉德原著及巴克礼增补合订重版，加中文书名为《厦英大辞典》。

作为一部面向西方学习者的方言词典，《厦门音英汉大辞典》在历史上发挥了重要作用，为众多到厦门附近传教或者工作的西方人士提供了很大的便利。今天，该词典作为工具书的功能不再和以前一样显著了，但是，其作为厦门及福建方言语音变迁的重要资料的价值依旧存在，近年来也得到了很多学者的关注和研究。

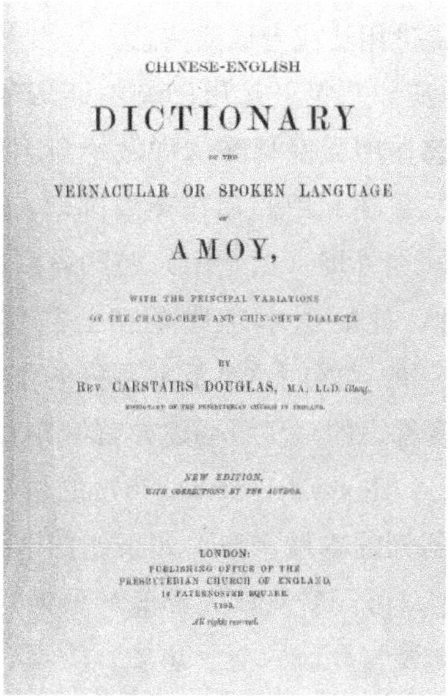

图 5.8　杜嘉德《厦门方言词典》封面

8. 艾约瑟（1869）的《上海方言词典》

艾约瑟在 1869 年出版的《上海方言词典》（*A Vocabulary of the Shanghai Dialect*, Shanghai: American Presbyterian Mission Press,

1869）是他在 1853 年出版的《上海方言口语语法》之后的又一部上海方言著作。在前言中艾约瑟交代说这部词典是为了和《上海方言口语语法》配套使用而编写的一部手册，实际上，这是一部很小型的英语—上海方言词典，所有正文和前言等加起来也不超过 160 页，体例也非常简单，首列英语单词，其后是对应的上海词汇以及罗马字注音，没有释义或者例证等任何其他信息。这部词典和他的方言语法结合起来研究的话，对于了解上海方言在 19 世纪的语音、词汇和语法形态是很有价值的资料。2016 年上海大学出版社重新出版的“19 世纪西方传教士编汉语方言词典”丛书中就收入了本词典。

A VOCABULARY
OF THE
SHANGHAI DIALECT.
BY
J. EDKINS, B.A. Univ. Coll. Lond.
Of The London Missionary Society.
AUTHOR OF A GRAMMAR OF THE SHANGHAI DIALECT AND A GRAMMAR OF THE CHINESE COLLOQUIAL LANGUAGE COMMONLY CALLED MANDARIN.
SHANGHAI:
PRESBYTERIAN MISSION PRESS.
1869.

图 5.9　艾约瑟《上海方言词典》封面

9. 睦里逊的《宁波方言字语汇解》

睦里逊，英文名 W. T. Morrison，美国来华传教士，在其字典《宁波方言字语汇解》(*An Anglo-Chinese Vocabulary of the Ningpo Dialect*, Shanghai: American Presbyterian Mission Press, 1876)（字典原中文名为《罗马字系宁波土话字语汇解》）中自称睦里逊·惠理，但我们目前还无法检索到其详细生平。2016 年上海大学出版社重新出版的“19 世纪西方传教士编汉语方言词典”丛书中收入了本词典。《宁波方言字语汇解》记录了 19 世纪中后期宁波方言的语音、词汇、语法和大量自然口语语料，用于帮助当时初到宁波的外国人了解和学习宁波话，同时也对后人研究宁波方言历史面貌和演变有重大参考价值。词典正文共538页，正文前有序言、宁波方言音节列表和说明，正文后列出世界各地地名的宁波话读音。单字读音表是宁波方言罗马字标音。书的第二部分按英文单词顺序排序，收录了当年宁波方言大量词汇、短句，其中许多都是当时常用的口语词汇，有些词语至今使用，如名词“眠床、字眼”，形容词“劳碌、着力”，动词“调觉、做生活”等；第三部分的附录，也即正文后部分，比较有特色，是用宁波方言读音列出的全球地理名称。（见徐春伟，2015）

在词典的介绍部分第15页，睦里逊列举了基于其他传教士语言学作品统计出的各种方言中声韵母和音节的数量，以下为该列表的数字：

表5.1　睦里逊词典统计的汉语方言声韵母及音节数量

方言	声母数量	韵母数量	音节数量
广州	23	23	507
汕头	23	23	674
厦门/漳州	15	50	846
福州	15	33	928
宁波	30	44	762
上海	33	44	660
北京	25	43	420

体例上，本词典先列英语单词，其后是对应的宁波方言字汇的罗马注音，然后是对应的汉字，以及少量例证。字典不涉及语法或者用法信息，但对于了解19世纪宁波方言的语音和词汇形态有重要价值。

10. **殷德生的汉口方言字典《汉音集字》**

殷德生（James Addison Ingle，1867—1903），美国圣公会传教士，汉口教区首任主教。1867年3月11日，殷德生出生于美国马里兰州弗雷德里克，毕业于弗吉尼亚州亚历山大里亚圣公会中学和弗吉尼亚神学院。1891年到达中国上海传教，后被派往汉口。1902年，美国圣公会中国教区一分为二，殷德生成为新成立的汉口教区（鄂湘教区）首任主教，主教座堂设在汉口英租界鄱阳街。1899年，殷德生在汉口出版了他的汉口

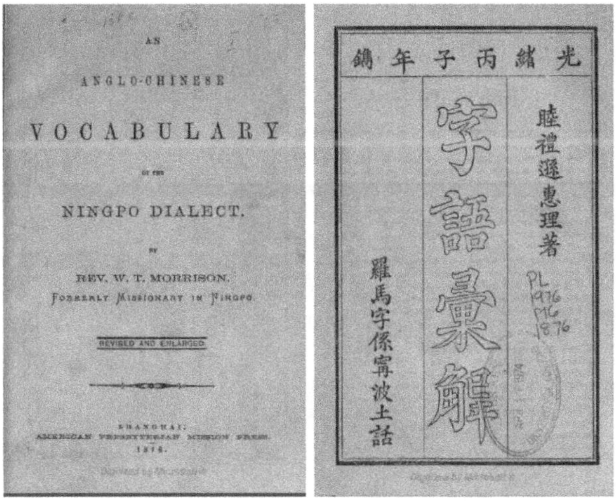

图 5.10 《宁波方言字典》封面

方言字典《汉音集字》，其英文全称为 *Hankow Syllabary, with References to Giles' Dictionary, Prepared for Use in the American Church Mission*，从名称就可以看出，本字典参照了翟理斯的汉英字典①。在其简短的介绍部分，殷德生交代，本字典旨在介绍汉口的发音和声调，就连一江之隔的武昌的发音（和汉口发音略有区别）都不在介绍之列。从体例上看，这部作品很难称得上严格意义上的字典，因为它只是提供了汉字的汉口发音，至于释义、用法、例证等，则一概都无，只在字目后提供一个页码，指向该字目在翟理斯字典中的页码，所以使用者在使用本字典的时候，还需要搭配使用翟理斯字典才行。本字典中的汉口发音，也是在一个叫张亲承的本地人的帮助下完成的。因此，这部字典对于汉口方言的反映，仅在于语音上，词汇和语法等特征都没什么呈现。

---

① 翟理斯，Herbert Allen Giles，1845—1935，英国著名汉学家，历任天津、宁波、汉口、广州、汕头、厦门、福州、上海、淡水等地英国领事馆外交官。这里所指的是他编撰的《华英字典》(*A Chinese-English dictionary*, Shanghai: Kelly and Walsh, 1892)，两卷本。翟理思词典为大 16 开本，正文共 1711 页，前后附录内容共计 102 页，收汉字 13838 个，按读音字母顺序排列。注音系统采用翟理斯自己改进了的威妥玛氏注音法，这套注音系统后被人称为 Wade-Giles System（威妥玛-翟理思注音系统）。词典所收的每个汉字大都有详尽的注音，不仅按《佩文韵府》注出音韵，而且注出多种方言的读音。该词典释义详细，例子充分，既有单词、词组，也有完整句子。全书所收多字条目粗略统计有 10 万条。

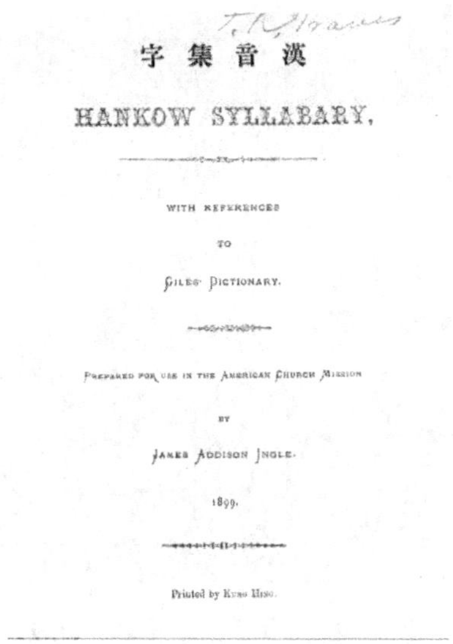

字 集 音 漢

HANKOW SYLLABARY,

WITH REFERENCES

TO

GILES' DICTIONARY.

PREPARED FOR USE IN THE AMERICAN CHURCH MISSION

BY

JAMES ADDISON INGLE.

1899.

Printed by [illegible].

图 5.11 《汉口方言字典》

11. 钟秀芝的《西蜀方言》

1900 年，上海美华书馆出版了由中国内地会（China Inland Mission）英国传教士钟秀芝（Adam Grainger）① 编著的四川方言字典《西蜀方言》（*Western Mandarin, or the Spoken Language of Western China*, Shanghai: American Presbyterian Mission Press）。《西蜀方言》既是一部词典，也是一部用于传教士学习当地语言（实际为成都方言）的口语教材。

该书内容丰富，较完整地反映了 19 世纪末川西方言的状况，涉及语音、词汇、语法、民俗等诸多方面。2016 年上海大学出版社重新出版的“19 世纪西方传教士编汉语方言词典”丛书中就收入了本词典。

该书专收当地人口语中的常用语，共收字头 3786 个、异体字 112 个、无字词 191 个、方言用例 13484 条（含 401 条成语）。全书共分七个部分：（1）前言；（2）部首索引；（3）有字词；（4）无字词；（5）川西方言亲属称谓表；（6）音节索引；（7）英语索引，书末还附有勘误表。词典正文包含有字词和无字词两部分。有字词是指有音又有记录它的文字的词，是本书的主要部分。词头按部首分部排列，同部首的字按笔画多少排列。

① 目前我们尚无法检索到钟秀芝的详细生平信息。

无字词是指有发音却不能确定记录它的文字的词，共 191 个，编者用自造字来记录，并用罗马字及代表声调的数字来为其注音，或者直接用罗马字及代表声调的数字注音来记录。本词典的英语索引是一大特色，其中列举了词典中出现过的所有英语单词，按字母顺序排列，在单词后附上在词典中出现的页码。一定意义上，这份长度接近 100 页的英语索引可以视作一部小型英汉词典了。

在词典正文部分的体例上，词条按部首顺序排列，在词条后面附罗马拼音，其下没有单独的词条释义或者语法和用法信息，而是直接列举川西方言中该词条的例证，例证后面再列对应的英语表达。这种体例虽然没有丰富的词典学信息，但是为人们了解清末川西方言的语音、词汇语法形态和民风民俗等提供了宝贵的素材。

词典正文 597—616 页，钟秀芝用了 20 页的篇幅，列举了西蜀方言中有其发音，却无对应汉字的表达。列举时，他为教学之方便，生造了对应的汉字作为字头，但实际上这些字头不能作为发音对应的汉字。其体例见如下插图。

一	I^{5}.	
	一個人	*one* person; alone.
	一心一意	with *one* heart and mind.
	一年一回	*once* a year.
	一步一步	step *by* step.
	要喫一點藥	you must take *a* little medicine.
	下了一天的雨	it rained a *whole* day.
	他們是一路來的	they came *together*.
	一切的事情	*all* affairs.
	一樣的東西	the *same* kind of thing.
	天一亮的時候	*as soon as* it is daylight.
	一早要起身	we will start in the *early* morning.
	鞋子做歸一了	the shoes are *finished*.
	都坐歸一了沒有	are they all seated *ready*?
	我人今天不居一	I am *unwell* to-day.
	第一章	the *first* chapter.
	第一要緊的	the *most* important.
	不一定	not *certain*.

图 5.12 《西蜀方言》的体例（正文第 1 页）

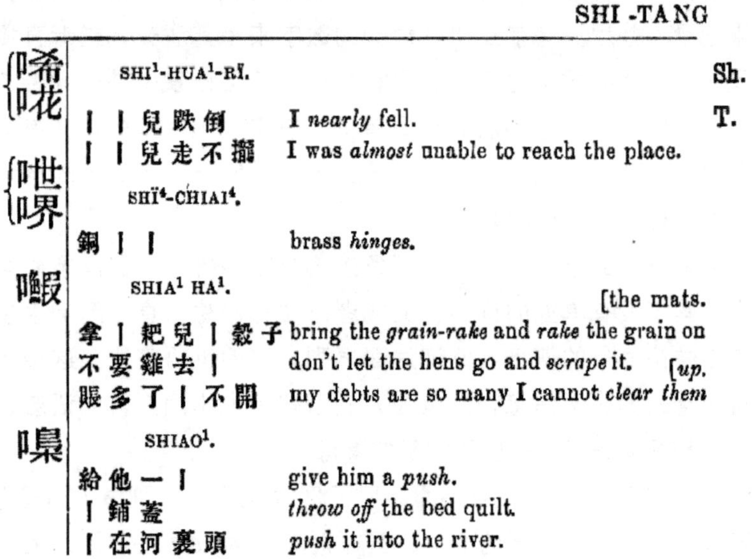
SHI -TANG

⿰口希⿰口花 SHI¹-HUA¹-RĬ. Sh. T.

| | 兒跌倒 I *nearly* fell.

| | 兒走不攏 I was *almost* unable to reach the place.

呭⿰口界 SHÏ⁴-CHIAI⁴.

銅 | | brass *hinges*.

㗇 SHIA¹ HA¹.

拿 | 耙兒 | 穀子 bring the *grain-rake* and *rake* the grain on [the mats.

不要雞去 | don't let the hens go and *scrape* it.

賬多了 | 不開 my debts are so many I cannot *clear them* [*up*.

⿰口臬 SHIAO¹.

給他一 | give him a *push*.

| 鋪蓋 *throw off* the bed quilt.

| 在河裏頭 *push* it into the river.

图 5.13 《西蜀方言》无对应汉字的发音在词典中的体例（正文第 613 页）

小　　结

实际上，本章所列举介绍的传教士汉外词典只是占据了 16 世纪至 20 世纪初 3 个多世纪里众多传教士汉外词典的一小部分。据不完全统计，从 19 世纪初叶至清末不到 100 年的时间里，以西洋传教士为主体、辅以少量世俗西方人及中国知识分子的词典编纂者，共编纂出版了近 70 部各种类别、规模的汉英、英汉双语词典（元青，2013）。这么看来，如果加上早期传教士正式出版的汉外词典或者未出版的手稿，同时期英语以外的其他语种汉外词典，以及相当数量带有词典性质的词汇集、读本的话，那数量就更加可观了。本章仅择要介绍了其中影响力较大些的传教士汉外词典，但实际上传教士的汉外词典和同时期非传教士群体，如汉学家和外交官等人士编纂的词典不能割裂开来讨论。传教士（或者西方）汉外—外汉词典编纂应该有一个宏大的专题研究来予以透彻地展开。

历史上，传教士汉外—外汉词典对于西方人士的汉语学习和中西交流起到了很大的推动作用，这一点毋庸置疑。但同时，从 16 世纪到 20 世纪初也是中国人向西方学习不断升温的阶段，特别是到 19 世纪末 20 世纪初，中国人向西方学习的热情达到一个历史高度，除中国政府设立的大量洋务学堂和语言学校以及传教士创立的各类各级学校吸引了大量中国学生外，很多学生还远赴海外学习，而这些都需要外语教育，特别是英语教育的扶助。同时，大规模翻译西方现代化成果的热潮也离不开汉外词典的辅助。这些因素都推动了汉外—外汉词典的蓬勃发展，而汉外—外汉词典的发展，又反过来推动了中西交流乃至中国现代化的进程。

从语言学的角度看，早期的汉外词典在汉语拼音体系的创建上起到了关键作用，最早的汉语拼音方案就是出自于天主教传教士的词典手稿《葡汉辞典》中。传教士词典对于中国语音学的发展所起到的推动作用，已经得到了比较充分的研究和认可。其次，传教士汉外词典在记录明清时期汉语通用语和方言的历史形态（包括语音、词汇、语法乃至社会文化背景等信息）方面的贡献不可忽视，为我们今天研究汉语的历史演变提供了宝贵的材料。此外，传教士们在编制汉外—外汉词典时对术语的翻译，特别是对西方术语的汉译，一方面极大地丰富了汉语的词汇体系，在某种程度上为汉语的现代化从词汇上奠定了基础，另一方面这其实也是西方观念向中国传播的过程。

从词典学本身的角度看，传教士汉外（外汉）词典编纂的历史，也反映了西方词典学本身的发展过程、西方词典学与中国本土词典学的融合过程、以及中国本土词典学的发展过程。对传教士汉外（外汉）词典编纂史进行梳理研究，不仅具有历史文化层面的意义，更具有词典学本体研究的意义，对今天的汉外词典编纂能起到重大的启示作用。总之，传教士汉外（外汉）词典的研究依然是一座有待学界继续发掘的学术富矿。

第六章　传教士对汉语语法的研究

引　　言

现代中国的语法学家（如王力，1981；吕叔湘，1979；龚千炎，1997）多数视马建忠的理论为汉语语法研究之开拓者，但实际上在马建忠之前，来华传教士已经就汉语语法进行了200余年的研究。近年来，对近代西洋汉语研究历史的系统挖掘和梳理工作引起了学界重视。西洋汉语语法文本及其特征、研究者、不同研究者和文本间相互关系、研究贡献、传教士对相关汉语语法问题的研究梳理等都得到了学界的关注。

目前，我们能看到的有较大影响力的西洋汉语语法研究文本有：

1653，卫匡国（Martino Martini），《中国文法》（*Grammatica Sinica*）（稿本，中译本2011年由华东师范大学出版社出版）；

1703，万济国（Francisco Varo），《华语官话语法》（*Arte de la lengua Mandarina*）（广州出版，出版商不详，中译本2003年由外语教学与研究出版社出版）；

1728，马若瑟（Joseph-Henry-Marie de Prémare），《汉语札记》（*Notitia Linguae Sinicae*）（Malacca：Cura Academia Anglo Sinensis，1831）；

1730，巴耶尔（T. S. Bayer），《汉语杂纂》（*Museum Sinicum*）（St. Petersburg：ex typographia Academiae Imperatoriae）；

1742，傅尔蒙（Etienne Fourmont），《中国官话》（*Linguae Sinarrum Mandarinicae hieroglypficae Grammatica duplex*）（Paris：H. L. Guérin）；

1814，马士曼（Joshua Marshman），《中国言法》（*Clavis Sinica*）

（Serampore：The Mission Press）；

1815，马礼逊（Robert Morrison），《通用汉言之法》（*A Grammar of the Chinese language*）（Serampore：The Mission Press）；

1822，雷慕莎（Jean Pierre-Abél Rémusat），《汉文启蒙》（*Éléments de la Grammaire Chinoise*）（Paris：L'imprimérie Royale）（有中译本）；

1853，艾约瑟（Joseph Edkins），《上海方言口语语法》（*A Grammar of Colloquial Chinese as Exhibited in Shanghai Dialect*）（Shanghai：Presbyterian Mission Press）（中译本 2011 年由外语教学与研究出版社出版）；

1856，巴赞（Antoine Pierre Louis Bazin），《汉语官话语法》（*Grammaire mandarine，ou principes généraux de la langue chinoise parlée*）（Paris：L'imprimerie Impériale）；

1857，艾约瑟（Joseph Edkins），《汉语官话口语语法》（*A Grammar of the Chinese Colloquial Language，commonly called the Mandarin Dialect*）（Shanghai：Presbyterian Mission Press）（中译本 2014 年由外语教学与研究出版社出版）；

1864，罗存德（William Lobscheid），《汉语语法》（*Grammar of the Chinese Language*）（Hong Kong：Daily Press）；

1866，儒莲（Stanislas Aignan Julien），《汉文指南》（*Syntaxe nouvelle de la langue chinoise，fondée sur la position des mots*）（Paris：Librairie de Maisonneuve）；

1880，文璧（Jasper Scudder McIlvaine），《北方口语语法》（*Grammatical Studies in the Colloquial Language of Northern China. Especially designed for the use of missionaries*）（Shanghai：American Presbyterian Mission Press）；

1881，甲柏连孜（Hans Georg von der Gabelentz），《汉文经纬》（*Chinesische Grammatik，mit Ausschluss des niederen Stiles und der heutigen Umgangssprache*）（Leipzig：T. O. Weigel）（中译本 2015 年由外语教学与研究出版社出版）。

这些是我们能看到原始文献或者已有研究者做过述评，而且近年来还有学者不断从欧洲各图书馆发掘出新的稿本或者出版物的较有影响力的文本。此外，西洋来华传教士及外交官编纂的汉外词典、报刊、教材等处还夹杂有大量关于汉语语法的描写，从这些散见于各处的语法描写中也能窥见西方传教士对于汉语语法的认知情形。

如果对这些文本进行分类的话，我们大体可以区分出两个阶段、三个传统。第一阶段是天主教传教士主导的17—18世纪；第二阶段是新教传教士（主要来自英美两国）和欧洲本土汉学家主导的19世纪。三个传统分别是天主教传统、欧洲本土汉学家传统和新教（或者英美）传统。天主教传统和英美传统中的研究者基本都有长期的中国生活经历，熟悉汉语书面语和官话口语或者某种方言，他们的作品也偏重口语，主要服务于汉语教学。总体来说，天主教传统仍然把语法视作对语言、文学的整体研究，和传统拉丁语法的思路乃至体例一致，而英美传统则较大地受到近现代语言学思想的影响，吸收了普遍唯理语法、历史比较语言学和英语教学语法等的精神，倾向于把语法研究从语言文学的整体研究中分离出来。欧洲本土汉学家传统中的研究者则几乎都没有中国生活经历，其汉语水平也并不一定可靠，更多人只是从汉语典籍中获取古代的汉语书面语知识，因而他们的作品较多局限于古代汉语书面语。但在研究目的上，他们不是单纯为传教或者教学服务，而是秉持一种语文学的研究思路，即把汉语语言与文学作为一个不可分割的整体来对待。虽然欧洲汉学家不属于来华传教士群体，但是他们的研究和来华传教士的研究有着不可分割的联系，所以在本书中放在一起讨论，以便更好地揭示传教士汉语语法研究的源流。

海内外学界近年来对西洋汉语语法研究史表现出了较大兴趣，对传教士汉语语法作品的研究日渐升温，从汉学、语言学史和对外汉语教学角度出发的研究大量涌现。这其中专题性的研究有张美兰的《〈华语官话语法〉中的语法问题分析》(2004)、孟柱亿的《〈中国北方口语语法研究〉在语法学上的意义》(2004)、钱乃荣的《英国传教士J. Edkins在吴语语言学上的杰出贡献——〈上海方言口语语法〉评述》(2006)、姚小平的《〈汉文经纬〉与〈马氏文通〉——〈马氏文通〉历史功绩重议》(1999)等。而综述类研究中较有代表性的则有姚小平(2004)、张西平(2002，2003)、何群雄(2000)、郑梦娟(2006)、董海樱(2011)、董方峰(2011)等。除上述以外，还有贝罗贝(1998)、何莫邪(2000)、许光华(2002)等人从国别或者整体综述了二十世纪前的西洋汉语语法研究状况。近年来随着对外汉语教学的升温，对外汉语教学界对传教士汉语语法的研究也投入了越来越多的兴趣和研究力量。

此外，从汉学视角出发，部分涵盖语法的研究作品近年来也出现不少，最具代表性的有 Lundbaek（1986，1988，1991），Cécile Leung（2002）等，他们的作品属于人物专题，分别研究了马若瑟、巴耶尔、傅尔蒙等研究者。这些作品尽管不是专门针对语法，但是他们的综合视角和提供的素材对于我们了解语法文本及其背景颇有帮助。

总体而言，17—19 世纪西洋汉语语法研究的主要文本和研究主体大体上已经得到梳理，但文本、人物之间的相互关系，单个文本的特征，利用原始文本进行汉语本体研究，西方与中国语法学研究之间的相互影响等问题还有待进一步深入研究。

一、天主教传教士的汉语语法研究

作为最早大规模进入中国，并深入了解中国的群体，天主教传教士也是最早的汉语研究者。他们在汉语语音研究上的成就早已为外界公认，而在汉语语法研究上的贡献，则直到近年来才受到人们应有的关注。这些天主教士都接受过拉丁语法的训练，有良好的语言学基础，对本族语言（主要是罗曼语言）的新兴语法传统也很熟悉。很自然地，在接触到汉语这样一种全新的、而以前又没有过形式描写传统的语言时，他们或多或少地使用了拉丁—罗曼语法的框架。他们是汉语语言和语法研究的探路者。

已知最早的汉语语法是由一个叫胡安·柯伯（Juan Cobo）或高母羡的多明我会教士 1592 年完成的 *Arte de la lengua China*（*Grammar of the Chinese Language*），但该书已失传，仅在多明我会档案中留下记载。根据档案记载，其后的 17 世纪还有若干本多明我会传教士汉语语法，但其命运都和胡安·柯伯的语法书一样，难逃佚亡结局（见 Gonzales，1964—1966）。本书仅就目前可见的有较大影响力的语法文本进行研究，包括卫匡国（1653）、万济国（1703）、马若瑟（1728）等。

1. 卫匡国的《中国文法》

卫匡国（Martino Martini，1614—1661），意大利籍耶稣会会士，欧洲早期汉学家、地理学家、历史学家和神学家。他于 1643 年抵达中国，开始其在华传教生涯。他对欧洲汉学研究的贡献主要体现在他用拉丁文写成的四部著作：《中国上古史》、《中国新图志》、《鞑靼战纪》和《中国文法》(*Grammatica Sinica*)。《中国文法》大约成书于1653年，是迄今为止人们发现的保存最完整的早期西文汉语语法书，也极可能是第一部较完整的汉语语法书，对后来西人学习汉语起到了很大的帮助。由于卫匡国此书传本极少，很少有图书馆收藏，因此后世对其了解不多。2011年，华东师范大学出版社出版了由意大利汉学家白佐良和白桦翻译的这部语法作品。

《中国文法》分为三章。举例不多，表达很精练，更像是一份提纲。第一章论述语音，主体是一张单音字表，列出汉语的三百多个字，实际上是一个音节表。第二章探讨语法，分作"论名词及其变格"、"论代词"、"动词变位"三个小节。由于汉语实际上没有屈折形变，所以卫匡国在第一节讲的重点是："同一个字因其所在的位置不同，可以是名词、形容词或动词。"第二小节列出了汉语口语的"我、你、他"及其带"们"的复数形式，不涉及文言人称代词。第三小节区分了三个基本时态："我爱"是现在时，"我爱了"是过去时，"我将爱"是将来时。基本时态之外，又有已完成行为的表达，如"我爱过了"；或一种延续未完的过去状态的表达，如"那时间爱"。语式有三种：主动式，如"我爱"、"我打你"；被动式，如"我被他的爱"或"我被他爱"、"我被他打"；祈愿式，如"我巴不得爱"或"巴不得我爱你"。第三章仍继续讲语法，分为七节。第一节是"论介词"，主要讲述了"前、后、上、下、为"等的用法。第二节详细举例区分了21类副词。第三节区分了三类叹词：表示痛苦，"苦"、"苦恼"、"可怜"；表示赞赏，"奇"；表示惊叹，"於乎"、"哉"。第四节区分了四类不常用的连词：起连系作用，"及"、"而"、"又"、"亦"、"即"；起止句作用的小词，"也"、"矣"；表示转折，"亦不"；表示相反，"虽是"、"然"、"既然"、"若"、"盖"。第五节名为"名词的原级、比较级和最高级"，卫匡国大概是觉得"果子"、"房子"等词里的实字"果"、"房"是绝对名词或纯名词，可比于形容词的原级（或称绝对级）。这一节举的例子，比较级有"更"（更好）、"多"（好多、远得多）、"过"（好过他），最高级有"绝"（绝好、绝小）、"上"（上好）、"得紧"（小得紧、好得紧、大得紧、不好得紧）、"第一"（第一好）。从例子来看，他讲的主要还是形容词。第六节名为"附：代词"，是对前文所述代词部分的补充。第七节论数词及与之有关的小词，除了通常意义上的数词外，卫匡国还选出了近四十个常用量词，归作一类来分析。其体例大抵是，先说明一个量词的适用范围，指哪一类事物，再举出最常见的搭配形式。著者最后指出，量词也可后置于名词，如“牛一头”、“马一匹”。

2. 万济国的《华语官话语法》

万济国（Francisco Varo，1627—1687），西班牙籍多明我会会士(Dominican)。他于1649年抵达中国福建，开始布道生涯。在华传教长达38年，他于1687年卒于福建。《华语官话语法》（*Arte de la Lengua Mandarina*）是他最大的学术贡献。

《华语官话语法》于1682年完成，但直到万济国去世后才由另一位多明我会会士石振铎（Pedro de la Pinuela，1650—1704）于1703年在广州编辑整理后正式出版，这也是第一部正式刊行的汉语语法。该书原文为西班牙文，2000年John Benjamins出版社推出了由柯蔚南（W. South Coblin）翻译的英译本。2003年，外语教学与研究出版社推出了由姚小平和马又清合作的中译本。

《华语官话语法》描述的是明末清初以南京话为基础的“官话”语音、语法、词汇系统，体例上基本照搬了拉丁语法的框架，对汉语语法的描写主要基于词类划分及其形态和范畴。词类的划分参考拉丁语法，分出名词、代词、形容词、叹词、连词、动词、介词、副词八类。此外还辟专章介绍了官话发音、小词、礼貌用语等。

万济国的语法分析依照了著名的《拉丁文文法入门》（*Introdutiones Latinae*，1481）的模式编写而成。这部书的作者是西班牙著名人文主义者和语法学家内布利亚（Elio Antonio Nebrija，1441—1522），是作者受到意大利人文主义作品的启发，为教学而编写的语法书（见贝罗贝，1998）。内布利亚的书在出版后差不多两个世纪一直是拉丁语法研究的标准参考书。这部书不仅继承了公元四世纪拉丁语法学家的说教，而且根据时代特征作了一些改造。根据白姗（Sandra Breitenbach）的研究，万济国的《华语官话语法》与内布利亚的《拉丁文法入门》在基本结构、术语、例文类型乃至文字风格上都存在对应关系，并在其书中数次提及内布利亚（详见《华语官话语法》中译本导论，F39—F44）。而从其书名来看，万济国使用了Arte这一词汇，显见他是把语法看作“术”，而非19世纪的研究者们那样把其看作一门科学。这和希腊—罗马语法的传统

(18世纪以前)显然是一致的，即视语法为技巧，是为正确阅读(包括朗诵，演说)和写作服务的。《华语官话语法》正是在希腊—罗马语法传统之内，在拉丁语法框架下进行的对汉语语法的初步描写。

在弁言部分，万济国指出，汉语并非像很多传教士所说的那样没有语法和规则可言，其形式也不适合优美的文体。相反，汉语有其语法规则，它的书写依靠音节(即字)而不是字母，它有优美的修辞，是一种成熟的语言。他称自己根据搜集来的材料和自己的学习研究成果，花了20年的时间编成这部书，在其中总结了汉语的规则和诫律，传教士们在学习这些规则和诫律的基础上，再辅以广泛的中文阅读，就可以学好汉语。他所谓的诫律，实际上是对汉语从发音到文字乃至文体的整体介绍。

在诫律部分，万济国强调了词序在汉语中的重要性。他说，汉语中三个必须牢记于心的事情是词项(即词汇)、声调和词序。如果词不在适当的位置上，句子就会变得不可理解。措辞和词序是汉语的精要所在，离了它们就不可能正确地说这种语言(见中译本，12-16页)。

万济国仿照特拉克斯(Thrax)《语法术》划分出的八大词类(名词、动词、分词、冠词、代词、介词、副词、连词)，也把汉语的词类划作八类，分别是名词、代词、动词、分词、介词、副词、叹词、连词。而他所谓的名词实际上和特拉克斯以来的希腊—罗马语法传统中的名词概念是一致的，即包含了我们今天所谓的名词和形容词。我们可以看出，万济国对汉语词类的划分是依据了希腊—拉丁语法，但他倒没有完全拘泥于拉丁语法，比如他就没有在汉语中生造出冠词这一个词类来。分词这一未脱拉丁语窠臼的词类则在后来的汉语语法著作中被其他作者抛弃。拉丁语中有性、数、格之分，于是万济国亦依此对汉语名词和代词进行性、数、格的描写，甚至还划出汉语名词的六个格。这样的划分难免生硬，所举例子显然系生造硬套。动词部分，亦依拉丁语法，讲述不同时态及语式、语气的变化形式。在基于词类的形态描写部分结束后，只有短短的三个小节，6条构句规则，权充句法。这和之前拉丁语法结构如出一辙。不过，其后万济国又附上了汉语的数词、量词和小词的章节，这显示他对汉语特性的足够关注。

3. 马若瑟的《汉语札记》

马若瑟(Joseph Henri Marie de Prémare，1666—1736)，法国著名汉学家，耶稣会传教士。他于1683年加入耶稣会，1696年在Collège de la Flèche 学院结束为期三年的神学训练，并于 1698 年和白晋[①]一起赴华。他于 1699—1721 年在江西传教，1733 年迁居澳门，1736 年在澳门去世（见 Lundbaek，1991：16-23）。

马若瑟于 1728 年完成《汉语札记》（*Notitia Linguae Sinicae*）手稿，但是直到 1831 年才在马六甲出版，并在 1847 年由 J. G. Bridgman 翻译成英文在广州出版。在完成《汉语札记》手稿后，马若瑟把它寄给了一直有书信往来的巴黎汉学家傅尔蒙（Etienne Fourmont，1683—1745），希望能得到他的建议和帮助以出版此书。但是傅尔蒙并未提供马若瑟期望得到的帮助，后者的手稿被束之高阁，并且受到傅尔蒙的批评，说此书组织糟糕，行文冗长，例子过多，规则太少，算不得真正的语法书。在随后的 1737 和 1742 年，傅尔蒙分别出版了两部汉语语法书：《汉学沉思录》（*Meditationes Sinicae*）和《中国文典》（*Linguae Sinarum mandarinicae hieroglyphicae Grammatica duplex*）。这导致了后人如雷慕莎（Abél-Rémusat）等对他的指责，说他抄袭了马若瑟的作品。

直到差不多一个世纪后，马若瑟的手稿才重新受到关注。雷慕莎在巴黎皇家图书馆发现了这一手稿，并抄录了它。而雷慕莎的学生，另一位法国汉学家儒连（Stanlisla Julien）转抄了雷慕莎的抄本，送给了马礼逊。在马礼逊的努力下，这部著作于 1831 年才在马六甲正式出版，并很快获得人们的推崇。

《汉语札记》并非一本严格意义上的语法书，实际上这是一本综合性的汉语语言和文学教材。书的拉丁文名称字面意思就是“汉语语言知识”。全书除前言外，分两个部分。第一部分讨论汉语口语，第二部分则讨论古代汉语，亦即书面语。拉丁文原本全书共计 262 页，另有 28 页的索引。

在阅读过程中，我们参考了 J. G. Bridgman 的英译本（1847）和 Lundbaek 的英语阐译（1991），并对照了东京三元社的影印拉丁文原本（何群雄编，2002）。Bridgman 的译本错漏颇多，英文行文也非常蹩脚。

---

① 白晋，Joachim Bouvet，1656—1730，法国籍耶稣会士。自幼接受包括神学、语言学、哲学和自然科学的全面教育，尤其对数学和物理学兴趣浓厚。1678 年加入耶稣会，1684 年受法王路易十四选派出使中国传教，出发前被授予“国王数学家”称号，入法国科学院为院士，是一位对于近代中西文化交流作出卓越贡献的人物。

Lundbaek 的译本不算严格的翻译，而是一个解释和内容介绍，但在准确性上却比 Bridgman 好得多。

前言部分共六个小节，分别是中文经典文献、词典、汉字、声调、发音、汉语发音总索引。经典文献部分，马若瑟列出了 49 个题目，范围涉及经史子集，根据年代和写作风格分为 9 级。发音部分，他列出了汉语的 1445 种音节，每一音节后列出一个汉字及其解释。在这一部分，马若瑟说本书的语音基于官话，但是对于官话他却没有给出一个明确的定义，究竟是基于北京音的官话还是南方官话，马若瑟未加以区分。

第一部分分成三章，即口语语法、部分常用汉字（16 个）和小词、修辞。

第二部分分成四章，分别是汉语书面语的语法与句法、小词、汉语的不同文体、修辞。

关于汉语语法，马若瑟没有归纳太多的规则，但是例子非常翔实，这是本书最大的特色。他所引的例子，都不是自己的创作，而是来自小说、戏剧和经典作品。口语部分的例子主要来自元杂剧和最好的通俗小说，书面语部分的例子则来自宋代以及之前的汉文典籍作品。在他看来，学习汉语最好是通过例子，而不是规则。在他与傅尔蒙的书信中，他提到，中国没有所谓“汉语语法”。他所看到的可以称作语法术语的概念是“活字”和“死字”以及“虚字”（Lundbaek，1991：75）。他用了大量例子来讲解汉语中的小词、常用词的用法。马若瑟把这些常用汉字和小词看作是了解汉语特性的关键。在他看来，通过了解汉语虚词以及一些常用词用法来学习汉语远比总结语法规则重要，因为汉语中本来就没有跟拉丁文对应的严密语法规则。

在讨论名词时，他说，汉语的名词没有屈折形式显示格、数等语法概念，这些关系主要通过一些小品词来表示。他总结了这些小品词：

（1）“的”用于名词后，表示所有格；当两个名词并列，而意义又很容易理解时，要省略“的”；

（2）与格由“於（于）”表示，但这不是表示与格的唯一手段。有时“于”可省略。除此以外，“与”、“和”、“对”、“替”都可用于表示与格；

（3）宾格无特殊标记，通常置于动词后；

（4）呼格通常由“阿”来辨识；人名重复时，也被视作呼格标记，特别是其后跟你时，如“嫦娥嫦娥你……”；

（5）离格（ablative）由“的”构成，如“铁的”；提及具体物时，省略“的”，如“铁锅”、“铜锣”；

（6）复数构成：由表示数字的字连用构成，如数人、几句、都来等；

（7）物质名词（substantive nouns）单独使用，或者用于词组结尾时，其后要有其他成分，如房子、石头、盒儿、女孩儿、小孩子、一尾鱼、两只牛等；表示职业的名词后要跟“的”，如读书的、剃头的、打铁的；

（8）形容词后常跟“的”，如好的、歹的、白的、黑的；或者通过“可”字构成，如“可敬”、“可爱”、“可恶”等。

代词部分，马若瑟通过举例说明了汉语中的人称代词、物主代词、尊称代词、自反代词、个体代词（个）、泛指代词（其）等的用法。

在介绍汉语中的动词时，马若瑟说，在西方语言和其他字母语言中，人们习惯于把动词分成三类——主动、被动和中性，并给每一个动词配上时态、语气、人称、单复数等屈折特征。汉语没有这些屈折特征，但是也有表达这些概念的手段：

（1）存在动词的表达手段：①是；②为：为人老实；③在：不在家；④有：没有人；

（2）动词的主动意义要通过意义来判别，如：天主爱人；

（3）被动意义由“彼（被）”、“吃”、“见”等表示；

（4）“了”表示过去时态；

（5）将来时态要通过上下文来理解，如：我明日去，我要去等；

（6）祈使语气：中国人不用命令式，除非是对下属或者下人；

（7）“巴不得”、“恨不得”表示愿望，相当于 would that。

其他词类中，马若瑟只提到副词、介词两类，介绍也非常简单。

在句法部分，马若瑟只花了一页多一点的篇幅，总结了 6 条简单的规则：

（1）形容词一般都放在名词前面；

（2）比较级的表达法；

（3）最高级的表达法；

（4）关系代词，如“所”；

（5）疑问句表达法；

（6）动词，举了宾语前置的几个例子，如“而不我许”、“水拿来 /拿水来”等。

第二章中，马若瑟首先讨论了16个常见汉字的用法，这16个汉字是：得、把、打、一、来/去、道、见、心、气、口、手、大、好、待、敢。他详细地举例说明了这些字的意义和用法。

接下来，马若瑟讨论了汉语的小词的用法。这些词分别是否定词：没/莫、不、休、别、莫、无、未、非；论辨词或者程度词：太、忒、甚、极、绝、最、好、十分、不过、煞/杀/死；指小词：只（只是、只怕、只得、只好）、止、但、些；发语词：哇（念dou，同都）、呀/讶、呀阿、兀/兀的；句尾词：阿、呵、哩；儿、耳；也、亦；又；就；却；着；倒、到、转；叫（叫）、教、交；可；还；则、且；了、过；与、替；便；连；更、都；方、放、妨；般、半；再、才；耐、奈。

马若瑟把这些常用汉字和小词看作是了解汉语特性的关键。在他看来，通过了解汉语虚词以及一些常用词用法来学习汉语远比总结语法规则重要，因为汉语中本来就没有跟拉丁文对应的严密语法规则。

第三章中，马若瑟讨论了汉语的修辞。他介绍了重复、对语（antithesis）两种修辞格，并介绍了疑问的表达法，以及165个谚语。在重复修辞法中，他区分了五种情况，即同一汉字的重复、同义或者近义字的重复、同一汉字与两个相近或者相反义的字相连、意义的重复、为了悦耳的重复。在疑问表达法部分，他例析了不、也、莫非、何、多少、怎、么、甚/甚么、安、岂、那（哪）、谁、难道13个疑问词。

在第二部分，马若瑟首先讨论了汉语书面语的语法。他先是语焉不详地说，要正确理解汉语的句子，必须要找到句中的动词，动词的主语、宾语，以及名词和形容词的联系，但是我们却看不到更具体的说明。接下来的部分共三节，分别是复数表达法、代词和兼类。复数表达法中，他指出皆、俱、咸、都用于名词后；众、诸、庶、多用于名词之前；有些名词自身就可以表示复数，如民，有些数词也可以表示复数；无不、莫不两个否定词用于表示普遍属性；复数还可以通过比较来表示，比方说如林、如山、人山人海等。代词部分，他列举了三种人称的不同代词及用法。兼类部分，马若瑟指出了汉语中名词和动词兼类的情况，如汝天下之王、王天下；定于一、孰能一之；道可道，非常道等。他还简单提到了汉语中活字与死字的区别。

随后，马若瑟详细举例介绍了汉语书面语中的18组虚词。这些词分别是：之；者；也；于；乎；诸；邪/耶；与；而、尔、耳；焉、然；则、且；若、如；以、为；哉、乃；时间虚词：将、曾（经）、已；程度虚词：愈、益、弥、况、至、极、最等；疑问词：哉、何、岂、奚、恶、曷、胡、盍、孰、谁等；句尾虚词：乎、也、耶、邪、与、耳、焉、哉、已、夫、矣、兮、云等。

随后，马若瑟介绍了汉语的不同文体、书面语的修辞以及大约400个常用的书面语固定表达等。这些与前面的内容有较多重复，并且更侧重对汉语文学的介绍，所以此处就不一一列举了。

按照雷慕莎的说法，马若瑟是第一个在作品中明确区分汉语口语和书面语的学者（见Lundbaek，1991：180）。在《汉语札记》中，口语和书面语占据着同等的地位。强调口语是为了方便学习者掌握听说汉语的能力，强调书面语则是为了方便学习者进一步阅读和翻译汉文典籍，甚至用汉语写作。他区分了口语和书面语的不同语法特征，列举了两种载体的不同小词或者虚词，以及不同的句法规则，让人们看到这两种载体的差异。马若瑟这种区分使得他远远领先于他所处的时代。

《汉语札记》对后来的汉语研究者影响很大。如雷慕莎的《汉文启蒙》就直接受到此书的影响。在其前言中，雷慕莎详细介绍了《汉语札记》的内容。他指出马若瑟是第一个清楚区分了汉语口语和书面语的作者。同时，雷慕莎也提出了批评，他认为本书例子过多，而连接这些例子的规则却过少，所以这部书看起来像是一个短语列表，而不是一部真正的语法。雷慕莎因此预言说，“这是为什么这本包含了12000多个例子的珍贵的书永远也无法出版的原因”。他没想到的是，过了不到10年，该书就在马六甲出版。在另一篇杂志评论中，雷慕莎又批评说，《汉语札记》没有提到位序理论（theory of position），而在巴黎的汉语教学中，这多年来就是一个基本理论（见Lundbaek，1991：180）。马若瑟在书中对虚词介绍甚多，但是对汉语语法的另一大特征，即位序（position）却未提及。但我们认为，这并非意味着马若瑟对位序在汉语语法中的重要性没有认识。可能的情况是，他希望通过惯用法来让学习者记住或者领会汉语句法的顺序特征。第一个在英国本土出版汉语语法的Summers教授在评论马若瑟语法时这样说：“马若瑟的作品尽管例子丰富，却让学习者自己去归纳汉语的本质和特性，而并非每一个研习汉语的年轻人都可以通过面前的例子作出有语法意义的判断。语法学家的责任就是总结规则，并通过例子证明他的观点。因此，马若瑟的语法价值仅限于让高级阶段的学习者了解小说文体，并了解得以总结出这些文体特征的书。有些例子给得不太正确，但是总体而言，它们对于掌握汉语习语还是很充分的。”（Summers，1863：vii）

《汉文经纬》（1881）的作者甲柏连孜在1878年的一篇文章中也高度评价了《汉语札记》。他说：“（一个欧洲人）把汉语教得比马若瑟更好是可能的，但是要像他那样完全吸收汉语的精神和文学品味却不大可能……在我看来，这正是构成《汉语札记》永恒魅力的所在。”（见Lundbaek，1991：184）

4. “拉丁眼镜”的形成和对汉语特性的初步探索

早期天主教传教士们进行的汉语语法研究从整体来说，仍然属于传教士语言学范畴。和早期到达南美洲或其他世界各地的传教士一样，这些初来华的传教士们一到中国就开始着手用西方语言学的工具和模式，对他们新接触到的汉语进行语音、语法各方面的描写，用他们最熟悉的手段，迅速地建立起学习这种全新语言的最便捷的语音和语法框架。

对于天主教传教士来说，拉丁语在所有语言中几乎享有着至高无上的地位。拉丁语是教会的工作语言，是他们从小研习的对象。他们对拉丁语语法的分析手段和技巧非常娴熟，拉丁语法的框架深深根植于他们的知识背景中。无论他们如何努力想避免落入拉丁语的窠臼，拉丁语法依旧是他们无法摆脱的思想外衣。同时，从实用角度出发，以拉丁语法作为描写框架，对于志在传教而不是语言研究的传教士来说，是最便捷的方式，也是最容易为后来的西方学习者接受的方式。同时，17—18世纪，欧洲的语法研究正处于从传统的“语法术”向“语法学”转型的过程，欧洲本土的语法研究也处于转型期，各民族语言的语法描写尚未完全完成，拉丁语法模式的语法描写即使在欧洲本土也依然是其荦荦大者。所有这些因素，决定了早期传教士无论有意无意，都不可避免地要以拉丁语法为参照体系对汉语语法进行描写，差异只在于参照程度的不同。

这种模仿参照集中体现在万济国的《华语官话语法》上。万济国在华多年，又在这部书上倾注20年心血，所以本书也非完全忽视汉语自身特点。我们认为，在当时的历史条件之下，首先，作为天主教徒，万济国有着良好的拉丁语基础，同时拉丁语作为神学语言，享有极高地位，在当时被看作具有普遍参照性的语言体系，也就是说，万济国拿拉丁语的语法结构来比附汉语，是很可以理解的；其次，作为较早的来华者，面对此前没有形式描写传统的汉语，而西士的汉语研究又极不充分的情况下，拿自己最为熟悉的背景知识体系来做描写工具，是最便利不过的事情，也是最容易为后来学习者接受的方式；再者，传教士，特别是多明我会士的汉语研究目的，功利性非常强，就是为了传教，而非为了学术研究之端。以西语之结构为出发点或框架，拿汉语材料往里填充，这样虽然有可能歪曲汉语之面貌，但是却能很快满足传教士学习交际的目的。考虑到这些因素，我们认为万济国的这种参照或者嫁接策略是可以理解的。只是万济国大概没有想到，作为汉语语法研究的探路者，他的这一策略无意中为后世的汉语语法研究定下了基调，为汉语语法研究戴上了摆脱不掉的“拉丁眼镜”。作为一部草创之作，虽然该书还显得单薄和粗糙了些，但是却对后世之研究产生了深远影响。

万济国之后，马若瑟尽管极力想要回避以拉丁语法框架来描写汉语的套路，做出了很大的努力去发掘汉语特性，并寻找表述这种特性的合理方式，但是他依然无法完全摆脱个人知识背景的影响，他的术语体系仍旧来自拉丁语法。

无论这一时期语法作品如何单薄或者粗糙，它们的成就还是不可抹杀的。天主教传教士们开启了汉语语法研究的新时代，使得汉语语法研究不再停留在“虚词”、“实词”的简单区分基础上，使得人们对汉语语言结构的规律有了纵深的思考。在完成草创之功的同时，天主教传教士们也为后世的汉语语法研究定下了基调。这个基调就是拉丁化。不仅后来西洋的研究者循着他们的思路走了，中国本土的语法研究先驱，如马建忠等，不管是巧合还是必然，也走上了同样的道路。

天主教传教士的另一个贡献是对完成了对汉语特性的初步发掘。无论是万济国还是马若瑟，都并非没有意识到汉语与西方语言的巨大差异，因此在模仿参照拉丁语法框架的同时，他们也无时不在指出汉语与西洋语言的区别。如前文所述，万济国指出学习汉语的三个要点：词汇、音调和词序。他还在书末专门附录汉语的数词、量词和常见小词等。这些都是汉语与西方语言不同的地方。至于马若瑟，他对拉丁语法的模仿在本文所列所有西洋汉语语法研究者中可谓是程度最低的。他的语法基于例子而不是严谨的规则体系。他对汉语虚词特别重视，把常用词和虚词作为汉语学习的突破口。他反复强调要通过阅读汉文经典原著以把握汉语的“精神”。当然马若瑟的缺陷也很明显，毕竟语法作品更多的应该是建立起成体系的语言规律，而不仅仅是罗列例子。对于学习者来说，清楚明了的语法体系更有助于他们快速掌握一门语言。

马若瑟苦学汉语多年，从抄写四书五经等汉文典籍入手，作了大量笔记。从这些阅读中他掌握了汉语的特性和“精神”，并以此为基础写成了这部著作。他反对套用拉丁语法的概念来分析汉语。在口语语法部分的最后，马若瑟说，“实际上，把我们的语法学家的术语用于汉语是愚蠢的。更好的办法是把这些语法搁在一边，以一种活泼快速的方式，引导初学者一步步通过精选的例子（学习汉语）”（见 Lundbaek，1991：76）。在谈到书面语中的小词的时候，马若瑟再次说，“我当然知道，编语法的人通常把小词分成系词、连词、指小词、论辨词等类别，但是在这里沿用他们的分类是没有价值的。我绝不会把我们的语言规则用在汉语上面。相反，我希望传教士们能摆除本族语对他们思想的影响，给赤裸的思想穿上汉语的外衣”（见 Lundbaek，1991：81）。马若瑟虽然仍旧使用了西方语法的部分术语，但是我们可以看到，他并非是机械套用这些术语或者框架，而是认为汉语中也存在这样一些概念或者现象，是为了向学习者解释清楚汉语的这些现象。

《汉语札记》共举了12000多个例子，而相比之下，所总结的规则却少得可怜。马若瑟重点介绍了汉语的虚词以及惯用法，在这些方面他举了很多例子。在他看来，汉语没有拉丁语一样繁杂的语法体系，没有必要归纳太多的规则。要掌握汉语的精神，必须通过例子来掌握这些虚词用法以及惯用表达。他甚至把这些称作汉语的特殊天性（special genius）。马若瑟的本意不在于建立一套完善的汉语语法体系，他提取的这些具有代表性的例子，都是为了汉语教学服务，是为了来华的传教士能迅速掌握汉语特点。在他看来，这是一种最为有效的途径。

《汉语札记》立足于汉语本身的特性，“是一部最先将中国语言的性质与其构造正确地传之于欧洲人的专书”（石田干之助，1941：109）。正是通过《汉语札记》的介绍，汉语中“实词”、“虚词”的术语才进入了普通语言学（Robins，1967：122）。这部书还被看作是“第一部完整的汉语教材”（李真，2005）。

正是通过早期天主教传教士及他们的接力者，汉语的语法特性方为西洋语言学家了解，汉语成为普通语言学的研究对象，并由此促进了普通语言学的发展。这是天主教传教士汉语语法研究者的另外一个贡献。到17世纪早期，根据耶稣会学者的调查，人们就汉语语言的主要特征已经取得了很强的共识，这一共识一直保持至今（Schreyer，1992）。

二、欧洲本土汉学家的汉语语法研究

通过来华传教士的介绍，欧洲本土学者们开始了解中国，并因此逐渐产生了专事中国历史、文化、语言等诸方面研究的汉学家群体。这些汉学家基本上没有来过中国，他们只是凭借早期传教士的著作、流落到欧洲的华人的讲授以及汉文典籍来获得对中国的认知。因此，他们的汉语语法更多关注书面语言。他们中的代表人物有巴耶尔、傅尔蒙、雷慕莎、巴赞、儒莲、甲柏连孜等。虽然他们不是传教士，但是他们对汉语的研究很大程度上依赖于传教士的工作，他们多数和来华传教士保持着密切联系，可以认为他们的汉语语法和传教士汉语语法之间存在着一定的谱系关系，所以本书在此处专门列出一节介绍欧洲本土汉学家的汉语语法研究，以显示传教士汉语语法研究对欧洲语言学的影响。

1. 从巴耶尔到傅尔蒙

巴耶尔（T. S. Bayer，1694—1738），德国汉学家。巴耶尔说，他自己虽然没能真正弄懂汉语，但有幸搜集了大量的资料。把这些资料整理出来，让人们从中宏观地了解中国及中国的语言和文化，这是他义不容辞的责任。于是，1730年，巴耶尔在俄国圣彼得堡出版了两卷本的拉丁文汉学巨著《中国杂纂》。这部书分别讲述了汉学的历史和现状、汉字的起源和书体、字典、语法、汉语方言（闽南漳州话），并附录了孔子生平、《大学》、中国度量衡单位等内容①。书中属于巴耶尔原创的内容不多，更大程度上是对前人研究成果的一个资料汇编。他的语法部分基本上参照了特拉克斯的《语法术》的体系：先是对汉语语音的介绍，接着是词类——名词、形容词及其词尾变化、代词、动词及其变位、副词、介词等，并配有大量词语和短语例子。最后一部分被冠名为“中国文学”，分别讲述了汉字书写的工具——笔墨纸砚、汉字书写的两种字体——正字和草字；汉字的论辩之术及诗歌。在提及此书时，Summers

① 巴耶尔原作为拉丁文，本书参考了Lundbaek（1986）的节译和转述。

说："他（巴耶尔）显然并不适合做这项工作。他的作品是对耶稣会士作品的汇总，并且他对这些作品的评价方式也很难令人满意。"（Summers，1863：v-vi）雷慕莎在其语法前言中这样评价巴耶尔的书："这部语法的大部分都是琐碎的对写作、词典和诗歌的介绍，差不多有50页的内容呈现的只是关于汉语语法机制的最平常的观念，而且也没有例子，印刷的模版也极为糟糕，只有专门研究者才可以辨认。"（Rémusat，1822：xi）Lundbaek（1986）对巴耶尔做了一个非常详尽的专题研究，有兴趣的读者可以从那里得到关于巴耶尔的详尽信息。

傅尔蒙（Etienne Fourmont），1683—1745，法国东方学家，曾任巴黎皇家学院阿拉伯语教授、法国语言文学科学院成员。在十八世纪的欧洲汉学圈中，傅尔蒙是一个极负盛名同时又极富争议的人物。他于1737年出版了一部主要讲述汉字学习的著作，即《中文沉思录》（*Meditationes Sinicae*）。在1842年，又推出了专门的汉语语法——《汉语文典》。这部著作共分五卷。卷一包括对中文的整体介绍、汉字读音、元音、辅音、音调等。卷二介绍了汉语的名词和形容词，及其语法形态，包括性、数、比较级等。卷三介绍动词，包括其时、体的变化。卷四是三篇小词用法的长文章。卷五简要叙述了一些句法规则，并叙述了汉语的时间表达，如年、月、日、甲子，以及数字表达等的方法。总体来说，傅尔蒙的这部语法过多依赖拉丁语法的体系，且由于作者本人从未到过中国，也缺乏足够的汉语口语训练，所以其语法中出现了很多生搬硬套、随意推测的错讹。此外，他的这部作品还受到雷慕莎等人的指责，说是抄袭了万济国的《华语官话语法》。马士曼对傅尔蒙的语法也提出了批评，他说傅尔蒙和巴耶尔两人语法中的例子都是自己生造出来的，而不是从经典汉文作品中选取，这"大大伤害了他们的作品"，因为"一种语言的真实结构应该从最好的作家的作品中去寻找，而不是从口语中发现"，过多依赖口语和自拟例子的语法往往误导学习者（Marshman，1814：460）。

Summers这样评论傅尔蒙："他很不胜任（编写汉语语法）的工作，但是在他那个时代，他却能够让他的同胞相信他那些不正确的、荒谬的观点，而他的书中那些少得可怜的好的、真实的信息，也是来自别人的著作。"（Summers，1863：vi）关于傅尔蒙的这些经历，Leung（2002）基于其博士论文的专题研究细致而又深入，本书兹不赘述。

总体而言，巴耶尔和傅尔蒙可以看作欧洲本土早期汉学家的代表人物。他们都对中国保持着浓厚兴趣，但从未到过中国，也没有真正熟练掌握汉语。他们对中国、中国语言乃至中国文化的了解更多都是来自二手的资料，而不是他们亲身体验得来。他们更多时候是资料汇编者，而不是田野工作者。而且作为他们的资料来源的传教士对于汉语的认知也处在比较初级的阶段，所以转述之后的效果更要打个折扣。因此，他们的作品总是不断受到人们质疑，说他们抄袭了别人的作品。作为二手资料汇编者，他们的这种尴尬似乎不可避免。而具体到他们的语法，我们认为这些作品既过于简单，没有他们自己的发现，同时又因为作者本身汉语水平的关系，错讹难以避免，所以从语言学视角看，其研究价值有限。

2. 雷慕莎的《汉文启蒙》

雷慕莎（Jean Pierre Abel Rémusat，1788—1832），法国汉学家，法兰西学院汉学讲座第一任教授。雷慕莎从未到过中国，他是在欧洲本土靠研读汉文作品和其他汉学家的著述掌握汉语的。1813 年，他以研究中国医药的论文获巴黎大学博士学位。1814 年被任命为法兰西学院（Collège de France）“汉文与鞑靼文、满文语言文学讲座”教授，还在皇家图书馆负责汉文书籍的编目。

《汉文启蒙》的全称是《汉语语法的一般原则，或者古文，以及官话，即中华帝国境内通用语言的一般原则》（*Eléments de la grammaire chinoise, ou principes généraux du Kou-wen, ou style antique, et du Kouan-hoa, c'est-à- dire de la langue commune généralement usitée dans l'Empire chinois*），1822 年在巴黎出版。全书共计 237 页，前言部分 32 页，导论及正文 215 页。

全书开头是一个 32 页长的前言，综述了欧洲 17—19 世纪初叶对汉语语言文学，特别是汉语言的研究成果。正文的导论部分，先介绍了汉语的文字载体：汉字六书、各种书法字体、214 个汉字部首。接下来介绍的是汉语的口头载体，主要介绍了汉语的发音知识，包括汉语的声调、450 个主要发音附表等内容。导论部分共计 34 页。

语法部分，雷慕莎首先指出，汉语的词语没有类似西文一样的屈折形态变化；句子中词语之间的相互关系全凭位置决定；词语可以分成实字、虚字 /助词，前者有实在的意义，比如名词和动词，而后者只是对实字的修饰或者表明实字与实字的关系；一个词语可以兼具多种词性，完全取决于语境和位置。应该看到，雷慕莎的这些陈述实际上并非他自己的发现，而只是对之前的入华传教士研究的转述而已。

和马若瑟一样，雷慕莎在他的语法书中区分了汉语口语和书面语两种语体，并对两种语体的语法分别进行描写。和马若瑟一样，他在书中列举了大量实例。和马若瑟不一样的是，雷慕莎的语法书有比较完整的体系——按照八大词类（外加小词）分别进行描写，有更多清楚明确的规则。他把汉语词类划成名词、形容词、代词、动词、副词、介词、连词、叹词八类，并和马若瑟一样单独描写汉语小词的用法。除了词类描写以外，雷慕莎的语法没有专门的句法部分。这种结构显示他的语言学思想并未和当时欧洲的语言学家完全接轨，他更多的是借鉴了传统拉丁语法的知识。

书面语语法部分，雷慕莎使用的例子都来自《论语》《中庸》等汉文典籍作品。他一共总结了 212 条语法规律，准确地说，是词语的使用规律。口语部分，他总结了 130 条规则，所有规则都很简短，一两句话，配上简单的几个词或者短语例子，很少出现较长的完整句子。对于汉语句子的构造规律，书中没有提及。所以总体看起来，这部书更像是一部读书笔记汇编，虽然与马若瑟的语法比起来更有体系，有更多规则，但是例子少了很多，对汉语语言构造规律的揭示并未有更多深入，看起来更像是一部语法和词典的结合之作。

雷慕莎的《汉文启蒙》在西方语言学界有很大影响，是西方语言学家了解汉语和汉字的一个主要途径。雷慕莎的汉语研究对西方语言学家的影响最集中地体现在洪堡特身上。洪堡特早期读过很少几部关于汉语和汉字的书，并在 1822 年的一次演讲中论及汉语。雷慕莎注意到洪堡特的论述，并于 1824 年提出了批评。为回应雷慕莎的批评，洪堡特认真阅读了《汉文启蒙》并在 1826 年以长篇书信的形式回答了雷慕莎的批评。从这封信（见姚小平，2001：122-177）中我们可以看出，洪堡特的语言思想很大程度上受到了《汉文启蒙》所描写的汉语语法现象的影响。他自己声称："您（雷慕莎）的语法书和您出版的《中庸》为我的研究提供了极大的便利和动力。我仔仔细细地将这两部书里载有的汉语文句与您的译文做了比较，想通过这样做来了解汉语的特性。"洪堡特在很大程度上是通过雷慕莎的语法研究和翻译来认识汉语，并对汉语的特性进行总结的，这种认知对他的语言类型划分起到了帮助作用（详见洪堡特，2001）。

Summers 对雷慕莎的语法也给予了高度评价，他说："雷慕莎的语法非常清楚和科学。作者阅读了马若瑟给出的有价值的例子，并且仔细地参阅了例子的原文出处。雷慕莎分析了这些例子，并在科学原则的基础之上写出了这部语法，这些原则照顾到了汉语的精神和特性。"（Summers，1863：vi-vii）

3. **巴赞的《官话语法》**

巴赞（Antoine Pierre Louis Bazin，1799—1862），法国汉学家。他是雷慕莎和儒莲的学生，曾担任过皇家图书馆教授、法国东方语言学院首任教授、亚洲学会副秘书长等职位。巴赞著作的主题都围绕着语言研究和口语教学，他还翻译了四部元代戏剧：《㑇梅香》《合汗衫》《货郎担》和《窦娥冤》。他的其他主要著作还包括《突厥历史研究》、《官话语法》、元代中国文学概论《元朝一世纪》等。

巴赞的这部语法书篇幅较小，除一个 30 页的前言外，语法本体部分只有 122 页，共包括前言、词类划分和句法三个主要部分。前言部分详细介绍了汉语的发音、官话与方言、汉字、书面语体的主要特征等内容，其中绝大部分内容是对中国本土学者和西洋其他汉学家论述的总结。词类坚持了传统的八分法。句法描写部分较为详细，但是和马士曼一样，也是基于词类的句法。其小标题为名词句法、动词句法、形容词句法、代词句法等。最后还有两个小节讲汉语语体。

巴赞的这部《官话语法》自身篇幅不大，与同时期其他汉语语法相比没有突出的特点，因而影响力也较小。我们只是在艾约瑟的官话语法的前言部分见到对此书的提及，说从本书得到有益信息。Summers 在综述时也只是一笔带过地说："巴赞的语法是一部很好的作品，尽管由于作者没有在中国学习的经历，因而有一些缺陷。"（Summers，1863：ix）

4. **儒莲的《汉文指南》**

儒莲（Stanislas Aignan Julien，1797—1873），法国籍犹太汉学家、法兰西学院院士，雷慕莎的得意门生。他翻译了《孟子》《三字经》《赵氏孤儿记》《西厢记》《天工开物》等多部中国典籍，并著有语法作品《汉文指南》。1832 年儒莲出任法兰西学院教授。他精通梵文，对佛学有深厚研究，对中国造纸术、印刷术也有研究，他是最早将毕昇发明活字印刷术的史实介绍到欧洲的人。

在法兰西学院的教学中，儒莲放弃了用系统的方法来讲授汉语语法的做法，而更喜欢诠释文献，来归纳汉语语法结构准则。和雷慕莎一样，儒莲也没有中国生活的经历，因而他的语法主要讨论汉语书面语。《汉文指南》分上、下两卷。在第一卷的介绍部分，他很明智地回避了汉语的声调、方言等他不熟悉的内容。在一个简单的整体介绍之后，就直接进入了对词类、句法等的讨论。他的语法法文名称是 *Syntaxe nouvelle de la langue chinoise，fondée sur la position des mots*，照字面翻译过来是“基于词语位置的汉语句法”，可见他对汉语语法的理解，即汉语语法是基于词语位序的规则体系。但实际上，他的语法部分实际上只介绍了汉语的名词和动词，然后就是一些常用虚词的用法和例子。他采用了以大量来自汉文经典的例子来说明汉语语法结构准则的方法。如仅“以”一字，他就列举了 34 个不同用法和意义，且每一个用法或意义都有例证。对于汉语例子，他采用了逐字翻译的方法。这种编排，对于西方的汉语学习者来说，是一个很大的便利。

《汉文指南》的下卷侧重对汉语语法的实践练习。儒莲以《玉娇梨》和《中国孤儿》为学习材料，以逐字翻译的方式，让学习者在对比的基础上了解汉语语法的特征。儒莲还把这两部汉语经典文学作品中的常用词语汇编起来，方便学习者学习记忆。

儒莲是一个学术兴趣广泛的汉学家，从他的著作所涉及的题材我们就可以看出他在汉学上的造诣。和其他西方汉语语法研究者不一样的是，他没有机械地参照西方语法的体系，也无意建立一个完整的汉语语法系统。他的这部语法著作完全基于他的教学实践，是他根据教学经验编写出来的具有教材性质的作品，并特别强调句法和小词，以及通过对比阅读进行实践的重要性，因而《汉文指南》在很多年里都是汉语语法的标准教材。

5. 甲柏连孜的《汉文经纬》

甲柏连孜（Hans Georg von der Gabelentz，1840—1893），德国语言学家、汉学家。他于 1878—1889 年在德国莱比锡大学任普通语言学教授，兼授东方语言；1889 年前往柏林大学就任新设的普通语言学和东亚语言教授职位（见姚小平，1999）。除了《汉文经纬》这一“至今依然被视为古汉语语法最全面可靠的描述”[①] 之作外，甲柏连孜还著有《比较句法观》（1869）、《汉语语法基础》（1883）、《语言学的任务、方法及迄今成果》（1891）、《论汉语语法史和汉语语言学》（1893）等作品。2015 年，外语教育与研究出版社出版了由姚小平翻译的《汉文经纬》中译本。

《汉文经纬》是一部以古代汉语书面语为描写对象的作品。全书共三卷，549 页。第一卷“导论”，介绍了汉民族的起源、汉语的历史和地理分布、汉语汉字的一般特点等等。第二卷“分析系统”，旨在详尽剖析语法现象，解释现象之间的内在联系，澄清各种语法意义。第三卷“综合系统”，讨论语言如何运用各种语法手段构词造句，以达到表达思想的目的。书中引用的古汉语例句均为原文，附有注音和德文意译，并且都注明了出处（见姚小平，1999）。

甲柏连孜不是传教士，也没有到过中国，会不会讲汉语我们也无从得知，但是他显然钻研了大量汉语的书面语著作，以及当时欧洲能看到的汉语语法作品。他在书中提及的语法著作有儒莲的《汉文指南》、威妥玛的《语言自迩集》、雷慕莎的《汉文启蒙》、艾约瑟的《上海方言口语语法》、洪堡特的《致阿贝尔·雷慕莎的信：论汉语形式的通性以及汉语的特性》、Stephan Endlicher 的《汉语基础知识》、江沙维（J. A. Goncalves）的《汉字文法》、卫三畏的《汉英韵府》等我们熟悉的作品。同时，他还引用了大量汉文典籍作品中的例子，以及理雅各等人的英文翻译。传教士对汉语的研究显然构成了他研究的重要基础。

甲柏连孜不仅是一位汉学家，而且也是一位出色的普通语言学家（Elffers，2008：191-200）。他不仅研究了汉语，而且对中国语言学史也做过一番思考。作为普通语言学家，他对汉语语法的观察视角和研究深度也与其他研究者有别。尽管汉语语法学界对他的了解不多，但是在西方，他的《汉文经纬》却享有盛誉。除前文提及的马悦然（2001）的高度评价外，Harbsmeier 也做出了几乎一样的评价：“（《汉文经纬》）直到今天依然被看做对古典汉语的最好的整体语法研究。”（Harbsmeier，1995：333）在中国语言学界，王力（1981：177）与何九盈（1995b：78）曾一笔带过地介绍此书。周法高对此书有较高评价，称其“到现在

① 汉学家马悦然 2001 年 11 月在耶鲁大学第 42 届爱德华·休谟纪念研讨会上报告里的评价，原文为英文，中文译文发表在 2002 年第 2 期《书城》上。

仍然是中国古代语法的名著”，“他对中国语法的研究，在语法理论上曾经影响了二十世纪的大语言学家叶斯卜森”（周法高，1980：15）。

6. **中国语言与文化的整体研究**

相较于传教士汉语语法，欧洲本土的汉学家们更重视对汉语书面语语法的研究。我们看到，雷慕莎、儒莲、甲柏连孜等人都把书面语作为主要研究对象。这一方面是因为他们没有到过中国，对汉语口语不熟悉，另一方面也和他们研究汉语的目的有关。这些汉学家中的大多数并不以研究汉语语言为终极目的，他们是要借由对汉语言的研究达到对汉语典籍作品的正确理解，并最终达成对中国历史文化诸方面的理解和研究。他们中的一些人，如雷慕莎和儒莲的汉语语法，和同样来自法国的马若瑟的汉语语法一样，差不多可以看作是读书笔记汇编。他们根据研习汉语书籍的经验和体会，结合汉语教学的需要，把自己对汉语语法的理解整理成详细的体系。马若瑟、雷慕莎、儒莲的书都是这样：有非常详细的例子，特别重视常用表达和虚词，却没有太多明确的规则，他们无意建立起像拉丁语法那样完整的语法体系，也不对西洋语法体系亦步亦趋。他们更重视汉文典籍作品的阅读对汉语语法学习的促进作用。在他们看来，要达成对汉语语法的正确理解，需要大量阅读汉语典籍作品才行。这种思路大概和他们的研究路向是密不可分的：中国语言研究是中国历史文化研究中不可分割的部分。因此他们的汉语语法更多强调个人领悟，却很少对语法体系和理论做深入思考。

相较雷慕莎等来自法国的汉学家而言，甲柏连孜大概是较为少见的只专注于语言研究的汉学家了。他的语言学家背景和对汉语语法的专注使得他能够从理论体系上作出更多突破，也使得他的作品获得了比其他汉学家更多的影响力。

三、新教传教士的汉语语法研究

19 世纪的中西交流中，英美两国发挥了最大的影响力。同样，来自这两国，特别是英国的传教士的中国研究也最为引人注目。他们多数长期生活于中国，对中国语言及文化有深入了解，又保持着与西方知识界的联系，因此在汉语语法研究方面较之前人更为深入。他们中的代表人物有马士曼、马礼逊、艾约瑟、文璧等人。

1. 马士曼的《中国言法》

马士曼（Joshua Marshman，1768—1837），英国浸信会传教士，东方学家。1799年被浸信会派往印度的赛兰坡（Serampore）传教。在赛兰坡，除了传教以外，他还学习了孟加拉语、梵语和汉语。他于1810年获得美国布朗大学（Brown University）颁发的神学博士学位（D. D. degree），1837年在赛兰坡逝世。马士曼的中文圣经译本是第一部完整的《圣经》中文译本（谭树林，2000）。1811年他出版了孔子作品的英文全译本。1814年，他出版了自己的汉语语法，即《中国言法》（*Clavis Sinica* 或者 *Elements of Chinese Grammar*）。他还和W. Carey①一起筹备了一部梵语语法以及一本孟加拉语一英语词典的编纂工作。

从《中国言法》中，我们可以发现，马士曼有着深厚的语言学功底。他熟悉希腊语、希伯来语、拉丁语、梵语、孟加拉语、汉语，同时对东南亚的越南语、老挝语、缅甸语等语言也有所了解。他与当时的东方学家和语言学家显然有着密切的往来，而且参阅了大量专业语言学家的著作。在这部书中，马士曼特别注重比较法，他不断比较汉语和希伯来语、希腊语、拉丁语、梵语、英语乃至其他东南亚语言的语法特点，以期发现这些语言之间是否存在历史渊源。他还比较了汉语、梵语与印度支那诸语言的特征，认为越南语、缅甸语等语言都是源自汉语，同时，在发展过程中受到了梵语的影响。他还特别重视历史的研究法，除了考证汉语口语、汉字的起源外，他还讨论了汉语语音的历史变迁，汉语和梵语对东南亚诸语言的历史影响等。他还提出可以通过与汉语有亲缘关系的东南亚语言的语音来重构汉语的历史形态。马士曼还认为语法是具有普遍性的。他认为，每一门语言都必定包含一些普遍的语法范畴。名词、动词、介词、连接词等，就像那些表达思想情绪的词一样，必然存在于每一语言当中，故而语法原则一定存在于每一语言当中。这为他用西方语法的框架来描述汉语语法提供了理论合法性。此外，马士曼还表现出了对书面语的重视和对口语的不信任。他认为，语法研究必须基于书面语，而不是口语。他的一个基本原则是只信任“最好的”中国作家和典

① William Carey（1761—1834），英国新教传教士，被称作“现代宣教之父（father of modern missions）”。他是浸信会宣教差会（Baptist Missionary Society）的创始人之一。在赛兰坡传教期间，他把《圣经》翻译成了多种东南亚语言。

籍作品的语言，而不是民间口语或者基于作者本人语感的创造。所以书中除极少数地方引用了口语例子以外，其他例子均来自汉文典籍，尤以《论语》《孟子》为多。在书中，他多次提到以书面语为主的原则。

在前言中，马士曼说，他花了8年时间写成此书，写成3年后才得以出版。该书正文566页，另有16页的前言、56页的附录。前言交代了作者对汉语的整体认识、内容介绍、写作过程等；其后是一篇对汉语进行整体介绍的论文，长达178页，分为两大部分，第一部分介绍汉字，第二部分介绍口语。语法部分，马士曼先讲词类，共分名词、形容词、代词、动词、小词、介词、连词、叹词八类。其后是句法、诗歌韵律、方言介绍和结论。附录是《大学》的一个英文全译本。

对汉语的介绍论文分为汉字和口语两部分。在这一部分马士曼详细地阐述了他对汉字、汉语发音的认识，并不厌其烦地详细比较了汉语、希伯来语、希腊语、梵语的语音系统，逐一列出汉语与其他三者的辅音、元音乃至鼻音的对照表，以期发现汉语是否与这三者有亲缘关系。马士曼还谈到了汉语和梵语对东南亚诸国语言的影响。

马士曼的句法讨论实际上非常简单，规则少且基本都是一些“词法”，而非真正意义上的句子构造规律。该部分差不多一半的篇幅中，他介绍的是汉语合成词的构造、83个汉语量词、表示身份和职业的词的构成、同一汉字重复构词法、同义词并置构词法、意义不同的字并置构词法等。这些内容，与其说是句法，不如说是构词法。但是对于句子构造的一般原理、复句的组成以及古汉语语法中更为重要的虚词用法等，马士曼却只字未提。

马士曼的《中国言法》，除了继承前人对拉丁语法的模仿思路以外，描写更为深入和精细，语法体系也更为完整。最为重要的是，他吸收了西方语言学的最新进展，并将其体现在自己的著作中。他吸收了普遍唯理语法的观点，并在介绍汉语的论文中体现了历史比较语言学的视角和方法。比如通过与梵语、日语及印度支那诸语言的比较以重构汉语语音的历史形态并了解其历史变迁，比如对语言符号任意性的探索，对语言共性的思考，这些都是前人之所未发。他极力想证明汉语与其他古典语言的亲缘关系，但最终没有拿出有说服力的证据。Watters在提到这点时说：“马士曼谨慎清醒的态度弥补了他在（汉语）学识上的缺陷，但他依然无法令人信服地证明汉语和不管是希伯来语还是梵语之间的原初联

系。”（Watters，1889：9）

同样遗憾的是，在他的语法本体部分，马士曼没有把这些最新的语言学思想贯穿进去，他基本上只是沿袭了传统拉丁语法的框架。同时，由于他从来没有到过中国，所以对汉语的理解还是有许多偏差，特别在一些具体的例句分析上，这是他的语法硬伤。对他提出较为积极评价的是 Summers，后者说：“马士曼的梵语及其他古典语言知识，以及他通过中国老师传授而掌握的实用汉语知识，使得他对汉语的精神和结构达成了正确的认识。他的《中国言法》仍然值得勤奋的学生仔细去研究，尽管整体而言，这部书已经落后于当下的需求了。”（Summers，1863：vi）

2. 马礼逊的《通用汉言之法》

《通用汉言之法》（*A Grammar of the Chinese Language*）是马礼逊关于中国语言学的第一部著作，书成于1811年，但直到1815年才在赛兰坡由 The Mission Press 出版。全书共280页，未分大章节，但是可以概括为7个部分。第一部分是对汉语言特性的简单评价，仅占一页；第二部分为汉语语音介绍，2-24页，分5个小节；第三部分是汉字、部首及字典、标点介绍，25-36页，分4小节；第四部分是汉语词类，37-258页，共分名词（在该部分还谈及数量词，小词“者”，名词的数、格、性）、形容词（其中谈到形容词原级、比较级、最高级）、数词、代词（分人称、所有、疑问、指示、关系、分布、不定代词几类进行介绍）、动词、副词、介词、连词、叹词九类；第五部分是关于各省方言的，259-267页；第六部分讲句法，268-272页；最后一部分则谈及汉语诗歌韵律。从结构上看，马礼逊的这本语法几乎完全沿用了西方传统语法的模式，而且其出发点也是从西方的语法概念开始，来寻找汉语中对应西方语法的现象，而不是从汉语的语言现象着手进行分析然后归纳出汉语的语法规律。书中所用的例子主要是当时的口头语，而非文言或者书面语，但很多例子并非真实的日常语言，而是为了迎合西方语法概念而生硬地造出来的不合汉语习惯的表达。

在序言中，马礼逊说他撰写此书的目的是“给学习中文的学生提供切合实际的帮助”。由于用英文著述以帮助学生学习中文的著作几乎没有，所以他“希望这本语法将在某种程度上弥补这一缺陷”。“一切关于语言性质的纯理论性的专题讨论都特意省去”，只重点阐明语言的实际应用。他“强烈建议学生注意汉语语法；并且在直到他能无须指导的情况下就写出其中的每一个字之前，都不要认为他懂得了任何短语（原文为phrase，应指词语和短语结构）”。

在语音部分，马礼逊先介绍了中国人描述汉字发音的方法；接着介绍了欧洲人的汉字记音法；其下是一个汉语发音表，在每一个汉字后面标注英语拼法发音、葡语拼法发音和粤语发音三种对应形式；然后马礼逊介绍了汉语的声调，并附了一个声调练习表。其后的第三部分介绍了汉字书写、部首及部首表、汉语字典和字典检索方法以及汉语的标点。

在名词部分，马礼逊花了20页的篇幅来详细列举汉语中的量词及搭配。马礼逊指出，汉语名词没有词尾变化，因而严格来说不存在性、数、格的变化，但是他还是详细地介绍了这些西方语法概念在汉语中的对应表达形式。

在形容词部分，马礼逊主要介绍了汉语形容词的原级、比较级和最高级的构成。比较级一般由“更、过、不如、一、比、又、还、再、比不得、越、越发、尤”等小词构成。他还提到，英语中的“rather than”在汉语中用“宁可、不可、不敢”来表示。此外，形容词的重复也可以构成比较，如：那一山比这个是高高的。形容词的最高级则由绝、最、第一、顶上、十分等小词构成。

在数词部分，马礼逊首先介绍了汉语中基数词的三种记法，并附了一个从一到兆的三种数字记法表。接着他介绍了序数词的表达法，里面提到了原本的数目字、大写的数目字和花码的（苏州码）数目字三种形式。

在介绍代词的时候，马礼逊依然沿袭了西方传统语法结构，以人称代词、物主代词、疑问代词、指示代词、关系代词、个体代词(distributive)、不定代词来划分汉语的代词。

动词部分，马礼逊完全按照时、体、态三个维度来进行描写。他共区分了陈述、祈使、可能、虚拟、不定式几种体；区分了现在时、未完过去时、现在完成时、过去完成时、将来时、第二将来时（将来完成时）几种时态和主动、被动两种语态。为说明汉语动词的这三个维度，马礼逊引用了“有、是、劝”等几个动词来生搬硬套地对应英语中的对应词的时、体、态。他采用的方式是先列举英语中与有、是等对应的“have，be”等的各种时、体、态表达范例，然后列举对应的汉语翻译形式。因为牵强附会于西方语法的时、体、态概念体系，同时又从英语出发，而不是从汉语出发，所以他的汉语例句只能生造，而且许多生造出来的句子完全不合汉语的习惯，有削足适履之感，或者只能算作是英文语法的翻译了。对于欲快速学会汉语口头语言的学生来说，或许这样的语法书能帮助他们的学习，但是对于纯粹的汉语研究来说，这样的思路却没有什么太大的价值可言。比如，下面这样一些例句：我那时前经有过；那时候前他不是曾经有过三板浆一枝么？他明天将有么？我将有过了；我欲你们即有；我先七个月可以有买房屋几间；你上年可能有买田十亩；我爱有；……这些例句都是马礼逊为了说明英语中相应的语法概念而生造的，不符合汉语习惯的表达，而在他长达 50 余页的语法篇幅中，这样的例子比比皆是。

副词部分，马礼逊依然按照西方语法的分类，分数量、顺序、地点、时间、质、量、不确定、肯定、否定、疑问、比较共十一类来描写。介词部分，则是先列英文介词，再列对应汉语表达方式。连词部分也沿袭同样的做法。叹词分为表哀伤、惊奇、钦佩三类描写。

第五部分名为各省方言，其实大部分都在讨论广东方言，主要是广州话，特别是广州话与官话的区别。这大约与马礼逊大部分时间在广东生活，且多数学习中文的传教士们都是首先到达广东，其活动领域也主要在广东有关。

句法部分，马礼逊说，尽管我们使用这些术语，但是汉语的形容词并不区分性、数、格，所以总是和名词保持一致；汉语的动词在每一人称和单复数中也总是一样，所以和主格名词也总是一致；汉语的名词形式也不会因动词而改变，所以也不存在一致（concord）和支配（government）的问题，而后两者正是构成一种语言的句法的最重要部分。在马礼逊看来，汉语的句法就是对词语顺序的归纳。他列出了九条规则：（1）所有格名词后面要跟主格名词[①]（原文表述不清，疑为此），如这个人之儿子、两广总督大人等；（2）在官职后要跟居其位的官员的姓名，如顺德县周祚熙、香山县彭等；（3）动作时间先于表示该动作的动词，如他明天将来；（4）时间表达顺序是年一月一日，如嘉庆十六年二月初一日禀；（5）形容词通常至于名词前，如高山、好人，有时候形

① 原文是 A noun in the nominative case follows that connected with it in the possessive.

容词既可以前置也可以后置，如地方好大——好大地方；（6）形容词受到强调时置于名词后，由副词伴随时也后置，如事情大、这个系一端事敝得很[①]；（7）有时候形容词和名词会被动词分隔开，如大有关系[②]；（8）“无”用于句首时，被理解为适用于后面的每一个成分，除非表达中有转折，如无处不闻一方不见者矣[③]、无义之不详一音之不备矣；（9）双重否定构成强肯定，如其船无不被坏了、你无不知。实际上，这些规则并非都是关于顺序的，也很不完整。

在最后一部分，马礼逊介绍了汉语的诗歌韵律。他介绍了汉语中诗、词、赋、歌、曲等的格律，并附了三首律诗及其英译。

整体而言，马礼逊的这部汉语语法写得过于仓促和粗糙，并且由于它立足于英语语法，看起来像是一部英语语法的汉译本，全书充满了作者在汉语水平尚未成熟的情况下生拟的迎合英语语法现象的口语例子，所以这部语法受到了后来研究者的批评，如 Summers 说“马礼逊的语法包含了一些有价值的材料，但是因其匆忙付印，而且马礼逊开始汉语研究很短时间之后就推出了这一作品，所以学习者不用对这部语法抱有太大期望”（Summers，1863：vi）。Davis 也说：“马礼逊的语法写得太过匆忙，书里的短语更像是英语，而不是汉语的结构，后来很快就被雷慕莎的语法远远超越。”（Davis，1865：52）我们认为这样的评价对《通用汉言之法》是不为过的。但是由于马礼逊的名气和特殊地位，他的语法书还是流传广泛，受到了较多关注。

3. 艾约瑟的《上海方言口语语法》和《汉语官话口语语法》

艾约瑟的汉语研究非常深入，除了完成大量专著外，还在当时中国国内发行的英文报刊上发表了大量文章介绍汉语语音、方言、语法、文学等诸方面。他的诸多语言研究，都极力试图证明汉语和世界其他语言有共同的源头，汉民族是在巴别塔之前自西东来的民族。

《上海方言口语语法》初版由伦敦布道团于 1853 年出版，共 248 页。上海长老会于 1868 年再版，共 225 页。现在能看到的版本多是 1868 年

① This is an affair extremely base.

② 马礼逊这里的理解也有偏差，“大有关系”中的“大”显然用作程度副词，而非关系的形容词。

③ There is no place where it is heard，no quarter in which it is seen.

版。2011 年，外语教育与研究出版社出版了由钱乃荣和田佳佳翻译的该书的中译本。

艾约瑟的上海话语法对上海话的语音作出了很好的分析描写，这对于研究汉语方言的人来说是极为珍贵的历史资料。他的这一著作因而也引起了国内方言研究者的特别重视。同时，艾约瑟在句法部分投入了比前人更多的注意力，对短语的结构、单句与复句都进行了分析，这使得他的语法与前人相比明显高人一筹。由于他的这部方言语法和后来的官话语法在结构上比较接近，同时本书描写的其他语法都是以官话为描写对象的，所以我们在后面的讨论中将主要关注他的官话语法。

2015 年，外语教学与研究出版社出版了由董方峰和杨洋翻译的艾约瑟的《汉语官话口语语法》中译本。艾约瑟的官话语法分语音、词类和句法三部分，描写详细深入，体系完整，而且句法部分远胜前人，是 19 世纪一部高水平的汉语语法著作。语音部分详细介绍了汉语的声韵母、声调、方言差别、标音体系等。在介绍汉语词类时，艾约瑟采用了八分法，名词区分性、数、格，动词区分时、体、态；形容词分比较级和最高级等，但是他详细介绍了汉语口语中各类多音节词合成的规律，并且不拘泥于拉丁语法的体系，更多是从汉语本身特点入手。拉丁语法的术语更多是被视作一种普遍语法分析的工具。句法部分描写了汉语句子的顺序原则，如形容词先于所修饰名词，及物动词先于宾语，副词先于所修饰的动词和形容词等，他把这些规则称之为“支配”（government）原则。他还提到位置对于词性的影响以及短语的内部关系和外部关系、主从句及并列句的构成、省略与重复、对比等规则。这是我们所见的文献里第一次如此详细地对汉语句法进行的描写。艾约瑟对中国的小学研究传统和现状显然也很熟悉，在他的书中不断引用中国小学家们的论述，并且书最后的附录中还有一个中国近期语文学成果列表。

艾约瑟在 19 世纪西洋汉语研究圈中享有很高的声誉，他的大量专著以及在报刊上发表的大量文章给他带来了这等名气。卫三畏在编写他的大部头汉英词典《汉英韵府》（1874）时，也特别请艾约瑟给其写了介绍汉语语音的长篇文章，放在词典的介绍部分。他利用历史比较的方法对汉语与印欧语、闪族语的比较分析和对中西语言同源的假设让他在欧洲本土语言学圈中也享有盛誉（见 Watters，1889：5-9；陈喆，2008）。他的两部语法也被看做高人一筹的作品，如Summers说："艾约瑟的上海话语法就显示了他对这种语言的准确理解，而他的官话语法则使前人的作品黯然失色。他描写的不是马若瑟、郭实腊等人描写的书面语，而是他当面与本土人学习得来，并与本土学者比较后所掌握的口头语。我们无法对他的声调和拼音法表示完全赞同，但是对他倾注如此多心血并作出巨大进步的这部作品，我们无法吝惜誉美之词。每个到中国的学习者都应该拥有一本他的语法书。"（Summers，1863：x）在《汉文经纬》前言中，甲柏连孜也提到自己曾从《上海方言口语语法》中受到启发。

4. 文璧的《中国北方口语语法》

文璧（Jasper Scudder McIlvaine，1844—1881），美国北长老会（Presbyterian Church in the United States of America）传教士，1863年毕业于新泽西大学，1864—1867年在普林斯顿大学神学院学习。他于1868年来华，先是在北京学习了一年半的汉语，其后便一直在山东传教，直至去世。相比马礼逊、艾约瑟等人，文璧无论是在传教上还是汉语研究上的影响力都要小很多，人们对他本人以及他的这部汉语语法的关注也很少。

《中国北方口语语法》是一本特别为传教士学习汉语口语而编写的语法教材，篇幅较小，只有107页，但是其编写体例却颇有新意，显示了作者对汉语语法特点的独到理解。文璧观察到汉语中词类的不确定性，或者词语在句法功能上的多样性，因此他没有像前人一样刻板地因袭拉丁语法的结构，而是根据句法位置来组织全书的结构。他把汉语的词类分成三大组：体词、谓词和小词。体词是能出现在主宾语位置上的词，包括名词、数词、量词、代词、指示词和疑问词、方位词等；谓词是能出现在谓语和其修饰语位置上的词，包括动词、形容词、副词等；小词部分包括介词、连词、感叹词和句末语气词等。全书共计104页（另有3页的前言和目录），篇幅较为简单，句法分析包含于词类分析中。

在前言中，文璧提到自己受到前人的影响，如他对马礼逊、儒莲等人关于汉语和西方语言语法相通观点的认同，以及对马士曼、马若瑟、儒莲，特别是艾约瑟作品中的一些材料的吸收。在第一章，文璧表现出了很多其他传教士都表达过的基督教神学语言观。他认为汉语提供了希伯来语作为人类语言源头的证据。在巴别塔语言混乱之后，中国人的祖先把三辅音（triliteral）的希伯来语词压缩成了单音节词。其他语言用这些单音节词组合成了新的词，新组合成的词语再被压缩简化。他举了一些表明这种历史演化的例子，比如希伯来语的 Eden 变成了汉语的天，Adam 变成了丹，Gedol 变成了大，Baal 变成了皇，Ahad 变成了一。从汉语到其他语言演化的例子：天竺变成了 Sindu / Hindu，天下变成了 Sinae /China，天皇变成了 Zewan /Zen，在古希腊语中为 Zefus，后来变成了 Zeus（McIlvain，1880：1-2）。这样的词源学研究实际上是毫无依据的牵强附会。

由于文璧本人在传教士中影响力甚微，他的著述不多，且《中国北方口语语法》的篇幅也过小，其中很多规则过于简单或者语焉不详，所举例子过于简单，加上有些部分（如动词部分）和马礼逊一样，用英文的语法框架硬套在汉语上，所以不得不生造了一些不合汉语表达的口语例子。汉语学习者要想从这部语法中得到很有用的帮助事实上不大可能。这两方面的因素综合起来，就使得他的这部语法无法产生大范围的影响了。我们目前所能见到的后人的评价就只有韩国学者孟柱亿的《〈中国北方口语语法研究〉在语法学上的意义》（2004）一文。孟柱亿认为此书"反映了 19 世纪中叶外国人汉语研究水平"，我们认为此一评价有些言过其实。比起早先的马士曼、艾约瑟等人的汉语语法，此书无论在理论、结构还是内容上都没有称得上更高明的地方。

5. 新教汉语语法在西洋汉语语法研究史中的位置

总体而言，19 世纪英美传教士的汉语语法研究功利性较强，都是为服务于汉语教学，特别是口语教学。这些传教士吸收了 17—18 世纪天主教传教士汉语语法研究的经验，在把拉丁语法框架移植到汉语时显得更为成熟。除了吸收希腊—罗马语法学传统以外，他们还受到了当时欧洲普通语言学思想（如普遍唯理语法和历史比较语言学）以及英语语法的影响。因此，在理论体系上他们比之前的天主教传教士更为成熟，较之同时代的欧洲本土汉学家也有更多理论思考。和前人拿拉丁语来类比汉语不同的是，他们更多地是以英语作为汉语的对比语言，以英语语法作为参照体系，因而和前人作品有了一定的差异。他们的作品对 19 世纪西人了解汉语形态，学习汉语，乃至便利中西交流做出了不可磨灭的贡献，也得到了人们的认可。

四、传教士汉语语法的理论来源

1. 希腊—罗马语法传统

传教士的汉语语法是在西方语言学的传统中衍生出来的对境外语言进行的描写研究，其理论框架和思想根源都在西方。在建立汉语语法体系的时候，对传教士影响最大的是希腊—罗马语法传统以及各自母语语法发展的成果。无论是筚路蓝缕的天主教传教士还是后来居上的欧洲本土汉学家或者新教传教士，在研究汉语语法时，都或多或少模仿或借鉴了自希腊—罗马以来的语法描写范式。

希腊—罗马语法传统的源头要追溯到古希腊时期，早期的哲学家创造了最基本的语法范畴，斯多葛学派为语法学的诞生打下良好基础，而亚历山大里亚学派则进一步发展了斯多葛学派的理论，使语言学特别是语法学，达到后来拉丁语法学家以及通过他们形成的欧洲传统语言学所继承的希腊语言学研究的高峰。这一阶段的成就集中体现在现存的第一部希腊语语法著作——狄奥尼休斯·特拉克斯（Dionysius Thrax）的《读写技巧》（*Tékhnē Grammatikē*）（或译作《语法术》）上。这部诞生于公元前1世纪左右的作品①指出，语法应该服务于正确理解和欣赏文学文本，面向诗人和散文作家的标准语言的研究。它包含以下六个方面：

（1）能注意到韵律特征的朗读技巧；

（2）解释文本，并注意到其中的文学修辞手法；

（3）能迅速解释意义含糊的词语和历史典故；

（4）发现词语的来源；

（5）对规则形态的详细解释；

（6）对诗歌的批判评价；在语法术的所有内容中这一点是最可贵的。

《读写技巧》除了介绍希腊语的朗读和语音知识外，还作出了词类的划分：名词、动词、分词、冠词、代词、介词、副词、连词。

---

① 对该作品的介绍根据 Alan Kemp 的英译本“The Tekhnē Grammatikē of Dionysius Thrax translated into English”, in *The History of Linguistics in the Classical Period*, page 169-189, edited by Daniel J. Taylor. John Benjamins Publishing Company, 1987.

名词有五种属性：性、类（species）、形、数、格。性分三种：阳性、阴性和中性。类有两种：原始的和派生的。形有三种：简单、复合和双复合。数有三种：单数、双数和复数。格有五种：主格、属格、与格、宾格以及呼格（vocative）。名词有两种状态（state）：主动和被动。

动词没有格变，但有时态、人称、数的变化，同时还有主动或者被动意义的词类。动词有八种属性：语式（mood）、状态（state）、种（species）、形（shape）、数、人称、时态和变位。语式分五种：陈述（indicative）、祈使（imperative）、祈愿（optative）、虚拟和不定（infinitive）。有三种状态——主动、被动和中性（middle）。动词有两个种类——原始动词（primitive）和派生动词（derivative）。动词有三种形——简单、复合和双重复合（doubly compound）。有三种数——单数、双数和复数。有三种人称——第一人称、第二人称和第三人称。有三种时态——现在、过去和将来。这三种时态各自包含四种变化——未完成（imperfect）、完成（perfect）、过去完成（pluperfect）以及不定过去时（aorist）。

《读写技巧》只有词类的划分和形态的描写，没有句法的介绍。后世的西方语法基本都在这部语法作品的基础上发展起来。罗马帝国的扩张和对希腊地区的控制也伴随着对希腊文明的继承。罗马人把希腊人的术语和范畴移植到拉丁语中，建立起用于语言描写和教学的拉丁语法。古代后期和中世纪的整个教育，以及现代的部分传统教学，都是以这种语法为基础的（罗宾斯，1997：66）。瓦罗撰写了第一部拉丁语法，而普利西安（Priscian）的《语法原理》（大约在公元500年左右）则成为拉丁语法学家的代表之作。普利西安系统地描写了古典拉丁文学中的语言。在字母和语音描写之后是形态学。和狄奥尼休斯一样，普利西安把词定义为句法结构的最小单位，把句子定义为表达完整思想的单位。他把词语分成八类：名词、动词、分词、代词、副词、介词、叹词、连词。他区分了名词的六个格，动词时态则分现在、过去、将来，而过去时又分为未完成、完成、不定过去和过去完成四种。他的语法描写在以后的800年里，一直是语法理论的基础，直到今天依然是拉丁语教学的依据（罗宾斯，1997：75）。

在中世纪（476—1453），拉丁语保持了学术语言的地位，并且由于它是教会仪式和行政的语言，它的权威得到进一步加强。所以中世纪的语言研究，主要就是拉丁语法的研究。语法成为“七艺”之一，而七艺则构成中世纪教育的基础。语法不仅是七艺之一，而且也是正确读写拉丁文的必要知识，是中世纪学术的基础。所有这些学问都从属于神学这门研究基督教教义和教理的学问（见罗宾斯，1997：78-79）。在数百年的时间里，语法研究主要是对普利西安语法的评论和注解。13—14 世纪经院哲学与语法研究的结合促生了思辨语法的诞生。思辨语法的主要作家被称作“摩迪斯泰学派”，他们使用日常语言，或者自己编造的例子来进行思辨，确切地厘清了句法理论的许多基本概念，建立起了一套明确而连贯的句子结构和句子分析的理论。他们的思辨还包含了对普遍语法的思考，如罗杰·培根（Roger Bacon）就宣称：所有语言的语法在实质上都一样，各语言之间的表面区别只是偶然的差异（见罗宾斯，1997：89）。

后世的西方语法研究，无论是西方诸语语法，还是传教士的海外语言语法研究，都大体上沿袭了希腊—罗马语法的传统。希腊—罗马语法传统的范畴、概念成为后世语法研究的元语言，其体例也常被视作“普遍语法”。基督教在欧洲的传播推动了拉丁语和语法教学在欧洲的发展。来华传教士在研究汉语语法时，参照了传统拉丁语法的范式，以词类划分为基础建立起了他们的汉语语法体系。

2. 普遍主义思想

来华传教士基本都秉承了普遍主义的观点，他们认为汉民族与其他民族有着共同的祖先，因此汉语言也应该可以追溯到人类共同的历史源头上去。因为有着共同的历史源头，所以汉语和其他语言一样，是可以用具有普遍性的语法范畴进行描写和分析的，尽管汉语的形态与欧洲语言有着非常大的差异。

基督教语言学思想中就包含着普遍主义的观点。《圣经》记载，人类来自于上帝的创造，人类语言也来自于上帝，人类最初都说着同样的语言，是巴别塔之后，人类语言才变得多样化。既然人类语言来自于同一个源头，那么背后的道理就一定是可以相通的了。这就为用拉丁语法的范畴和框架来描述在形态和特征上迥异于欧洲语言的汉语提供了理论根据。所以，我们在传教士语法作品中可以频繁看到他们对汉语和希伯来语、希腊语、梵语等语言的类比甚至牵强的联系。如马士曼对希伯来语和汉语的比较，文璧对汉语、希伯来语、梵语乃至英语的牵强附会。文璧认为汉语提供了希伯来语是人类语言源头的证据。在巴别塔语言混乱之后，中国人的祖先把三辅音（triliteral）的希伯来语词压缩成了单音节词。其他语言用这些单音节词组合成了新的词，新组合成的词语再被压缩简化（McIlvain，1880：1-2）。艾约瑟除了在他的两部语法中，还在其他专门著作，如《中国在语文学上的位置——一个论证欧亚语言有共同起源的尝试》（*China's Place in Philology—An Attempt to Show that the Languages of Europe and Asia Have a Common Origin*）（1871）、《以汉语的发展来论证人类语言的起源和发展》（*The Evolution of the Chinese Language as Exemplifying the Origin and Growth of Human Speech*）（1888），以及报刊文章中多次提出汉语和西方语言来自共同源头的观点。他利用当时流行的历史比较法，比较了汉语和大量其他语言的词根。经过繁复的比较后，艾约瑟终于"成功"证明他的假设：汉语和其他语言来自共同的祖先。他认为，汉语比其他语言更多地保留了原始语言的特征。他把人类语言划分为六大体系，其中印欧语代表了最高发展阶段。他指出，造就人的不是外貌而是精神，中国人与西方人有同样的灵魂（Edkins，1871：386-390）。这样的思想背景支持了传教士们对汉语的认识，那就是，汉语语法虽然表面形态上和西方语言有很大差异，但是毕竟和西方语言有着共同的祖先，其背后的理据是相通的；中国人和其他民族也来自共同的源头，他们的思想和其他民族的思想也是相通的，所以用西洋语法的框架来描写汉语语法，是可以找到思想根据的。

西方语法传统的根源可以追溯到早期希腊哲学家们的哲学思辨，哲学家是最早对语法进行思考和探索的群体。早期语言学探索的绝大部分内容，实际上都是包含在哲学这个总标题之下，特别是与逻辑学有着紧密联系。基本的词类范畴、句法范畴都来自于哲学。如亚里士多德的范畴篇与语法中的词类、逻辑命题中的主词、谓项与语法中的主语谓语都存在着对应关系。从希腊化时期的斯多葛学派到中世纪的摩迪斯泰学派，语法学的每一步发展，几乎都和逻辑学有着不可分割的联系。哲学和逻辑学思考的都是具有普遍意义的问题，因而脱胎于哲学思考的语法学也就有了普遍性基础。这一思想在摩迪斯泰学派的思辨语法中得到了很好的体现。如罗杰·培根（Roger Bacon）就宣称：所有语言的语法在实质上都一样，各个语言之间的表面区别只是偶然的差异。语法的一致性在不同语言中体现为表面的差别，就好像几何学的一致性在任何实际图形上也有形状和大小的差别一样（见罗宾斯，1997：89）。由此就可以区分出两个层面的语法：普遍语法与特殊语法。“普通语法，或者普遍语法，解释所有语言共有的原则。特殊语法把这些总体原则应用于具体的某种语言，根据这种语言的特性以及说和写这种语言最好的人建立起来的惯例（practice）对普遍原则加以修饰。”（Murray，1795：25）这里所说的普遍语法和乔姆斯基的现代意义上的普遍语法当然不是一回事。在希腊—罗马语法传统中，所谓的普遍语法是以《读写技巧》和普利西安的《语法原理》等经典希腊—罗马语法作品为基础的语法学范式。这种范式被看作可以用来描写一切人类语言。而依照这种范式进行的具体语言的语法描写，就构成特殊语法。

除了基督教的普遍主义以外，起源于17世纪中叶的波尔—罗瓦雅尔学派的普遍唯理语法也对来华传教士们的汉语研究起到了作用影响。普遍唯理语法认为可以用普遍的逻辑原理对所有人类语言进行分析。罗瓦雅尔学派以笛卡尔哲学为基础，他们并不企图用普遍主义哲学观来解释普利西安拉丁语语法的所有细节，而忽略其他语言，他们企图揭示不同语言各自的语法在交流思想（包括概念、判断和推理）的过程中所隐含的语法同一性。希腊—罗马语法传统中的很多概念范畴可以看作具有普遍意义，适用于对一切语言的分析。因此，用希腊—罗马语法传统的概念范畴来分析汉语，依据普遍唯理语法看来，是可以接受的。在19世纪的传教士语法学家中，马士曼在这一点上最具代表性。马士曼认为，每一种语言都一定内在地包含了语法原则，每一门语言都有一些普遍的语法概念范畴，如：

表示事物（things）的词；

表示品质（qualities）的词；

表示动作的完成（进行、意图进行等）的词；……

这些动作还必须被描述为是绝对完成，或者有条件地完成；是主动做的，还是被命令的。此外，施动者所处的各种环境，以及动作的对象，也都必须清楚表达出来，或者得到理解。因此，介词、连接词，就像那些表达思想情绪的词一样，必然存在于每一语言当中。故而语法原则一定存在于每一语言当中（Marshman，1814：188）。在其他几位新教汉语语法学家的作品中，我们也能看到和马士曼类似的思想。他们普遍接受这个观点：西方语法所反映的概念范畴是可以超越语言差异而应用于其他语言的。

3. 传教士汉语语法中的历史比较思路

诞生于18世纪末，风行于19世纪的历史比较语言学也对这一时期的汉语语法研究产生了影响。例如，马士曼除了考证汉语口语、汉字的起源外，还讨论了汉语语音的历史变迁，汉语和梵语对东南亚诸语言的历史影响等。他还提出可以通过与汉语有亲缘关系的东南亚语言的语音来重构汉语的历史形态。这样一种立场，与当时的历史比较语言学几乎如出一辙。比如我们可以通过他在书中提出的关于汉语口语的问题（Marshman，1814：82）来看他的历史主义思想：

现在使用的语音体系和最初的语音体系是相同的吗？

如果不同的话，现在的语音体系中的发音是何时出现的？

中国人最初造字的时候脑子里想的是什么？

上古口语是何时停止使用的？

为什么汉语中看不到上古口语的痕迹，就像英语上古语音可以从诺曼语言或者盎格鲁·撒克逊语言中，甚或更古老的语言中找到痕迹一样？

如果在造字的时候，中国人没有把已经和思想联系在一起的语音粘附在字上，那么，他们造出这些字有什么用呢？

后来的艾约瑟，本人就可以归入历史比较语言学家。他的作品中就有《汉语在语文学上的地位》（1871）、《以汉语的发展来论证人类语言的起源和发展》（1888）等历史比较语言学著作。在他的汉语官话语法语音部分，他还花了很大篇幅去讨论汉语语音发展演变的历史，以及汉语词根和其他语言词根之间的相似性。综合他的几部作品来看，他对历史比较的研究方法掌握得相当熟练。还有上文提到的文璧对汉语和希伯来语、希腊语等语言的比附，也很难说不是受到了历史比较语言学的影响。

但是，这些传教士们在运用历史比较法时多数只是进行语音和词汇的研究，而且很多时候掺杂了过多的宗教思想，所以这阻碍了他们得出真正科学的结论。他们在形态、句法等方面基本上还是采用传统的语法描写方式，没有用到历史的或者比较的方法。

五、传教士汉语语法对汉语特性的思考

Klöter（2005：201-202）认为，希腊—罗马语法模式应用于别的语言可能会造成歪曲，这种歪曲体现在两个方面。首先，应用不恰当的范式可能会在所描写语言中读出不存在的内容。第二，希腊—罗马框架可能会遮蔽印欧语以外语言的语言学特征。所以研究者必须谨慎地避免掉入歪曲对象语言的陷阱中，即创建不存在的语法结构和遮蔽“外国”（foreign）特征。在把西方语法模式应用于汉语时，传教士们也面临同样的问题。比如马礼逊等人把性、数、格、时、体、态等屈折语言的特征不加变动地套用到汉语上，使得汉语看起来和屈折语言别无二致，这即是遮蔽了汉语的特性，同时又会让读者读出汉语中不存在的内容。但是很显然传教士们并非没有意识到这种陷阱的存在。因此，在模仿西方语法体系的同时，他们也在尽力地寻找汉语的特性以及表述这种特性的手段，试图不让西洋语法模式遮蔽汉语的特点。

1. 小词（particle）

传教士的这种努力集中体现在对汉语“小词”（particle）的论述上。如 Claramonte（2007：236-251）所言，传教士们需要一种更宽泛的工作概念来描写非屈折型语言，因而他们找到了“小词”这个术语。他们的重要目的是使用能让他们将来的读者不用特别注意表达本身的定义明确性就可以理解他们描写的术语。

在语言学中，小词是一个缺乏严格定义，但是却能够改变句子内各部分之间关系的成分。小词不通过添加成分而改变词语形式，也不反映性、时态或者人称（所以没有屈折变化），是非屈折词语。跟很多语言学概念一样，小词的准确内容因不同语言而异。根据 Bussmann（1996：352）的定义，小词来自拉丁语 particula，意为“small part”，小的部分。广义上，小词包括了副词、连词、介词和其他词类，如量级小词（scalar particles）、话语标记、情态小词、否定词、叹词等。狭义上的小词仅指

副词、连词或者介词以外的无变化的（invariant）词语，例如量级小词、话语标记、情态标记和叹词。传教士们往往把难以归入某一确定实词词类的词称作小词，或者把担负特定语法功能的词称作小词，比如文璧干脆把能充当主词、谓词以外的所有词都称作小词。

针对这一现象，白珊在给《华语官话语法》英译本写作的导论中说，早期传教士相信，必须通过选择小词（particle）来把握汉语的结构，而这类小词当然并不等同于中国语言学传统上所谓的“虚词”。在汉语里，小词具有的功能很特别，可以定义为“功能词”。但是，哪些词从语法上看才是小词，这一点传教士们难以判定；也就是说，他们不知道怎样去定义小词，并确定其性质。在他们的著述中，例如在马若瑟的汉语语法里，小词的定义和数目总是变动不定。在传教士编的课本里，经常可以见到一些小词词表，那上面除了词语没有别的。看来，每当这些传教士语言学者遇到难题，不能确定对象语言中的某个新东西，就索性直接把它写下来，而不烦做思辨和哲学的细考（见万济国，2003：F47-49）。白珊的这一批评应该说还是很贴切的。传教士们往往把无法与西方语法概念相对应的词，甚至一些习惯表达归入小词之列，而对何谓小词，他们很少去作特别的定义或者思考。

比如，马若瑟在他的语法中就对汉语虚词给予了极大重视，他的《汉语札记》就是以虚词和常用表达为线索串连起来的，其后的西洋研究者也不断提到位序和虚词二者在汉语语法中的地位。马若瑟虽然没有对什么是小词作出明确的定义，却不厌其烦地列举了口语和书面语中的常用小词，并举例说明其用法。他所列举的口语小词例子有：

否定词：没/莫、不、休、别、莫、无、未、非；

论辨词或者程度词：太、忒、甚、极、绝、最、好、十分、不过、煞/杀/死；

指小词：只（只是、只怕、只得、只好）、止、但、些；

发语词：哇（念 dou，同都）、呀/讶、呀阿、兀/兀的；

句尾词：阿、呵、哩；儿、耳；也、亦；又；就；却；着；倒、到、转；叫（叫）、教、交；可；还；则、且；了、过；与、替；便；连；更、都；方、放、妨；般、半；再、才；耐、奈。

书面语小词例子有：

之；者；也；于；乎；诸；邪/耶；与；而、尔、耳；焉、然；则、且；若、如；以、为；哉、乃；

时间词：将、曾（经）、已；

程度词：愈、益、弥、况、至、极、最等；

疑问词：哉、何、岂、奚、恶、曷、胡、盍、孰、谁等；

句尾词：乎、也、耶、邪、与、耳、焉、哉、已、夫、矣、兮、云等。

马若瑟认为掌握常用汉字和小词的用法是了解汉语特性的关键。在他看来，通过了解汉语小词以及一些常用词用法来学习汉语远比总结语法规则重要。因为汉语中本来就没有跟拉丁文严密对应的语法规则。可以看出，马若瑟的所谓小词，都是没有实际意义的语法功能词。虽然他没有作出清楚界定，但是和马建忠给出的虚字定义——“凡字有事理可解者，曰实字。无解而惟以助实字之情态者，曰虚字。”（马建忠，2000：19）——比较起来，马若瑟的小词基本都可以归入虚词一类。马若瑟以虚词用法代替语法规则的做法，几乎就是中国传统语言学的做法，也反映了他对汉语特性的思考。

但是19世纪英美汉语语法研究者似乎不完全认同马若瑟的这种思路。他们更倾向于西化的、具体的语法规则。这几位传教士语法学家都没有专门的小词列表，也没有专章论及小词用法。马士曼把副词、介词、连词、叹词都归入小词之列。文璧的小词则包括介词、连词、叹词、尾词四类。而马建忠则把介字、连字、助字、叹字都归入虚字之列。文璧整理的尾词中（final particles，or terminals）有乎、欤、焉、也、矣、已、耳、哉，这些在马建忠的语法里全部被归入助字。所以除去名称上的差异外，文璧的小词和马建忠的虚词所指是一致的。而马士曼的小词中如果除去副词的话，与马建忠及文璧的小词范围也是一致的。正好在前文我们曾提到 Sanctius 的拉丁语法中对小词的讨论，与前者基本吻合。这样看来，把马士曼和文璧对小词的论述看做完全是对汉语特性思考的结果是不能站住脚的，应该认为，马士曼、文璧以及马建忠都是受到拉丁语法的影响才这样作出小词归类的。

马士曼还不断提到小词在构词和句法中的作用。比如在讨论复合副词构成的时候，他提到“以”和“然”构成复合副词的功能，如“以义、以时、以敬”；“默然、欣欣然”等[①]。他还介绍了“者”字构成施事的用法。他还在多处提到“之”字的用法，除了用作代词以外，“之”还可以作属格标记，连接形容词和名词如“成德之士”、构成复合词、引导时间或者地点状语等。马士曼认为西方语言中的很多语法特征在汉语中都是通过类似之、者、以、然这一类的小词来实现的。可以看出，马士曼是把小词看做等同西方语言屈折形式来对待的。马礼逊、艾约瑟和文璧也都有这种类似的思想，如马礼逊认为汉语名词的性、数、格等特征都要通过小词来实现。艾约瑟也指出，汉语通过小词表达名词的格范畴，他用了一个小节来列举各种这样的小词。在“动词”一章，他还指出，可以通过插入“得”字或者“不”字来判断一个动词跟它前面的动词是并列还是附属关系。如果两个相连的动词之间可以插入“得”或“不”字，这两个动词就是附属关系，如果不能，两者就是并列关系。艾约瑟还指出，汉语的虚词可以表达语气和语式，如山东土话中的“之”字可以用来表达陈述语气和不定式或者用作分词。动词的时态多数情况下也是由虚词构成的，艾约瑟用了一个专门的小节介绍构成动词时态标记的这类虚词。文璧在介绍汉语的所有格时重点讨论了“的”字的用法（15-16页），以及“的”用在形容词或者动词修饰语之后的用法（17-19页）。他还详细介绍了“所”字用在动词前构成形容词短语的用法（19-21页）。在介绍动词的时、体、式特征时他列举了大量例子说明“着（著）”“了”等的功能和用法。

由此看来，西方这些汉语语法学家在处理汉语小词问题时，一方面是出于对汉语特性的思考，很多用西方语法范畴无法归类的词项都被归入小词之列，如白珊所言，当一个范畴不能适合那已知的范畴（即西语范畴）时，就明显要探索一种创造性的方法，以便应付这种新语言和对付文化之间的交流（白珊，2003：268）；而同时，这些语法学家对小词的理解始终也无法脱离西方语法学的总体范畴，小词的概念和范围都是拉丁语法中已有的，其思想来源是西方的而不是中国的。

---

① 马士曼对汉语的理解并不完全正确，这里举的例子并非全部是词语，而应归入短语之列。《中国言法》其他地方还有很多这样理解错误的情况。

2. 汉语句法的特殊性

早期的西洋汉语语法研究者，包括万济国、马若瑟等人都特别强调了位置和顺序对于汉语语法的重要性，19 世纪的英美传教士们同样对此有特别的强调，他们每个人都花了大量篇幅解释位置与顺序对于汉语语法的意义。比如，马士曼在他的《中国言法》前言中就指出，汉语的语法全部基于位置（position），汉语中词语的位置就相当于西方语言的词尾变化（termination）。在他的句法部分，马士曼总结了 40 条句法规则，这些所谓的句法规则，基本上都是关于词语的位置和搭配顺序，比如马士曼指出，有些用作动词的词语也可以用作名词或者形容词。而对一个词是否用作动词的判断主要靠句法位置。当一个词带有施动者，不管它是直接表述的还是暗示的，这个词都是动词。对于句子构造的一般原理、复句的组成等马士曼则仅有只言片语的零碎表述。这显示他的句法思想更多受到传统拉丁语法的影响。他的 40 条句法规则中多次提到句法位置对于词性的影响，并归纳出了施动者总是在动词之前、用于所有格的词总是放在它所支配的词之前、(汉语中把附属成分置于附着对象之前的特点使然）形容词一般要先于名词出现、副词总是放在动词前等顺序规则。

马礼逊也指出，汉语中不存在一致（concord）和支配（government）这两个屈折语言句法中最重要的因素，汉语的句法就是对词语顺序的归纳。马礼逊看到了汉语句法与西洋语言句法的差异之所在，但遗憾的是他并没有花太多时间去深入探究汉语的句法体系。他只是列出了九条句法规则，其中前六条都是关于词语顺序：(1）所有格名词后面要跟主格名词[①]（原文表述不清，疑为此)，如这个人之儿子、两广总督大人等；(2）在官职后要跟居其位的官员的姓名，如顺德县周祚熙、香山县彭等；(3）动作时间先于表示该动作的动词，如他明天将来；(4）时间表达顺序是年一月一日，如嘉庆十六年二月初一日禀；(5）形容词通常至于名词前，如高山、好人，有时候形容词既可以前置也可以后置，如地方好大一好大地方；(6）形容词受到强调时置于名词后，由副词伴随时也后置，如事情大、这个系一端事敝得很[②]。这些规则实际上对汉语句法的学

① 原文是 A noun in the nominative case follows that connected with it in the possessive.

② 马礼逊给出的英文对照译文是 This is an affair extremely base.

习没有什么指导意义。从这些规则来看，马礼逊的这部语法的确如后人评述的那样，是一部匆忙、草率、缺乏深刻思考的作品。

艾约瑟的句法部分是新教汉语语法研究者中最为翔实的。他详细讨论了汉语句子中词语之间的支配关系、句法位置对词性的影响、汉语表达的缩减与扩展、短语的内部组织规则和外部关系、各种小句、并列句等。他总结的规则比较详细，建立起了一套从词语、短语、小句、简单句到复杂句的完整句法体系，而且非常重视句子中的位置和顺序因素。在艾约瑟看来，位置和顺序是汉语句法的最关键因素。他归纳出的句法支配关系基本都是关于顺序的：“的”连接两个名词时，前词构成后词的属格；形容词要放在所修饰的名词前；及物动词置于宾语前；出现双重宾语时，宾语位置由韵律决定；副词通常位于所修饰的形容词及动词之前；等等。在讨论句法位置对词性的影响时，艾约瑟指出，因为受到句法位置的影响，很多词语往往兼具多种词性，如名词修饰其他名词时就变成形容词，形容词置于名词或及物动词之后就变成名词，动词用作主语时构成实体名词，动词修饰名词时变成形容词，等等。汉语中句子的组合规律和短语的组合规律一致。在分析短语的内部结构时，他总结出了这样一些顺序原则：句法支配、对偶、重复、种属关系、内容与形式、自然顺序、时间顺序等。艾约瑟的汉语句法研究，直到今天依然值得我们去认真学习。

小　结

传教士的汉语语法研究对于当时西方人的汉语学习起到了很好的作用。他们的研究成果对于西方本土的语言学家也有一定的影响。但是，客观评价起来，这些语法的影响力无论对东方还是对西方都不大，它们只是在特定的历史时期对西方人的汉语学习，以及西方人对汉语形态的了解起到了一定作用。因为传教士语法的功利目的和实用主义导向，传教士们很少去做深入的理论思考，他们的语法模仿因素大于创新努力，再加上传教士们自身语言水平的制约，他们的研究很难引起西方语言学界或者中国语法学界的重视。传教士毕竟不是专业语言学家，他们无意去做语言学理论的突破，或者对汉语语法学作出专门的贡献。

此外，传教士语法属于教学语法的范畴。教学语法学历来是一门比较保守的学科，遵循传统的惰性很大，在整个17世纪和18世纪里西方编写和出版的语法著作在其基本框架和体系上没有什么更新和变化，语言教师们一般不喜欢抽象复杂的语言理论，当然也不会着意去发展这样的语言科学理论（褚孝泉，2006：127）。19世纪的情况同样如此，在许多情况下基督教会的传教是和教育工作结合在一起进行的，所以传教协会在编写语言学著作时常常会把语法书、识字课本、教义问答、逻辑教科书等捆绑在一起发行；有时语法书和识字课本合编成一册；有时语法书和教义问答合编成一册（褚孝泉，2006：259）。这些特性制约了传教士们在汉语语法方面作出更大的突破。

布龙菲尔德对传教士语言学的贡献作出过不以为然的评价，他说"（这些传教士的）著作用起来一定要很谨慎，因为作者在识辨外国语音方面没有受过训练，不可能做出准确的记录；而且他们只知道拉丁语法术语，硬套拉丁语法框框，对这些语言作了歪曲的解释。直到现代，没有受过语言学训练的人还编写着这一类的著作；这不仅是徒劳无功，而且很多资料也给损失了"（布龙菲尔德，1980：6）。吕叔湘也曾说"早先有些外国汉学家爱用西方语法体系来套汉语。……绝大多数语言学家是反对用一种类型的语言的语法去讲另一种类型的语言的语法的"（吕叔湘，1979：79）。布龙菲尔德和吕叔湘的这种评价大概比较能代表主流语言学家对传教士语言学的态度了。这种态度阻碍了传教士语言学家获得更大范围的认可。Bolton & Hutton也批判传教士的这些语言学活动是西方殖民主义的一个组成部分，作为"客观的"语言描写的语法研究只是西方学者在东方主义框架下开展的对汉语的贴标签与分类过程（Bolton & Hutton，2000）。考虑到布龙菲尔德批评的情况，联系马士曼和马礼逊等人语法中的诸多错讹，现代中国语法学界对他们的学术偏见（见何群雄，2000：10-14）并非全无道理。

传教士的汉语语法研究的确存在一些不可忽视的缺陷。首先，他们中部分人汉语水平并不可靠，而他们的语法又属仓促编成，这使得书中出现较多硬伤，比如马士曼和马礼逊的很多例子的错讹，马礼逊和文璧生造的不合汉语表达习惯的迎合英语语法的口语例子，等等。马礼逊的语法被后人批评说"编写得太过匆忙，书里的短语更像是英语，而不是汉语的结构"（Davis，1865：52）。其次，他们的语法还是模仿多过对比和创新，很多时候是从西方语法出发来寻求相对应的汉语语法表现形式，而不是以汉语为出发点，在对汉语的观察和归纳的基础上总结规律，这降低了他们语法的价值。此外，他们的语法研究始终是功利性太强，是为了即时的教学需求，而不是出于学术研究的兴趣，这使得他们很少愿意花时间去做深刻的理论思考，或者对所模仿的框架作出突破。因此，他们的作品在语法学上的理论价值有欠缺。

最后，在对西洋传教士的语法研究进行评价时，一方面要正视他们对汉语语法学作出的贡献，防止因为意识形态的偏见而全盘否定他们的学术价值；另一方面又要防止对传教士拔高的倾向，我们也不能忽略了这些传教士为殖民主义服务的本质。这些传教士的汉语语法完全面向西方受众，包括需要学习汉语的传教士，也包括来华外交官、商人、军人等群体。有的传教士还直接供职于殖民机构，如马礼逊就长期供职于东印度公司，并为英国政府提供翻译服务。这些传教士在编写汉语语法的时候，不会考虑为中国语言学作出贡献，或者尊重中国语言学传统，他们更关心的是服务于西方，服务于传教，或者西人对华的殖民扩张目标。如 Bolton & Hutton（2000）所言："（19 世纪的传教士）语言学应看作一个现代化过程中的意识形态体系，这一体系和许多传统的亚洲语言观是相悖的。"我们对传教士语言学的成果，要保持一定的批判性。

第七章　传教士的汉语教学和汉语教材

引　言

如前所述，来华传教士的汉语研究，自始至终，几乎都是围绕着汉语的学与教展开的，他们的研究成果也主要服务于汉语的教学，所以在某种程度上我们可以认为，传教士的汉语教学过程，就是他们的汉语研究过程。对来华传教士的汉语教学历程做一个回顾，一方面可以帮助我们了解他们对汉语的认知过程，另一方面也有助于我们看清楚外国学习者在接触和学习汉语的过程中所面临的问题和困难，以及他们的成功经验，对我们当下快速发展的对外汉语教学领域也大有裨益。

在外语教学过程中，教材一直是一个非常重要的部分。有好的教材，则外语教学事半功倍，没有好的教材，教授者和学习者都要走很多弯路。对于一门外语的初学者而言，有一本（套）好的教材，把这门语言的语音、词汇、语法、交际、写作、文学文化等知识循序渐进地、成系统地组织编排起来，供学习者使用，这几乎是一个起码的条件了。但是在早期西方传教士来到中国，想要学习汉语的时候，他们发现几乎没有任何可以参考的现成学习材料，而即使是现找一个受过教育的中国人来用最直接的方式教授汉语，在法律上也是一件不被允许的事情，因为中国政府严厉禁止本国民众给外国人教授汉语。最早抵华的一批天主教传教士历尽千辛万苦，在自己习得汉语的同时，积攒起自己的学习笔记、心得和其他学习材料，把它们变成了最早的传教士汉语教材。来华传教士的所有语言学活动，实际上都是围绕着汉语的教学进行的。他们和抵达世界各地的其他传教士群体一样，为当地语言编制拼音体系，记录当地语音，编纂词典，编制语法，翻译《圣经》，并进而编制语言教材。广义地讲，传教士们创作的所有语言学材料，包括语音著作、词典、语法、译著和读本都是他们学习汉语时使用的材料，都可以称之为教材，但是狭义的教材却仅指后期较为成熟的汉语教科书，即以课文为主要载体，把其他教学内容融贯于课文的教学中的形式。早期天主教的汉语教学主要依托广义上的教材，如前文所提及的词典、读本等，而到清末的时候，出现了大量相对成熟的汉语教科书，对这一段的讨论则可以集中于狭义的教材。对传教士汉语教材的集中研究，可以帮助我们清晰地观察他们学习汉语的方法和过程，更好地了解他们研究汉语的背景，对于今天的对外汉语教学也有着重要的启示意义。

一、早期天主教传教士的汉语学习和汉语教材

最早成规模进入中国并开始汉语学习和研究的当属耶稣会士。在欧洲，耶稣会的惯例是有传教士宣誓加入后，将会被派到欧洲各地的耶稣学院进行学习，内容包括拉丁语、葡萄牙语、神学、数学及艺术等课程。借鉴这一经验，耶稣会决定在澳门也建立一所耶稣学院，为整个远东地区，特别是中国地区的耶稣会士提供传教前的教育培训（见陈玮，2004)，希望借此改变自沙勿略以来早期传教士因语言障碍和文化冲突而在中国迟迟不能打开局面的困境。1565 年，耶稣会传教士培莱思神父（Francisco Perez）在澳门建立了圣保禄公学，最初仅仅提供一些简单的中文及葡文语言课程，以及简单的中葡翻译课程（见宋灏岩，2017)，但实际上师资水平十分有限，其成就现也无从考证。这所学校后来在 1594 年升格为大学，即圣保禄学院，成为耶稣会在远东地区培养传教士的摇篮。据澳门葡萄牙历史学家文德泉神父著《澳门及其教区》第 363 页载，1552 年至 1762 年曾于所属葡萄牙保教区——中国传教的耶稣会会士录中，经圣保禄学院入华的人数就有 163 名。澳门作为传教士学习汉语基地的地位同时也得到中国政府认可，如康熙皇帝就曾命西洋传教士先在澳门学习中文，然后入华。康熙四十九年（1710）命赵昌等传旨给在京的洋教士，云“新来之人，若叫他来，他俱不会中国的话。仍著尔等作通事，他心里也不服。朕意且教他在澳门学习中国话语”（转引自李向玉，2000)。罗明坚、利玛窦、孟三德①等后来大名鼎鼎的传教士最初都

① 孟三德，Duarte de Sande，1547—1599，天主教耶稣会葡萄牙籍传教士。1585 年 7 月抵达澳门，同年 8 月前往广东肇庆传教，直到 1587 年 11 月。1591 年到韶州。1592 年起回到澳门，担任澳门圣保禄学院院长。1599 年 6 月 22 日在澳门逝世。

曾在此学习汉语。

但早期耶稣会士是怎么进行汉语教学的，这是个值得考证的问题。当时的环境是：没有现成的教材或者辅助材料，没有合格的语言教师，没有适宜的语言学习环境（从官方到民间，中国人普遍还排斥外国人），在这种情况下，耶稣会士们是怎么开展汉语教学的？1565 年前后，葡萄牙人与广州布政使交涉，希望能居住在中国本土自由往来传教，但被中方以“西洋人不通汉语”的理由拒绝。为了不重蹈覆辙，罗明坚在 1579 年抵达澳门后即用心学习汉语，“练习用他们的语言写作，作为一种吸引捕捉他们心灵的手段”（见平川祐弘，1999：40-42）。但学习汉语困难重重，无论是教材、师资还是教法都极度匮乏。在 1583 年 2 月 7 日写给欧洲的一封信中罗明坚说：“当时与中国人做买卖的葡萄牙人住在澳门港，他们大多雇佣仆人代做通译。所以当初很难找到能够教授我所需要的宫廷汉语和文字的老师。即便有人会讲宫廷官话，但他又不会说葡语或其他我所了解的语言，以至必须要绘画来教授汉语汉文。举一个例子来说，老师想要教授马这个词在汉语里如何说如何写时，就先画一匹马，在上面写下意为马的文字，其发音为 ma。听起来十分滑稽，所以葡萄牙人、神父们都觉得靠这种办法是学不会汉语的。”（同上：40-42）在同一封信中他还指出：“澳门对练习汉语不利，我需要学习宫廷用汉语，即当地人所谓的官话。但身在澳门不便学习，无论如何也要进入中国本土，与中国人一同生活，掌握他们的语言。”（同上，54）1583 年，罗明坚先后同巴范济①、利玛窦三次进入广州，并通过与中国地方官员的交涉，最终于 1583 年 9 月 10 日获准进入肇庆，居住在肇庆天宁寺，开始传教，并着手建立在中国内地的第一个传教根据地。在中国期间，罗明坚先后到过浙江、广西传教。他在广东肇庆时，与利玛窦一起编写了第一部汉外字典——《葡汉辞典》以帮助入华传教士学习汉语。而且，他还在澳门写出了第一部欧洲人以汉语所写的著作——《天主圣教实录》，这些都充当了后来传教士学习汉语时的教学材料。他在 1588 年返回欧洲后，还将四书中《大学》的部分内容译为拉丁文。

从这些文献以及现代学者的评价来看，罗明坚似乎是通过极端刻苦

① 巴范济，Pasio Francesco，1554—1612，天主教耶稣会意大利籍传教士。万历十年（1582）八月，巴范济和利玛窦等传教士被派遣到澳门。后巴范济神父和其他几位跟随罗明坚由澳门抵肇庆，并获准在肇庆居留传教，在肇庆不久即于 1584 年返回澳门。后应范礼安神父的指示赴日本传教。

的学习很好地掌握了汉语的口头和书面表达，有很高的汉语水准。但他的汉语学习过程到底是什么样的，他的汉语老师是谁，他又使用了什么材料来学习？现在推测来看，他的汉语口语应该是和中国老师学的，书面语则应该是在中国老师的帮助下通过研读中国经典文献学的。他的真实汉语水准，口头语则难以考证，书面语方面，平川祐弘（1999：74）据罗明坚、利玛窦合作的《葡汉辞典》之部分页码中与葡语单词对应的汉语单词栏还未填满这一现象，推测他们当时的汉语水准不高，所以较难的汉语词汇只能空白处理。此外，他回到欧洲后试图出版所翻译的四书部分内容之努力也被范礼安叫停，因为后者认为他的汉语知识尚未坚实（同上：158）。但不管罗明坚的真实汉语水平如何，他作为先行者还是为后来者留下了极为宝贵的学习经验和学习材料，最直接的受益者就是利玛窦。

1582 年才抵达澳门的利玛窦马上跟随罗明坚学习汉语，但很快后来居上。1583 年 2 月 12 日，利玛窦在写给一位欧洲友人的信中这样说："我立刻开始学习汉语，已经记会了不少单词，也会写了。我这里有一位拿波里出身的米开勒神父（即罗明坚），神父早在我之前就热心钻研汉语，所以在中国人之间博得了充分信任。……"（同上：40-42）从语言天分上看，利玛窦应该远在罗明坚之上。从其后的成就来看，他的汉语造诣也远超罗明坚。因为没有专门材料讲述早期传教士的汉语学习经历，我们只能借助他们的书信集、札记等材料间接窥知其学习过程。从金尼阁编著的《利玛窦中国札记》中，可以看出利玛窦及其他耶稣会士来华先驱学习汉语的一些端倪。据《利玛窦中国札记》所载，我们可以看出，早期耶稣会士的汉语教师主要来源于以下渠道：

一、翻译人员，旧称舌人，但通常翻译人员教育水平不高，素质低，不太可靠；

二、专门聘请的中文教师，通常是未入仕的中国学者；

三、受洗过的新教徒；

四、先来的汉语水平较高的传教士，如罗明坚和利玛窦本人都为后来者做过汉语教师；

五、与传教士合作的中国学者，如徐光启（与利玛窦合作翻译了《几何源本》等著作，后又充当了汤若望的汉语教师）、李之藻（与利玛窦共译了《圜容较义》《同文算指》，与傅泛际合作译了《名理探》）、周子愚、卓尔康（与熊三拨合译了《表度说》）、杨廷筠（与艾儒略合译了

《职方外记》)、王征（与金尼阁合著《西儒耳目资》，与邓玉函合著《远西奇器图说》)、刘凝（为马若瑟的老师，对马若瑟的《中国札记》有一定影响)、祝石（与卫匡国合作翻译《逑友篇》）等（见张西平，2002)。徐宗泽在《中国天主教传教史概论》中说："徐阁老（光启）对于教士学习语言问题帮助甚多，为教士聘请有名教授，其中一人谢绝世务，专心神业，竟习辣丁（拉丁语)，以便能有助于教士。"如此类不曾留下姓名的汉文教师，恐不止一人。此外，中国士大夫对传教士的译著稿进行笔录、润色、作序介绍、印刻流传等，也特别突出（见马祖毅，2004：303)。但这种合作相对于来华耶稣会士整体来说，只能是限于少数人，多数传教士未见得有和中国学者近距离接触与合作学习的机会。

六、其他人员，如一位太监曾送给传教士一位口齿伶俐的小伙子，专门给他们教授汉语口头语言，再比如利玛窦最初与寺庙里的和尚一起学习了七年的汉语。

总体来说，在当时对汉语的认识和研究极不充分，缺少恰当的汉语描写研究著作及合适的教学材料，没有任何语言教学理论或者实践经验的师资条件以教授汉语口语或者书面语的情况下，其教学效果很难保证理想，传教士们所面临的困难也可想而知。在学习内容上，传教士们一方面学习汉语口语，特别是南京官话，另一方面也坚持通过钻研中国典籍作品进行汉语书面语的学习，他们还特别坚持学习汉语写作。如利玛窦在 1599 年 8 月 15 日的一封信中说："汉语对我们西方人来说，发音太难了。我觉得通过写文章来表达意思容易得多。"（见平川祐弘，1999：236）对于利玛窦这样天分出众的传教士来说，这种坚持阅读和写作的汉语学习方法似乎是卓有成效的。

就是在这样艰难的条件下，早期耶稣会士筚路蓝缕，他们从汉语学习、研究以及应用于教学和传教的实践活动中慢慢积累起一些材料，这些便构成了最早的汉语教学材料，我们姑且可以视之为广义的汉语教材。这些材料包括：汉外对照的词汇表或者词典，如罗明坚和利玛窦合作的《葡汉辞典》；使用罗马字对汉字进行注音的文章，如利玛窦的《西字奇迹》、金尼阁的《西儒耳目资》，从中还衍化出了最早的汉语拼音方案；其他传教所用的中文小册子，如罗明坚的《天主圣教实录》《天主十诫》等。有了这些材料，后来者的汉语学习有了拼音工具，有简单的汉语字汇集，有基础的汉外对照阅读材料，学习起来就相对容易些，不再像罗明坚和利玛窦等人一样举步维艰了。

但即便有利玛窦等人打下的初步基础，后来者有了汉字的罗马拼音体系可以凭借，有了简陋的词典学习词汇，以及一些简单的中文读物用来参读，在16世纪末到18世纪初漫长的一个多世纪里，专门的汉语教材及教学体系发展还是非常缓慢，天主教传教士们的汉语学习依然无比艰难。从杜赫德[①]主编的耶稣会士书简集中耶稣会士们的记叙里我们可以一窥他们汉语学习的艰辛历程。

马若瑟神父1700年11月1日于江西抚州致郭弼恩（Le Gobien）神父的信中说：

> 如今我已开始了解这个国家，而上帝仁慈地让我在短时间内学会了足够的汉语，使我大致能听懂别人说话——这一切是前几次信件无法做到的。
>
> （注：马若瑟1698年11月初抵达广州，到此时学习汉语应该已近两年。）
>
> （《耶稣会士书简集》上卷150页）

沙守信神父[②]1703年2月10日于江西抚州致郭弼恩神父的信中说：

> 就这个国家的语言而言，我向你保证，要不是为了上帝，我们是绝不会自讨苦吃去学它的。我每天八小时抄写词典，整整花了五个月时间，才使我最终能够阅读汉语书籍。十五天前，我在这里找了一位中国文人，早晚各三小时跟随他辨识中国汉字，像小孩那样费力地朗读。中国常用字约四千五百个，但总数达到六万。对于我们，只要掌握布道、传教和听忏悔的一些词句就够了。
>
> （《耶稣会士书简集》上卷243页）

洪若翰神父[③]1703年2月15日于浙江舟山致拉雪兹神父的信中说：

---

① 杜赫德，Jean-Baptiste Du Halde，1674—1743，法国耶稣会神父，著名汉学家。除本书外，他还于1735年出版了《中华帝国全志》，全名为《中华帝国及其所属鞑靼地区的地理、历史、编年纪、政治和博物》，被誉为“法国汉学三大奠基作之一”。

② 沙守信，Emeric de Chavagnac，1670—1717，法国籍耶稣会士，1701年9月9日来华，1717年9月14日卒于饶州。

③ 洪若翰，Jean de Fontaney，1643—1710，法国人，耶稣会传教士，与白晋等五人受法国国王路易十四派遣前往中国传教。因向康熙帝奉献金鸡纳霜（奎宁）而治好康熙帝的疟疾而闻名。

在南巡前就已对这两位神父（张诚[①]和白晋）极有兴趣的皇帝在他回京时鼓励他们学习满文，以便能与他交谈。为此，皇帝给他们请了老师，并格外关心他们的学业。为了解他们在学习这一语言方面的进展，皇帝甚至查考他们，并亲自阅览他们用满文写的东西。满文要比汉语好学得多。

（《耶稣会士书简集》上卷 277 页）

杨嘉禄（J. B. Charles Jacques，生平不详）神父 1722 年 11 月 1 日于广州致拉法埃利先生的信中说：

令人更头疼的是这里的语言非常难讲，阅读和书写就更难了，然而又必须学它。这种语言与欧洲正在使用的或已经死亡的任何语言均毫无关系，其读音对最资深的传教士都是一种障碍。近八万个字，每一个都由许多无序的笔画构成，怎么能学会这一切呢？我们尽力而为罢了，上帝也不会苛求。科钦支那[②]、东京、日本的文字与中国文字一样，而且表示同样的事物；不过百姓的表达方式不尽相同。因此，尽管口语差异悬殊，说话时无法听懂，但写出来就懂了，而且他们的书籍都是共通的。

（《耶稣会士书简集》上卷 275-276 页）

晁俊秀神父[③] 1769 年于北京致某贵妇人的信中说：

对所有欧洲人来说特别困难而且永远是一种障碍的是汉语的读音。……我在当众布道前，在我的仆人面前练习了至少五十遍。我给仆人全权来纠正我，不厌其烦地跟读。

（《耶稣会士书简集》下卷 164 页）

下面这封不知其作者和年份的信（但根据在书简集中的顺序，应该是 18 世纪末）中对汉语的描述，可能更详细地道出了传教士们在学习汉语时的挣扎过程。

某神父某年 4 月 16 日致杜埃法院首席院长多贝尔先生的信：

我起先以为中文是世界上最丰富多彩的语言，但随着我对它了

① 张诚，Jean-François Gerbillon，1654—1707，法国耶稣会传教士。1654 年生于法国凡尔登，1670 年加入耶稣会。1684 年，被法国国王路易十四选派出使到中国传教，行前被授予“国王数学家”、法国科学院院士等称号。

② Cochin-China，又称交趾支那，越南南方一部分的旧称。

③ 晁俊秀，François Bourgeois，1723—1792，法国籍耶稣会士。

解的增加，我发现从表现力来说，世上恐怕没有比它更贫乏的语言了。中国人有六万多个方块字，但却无法完全表达人们用欧洲语言所表达的一切，迫不得已时甚至只能用书面语才能相互沟通。每个词都有各自独特的方块字或象形符号。请您想象一下，先生，倘若有人居然想以每个专门的字表示每个词、每个名称、每种时态，那我们的语言将陷于何等的混乱！如以此方法来表达诸如绘画、建筑、几何、哲学等艺术和科学术语，情况将会更糟。如果要我们学习所有这些纷繁复杂的方块字，那是多么可怕的麻烦事啊！这便是中文。

中国方块字虽说形状千变万化，所表达的事物也各不相同，但发音却鲜有变化。这种语言中充斥着同音异义的现象，因此极难把听到的发音写下来，眼前若无书本，也极难明白别人朗读的那本书的意思。所以往往出现如下情况：一个人即便准确无误地讲话，别人却听不懂意思，逼得他往往不仅要重复说过的话，还要把它写下来。可以说每个省份都有其用语或者说独特的方言；这并不奇怪，法国及世界所有民族中都有这种情况。我觉得福建话比其他省的方言要难懂得多。试想，先生，当不同省份的人必须一起交往时，相互沟通的困难该有多大；不过，如果他们把要说的话费时费力地写出来，困难也就消除了，因为帝国的文字是统一的。欧洲有人认为，中文文字繁多说明其丰富多彩；但若进一步了解和思考，人们就会看到，这不如说是其贫乏的表现。构成中文的六万多方块字还不如拉丁语因之而丰富的文字多——如果把这种语言中所有词语都约简为一个特定符号的话。即使是比拉丁语远逊一筹的我国语言无疑也比中文要强。还要考虑到欧洲人用二十六个字母便表达了他们日常语言中的所有变化，而中国人以其数不胜数、难以理解的符号却甚至无法确定其读音，更不要说其词语的真正含义了。……当我们的传教士不知该如何向中国人解释圣教奥义时，只得给他们编一个识字课本，并与他们一起约定一些词的意义和适用范围。因为中文里无一字可解释我们哲学的原理以及我们信仰的奥义。总的来说，这便是他们语言的贫乏之处。

这些字有的笔画简单，有的由两个或多个笔画构成。笔画复杂的字通常是象形文字或带有象形文字的色彩，因为中国人往往在宛如一个字的躯干却与该字所示事物通常无任何联系的主体笔画上添加决定该字意思和含义的辅助笔画。例如，在表示心灵情感的一个字的主体笔画上，他们加一点辅助笔画，便可表示这种情感的内涵。这类字并非完全是象形文字，仅具象形文字的某些因素。相反，若组成字的两部分笔画与表示的意思有直接关系，这种字便完全是象形文字。例如，表示温良驯服的一个字，它的两个组成部分其一表示人，其二表示狗——即服从与驯良的象征。这两个部分都是有意义的且均与同一主体有关，它们便构成了完全的象形文字。数不胜数的方块字中，有许多字的笔画与其所表示的意思仅有极疏远的关系，这使它们十分晦涩难懂，有时简直无法理解。……虽说方块字的数量简直无穷无尽，但其部首仅有三百六十五个，不过每个部首有五种不同变化，这些都标明于中国人的词典里，与我们在词典里标出长音节和短音节有点相似，因此，三百六十五个部首可以说增加到了一千八百二十五个。这样，尽管部首数量不能与方块字数量相比，但中国人做了如此多的组合搭配，因此每个字都有了自己的发音和独特的书写符号，而整个汉语就是有这一切组成的。

（《耶稣会士书简集》下卷 295-298 页）

从这些书信中的描述可以看出，尽管有罗明坚、利玛窦等人的学习经验和留下的学习材料，如罗明坚与利玛窦的《葡汉辞典》、利玛窦的《西字奇迹》、金尼阁的《西儒耳目资》、万济国的《华语官话语法》、马若瑟的《汉语札记》等，后来的传教士学习汉语时依然困难重重。他们的困难集中体现在：汉语和欧洲语言之间没有多少相似度，是一种几乎完全异质的非屈折型语言；汉语的发音对于传教士是很大的挑战，同音异形/义字太多，识记难度大；官话、地方方言差异大，掌握起来难度很大；汉字结构复杂，数量庞大，规律性不够，学习起来很困难。同时，我们也可以看出，一直到18世纪末，传教士们的汉语教学中，依然没有成熟的专业教材和教法，虽然有部分先驱者凭借过人的天分和勤奋取得了汉语学习的成功，但是相当部分传教士的汉语学习依然不尽如人意，对于汉语的认知也还停留在比较肤浅和片面，甚至是错误的层级上。到18世纪末期，随着“礼仪之争”的出现，中西交流的步伐被强行中止，来华传教士汉语学习和教学材料的研制也暂时告一段落，要到下一个世纪中西交流大门重新开启后才得以继续进行。

二、19世纪以来西方传教士的汉语教学和教材

进入19世纪，西方传教士大规模进入中国，虽然在19世纪上半叶还遭遇到中国政府和民间的阻力，但随着西方殖民化的进程加快，到鸦片战争以后，传教士在中国遭遇的阻力越来越小，他们的汉语研究和教学也随着传教步伐的迈进而不断深入。从19世纪到20世纪初，除了本书之前提到的大量词典、语法类语言学文本外，传教士们也编制了大量专门的汉语教材。因为对汉语的研究更系统和深入，描写也更充分，在更成熟的理论体系支持下，这一时期的汉语教材有了更成熟的思路和更好的体系性。这其中的代表性作品有江沙维的《汉字文法》、裨治文的《广东方言读本》、卫三畏的《拾级大成》、丁韪良的《汉字解析读本》、狄考文的《官话类编》等。以下择其要者简叙其特征，以管窥19世纪以来西方传教士汉语教材的整体面貌和汉语教学的进展。

1. 江沙维的《汉字文法》(1829)：一部被忽略的综合性汉语教材

江沙维（Joaquim Afonco Gonçalves，1781—1841），又称公神甫，葡萄牙遣使会传教士，于1813年或者1814年抵达澳门，原本被派遣往北京传教，但因为清政府的禁教政策，只能滞留澳门圣若瑟修道院一边传教一边从事教学，既教授汉语也教授葡萄牙语、英语和拉丁语等欧洲语言，并终老于澳门。在教授汉语的过程中，他编纂了一批教材和教学辅助材料，包括*Grammatical Latina*（《辣丁字文》）(1828)、*Arte China*（《汉字文法》）(1829)、*Dicctinario Portuguez-China*（《洋汉合字汇》）(1831)、*Dicctionario China-Portuguez*（《汉洋合字汇》）(1833)、*Vocabularium Latino-Sinicum*（《辣丁中国话本》）(1836)、*Lexicon manuale Latino-Sinicum*（《辣丁中华合字典》）(1839)等。其中《辣丁字文》是用汉字来讲拉丁语法，《洋汉合字汇》《汉洋合字汇》《辣丁中国话本》《辣丁中华合字典》则均为词典类（详见柳若梅，2009；叶农，2010；内田庆市，2011；等等）。从这些著作目录即可以看出江沙维对汉语的掌握程度和他在汉语教学领域的丰富经验。《汉字文法》虽名为文法（语法），但内容实际上不是语法教程，而更接近一部综合类汉语教材，所以我们将其放在汉语教材中而不是语法部分讨论。江沙维的拉丁文—汉文字典后来曾被多次重印，其《汉字文法》也得到雷慕莎等汉学家的好评，

但总体来看，在19世纪的传教士或者汉学家群体中，或许受制于语种（19世纪影响力更大的传教士语言学作品多是英语写成，而不是葡萄牙语或拉丁语），他的系列汉语语言学作品影响范围有限，价值未能得到充分肯定。

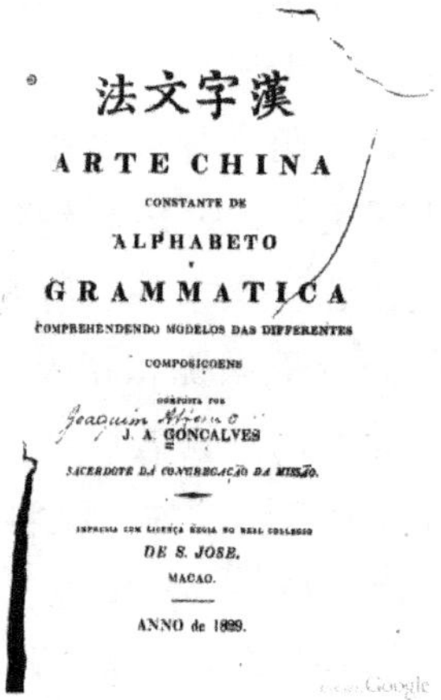

法文字漢

ARTE CHINA

CONSTANTE DE

ALPHABETO

E

GRAMMATICA

COMPREHENDENDO MODELOS DAS DIFFERENTES

COMPOSIÇOENS

COMPOSTA POR

J. A. GONÇALVES

SACERDOTE DA CONGREGAÇÃO DA MISSÃO.

IMPRESSA COM LICENÇA RÉGIA NO REAL COLLEGIO

DE S. JOSE.

MACAO.

ANNO de 1829.

图7.1 《汉字文法》封面

100 九圓 Cap. 17 Frases.

Tu es bem ousado, que te atreves a brincar livremente diante de mim. Levanta-se a tempestade na planicie... não vi a Vmcê vir: não adverti: se Vmce ao vir chamasse por mim, eu me ajoelharia, e me prostraria para evitar incòmmodos: essa está boa;	你好大胆子敢在我嘗面隨便玩耍。平地起風波我沒有看見你納來不理会若是你一來就召呼我一声我就跪下叩頭爲省事。好說
não fallas coherente: he huma contradicção.	前言不符後語、自相矛盾
Ouvi dizêr, que o imperadôr China tyraniza o povo em extremo.	听見說中國皇上暴虐百姓到末丨了兒的底步
Isso he por mais não podêr, porque (na provincia de) Yun nan os bárbaros descêrão dos montes a roubar, e os empregados da terra nem por isso se esfôrção a embaraçà-los.	他這个也是沒奈何因爲在雲南苗子下山打劫偷東西地方官倒不勉力阻擋他們
Nas conquistas tambem os Turcos se rebellárão, degolarão o general em chefe, e fizérão escravos tres generaes;	在口外又有回子作乱起來了把元帥斬了首級拿三个叛軍當奴才
Logo entrando pela China acomettêrão as tropas do govêrno, e as vencêrão; ultrajão a nossa gente, e não ha excesso, que não comêttão.	後來進中國地方在各省攻官兵都得勝了。隨便欺負我們的人无所不爲
Verdadeiramente no nosso reino ha mûitos Turcos, e estes logo se rendem, e os ajúdão.	原來我們處國裡頭有回子多他們立刻投降相幫他們
O Imperadôr, ouvindo estas noticias, ficou fora do seu juizo, mas passado hum instante tornando em si, irou-se muitissimo, e teve hum grande sentimento.	皇上一听這些信文頭昏迷了、等一同兒省悟了忿怒的了不得心裡爽痛的受不得
Pegou em alguns empregados, parte depô-los, e parte desterrou-os: e aos rebeldes, que seguião os Turcos tirou os olhos;	把多少文武官一半革了那一半充軍了把跟回子的反叛都挖了眼睛

图7.2 《汉字文法》正文第100页

《汉字文法》的葡萄牙文书名全称为 *Arte china constante de alphabeto e grammatica comprehendendo modelos das differentes composiçones*（Macao：Real Collegio de S. José，1829），译为英文为 *The Chinese Art of Writing and Grammar，with Models of Different Compositions*。全书共 550 页，正文部分 502 页，大部分为汉语和葡萄牙语对照的形式，另有近 40 页的前后附录文件。全书结构如下：

Prologo（序）

Capitulo Ⅰ　Alphabeto China（汉字笔画表，汉字和葡式标音）

Capitulo Ⅱ　Frases vulgares e sublimes（习语，按照笔画数，口语或俗话和文言对照）

Capitulo Ⅲ　Grammar（语法，短句集）

Capitulo Ⅳ　Syntaxe（句法，按照词类列举例句，口语和文言对照）

Capitulo Ⅴ　Dialogos（问答，共四十六章）

Capitulo Ⅵ　Proverbios（俗语或成语、惯用语）

Capitulo Ⅶ　Historia，e fibula（历史、寓言）

Capitulo Ⅷ　Composicoes Chinas（作文、古文）

Appendice（附录）

Indice（索引）

从全书结构看，这部教材从汉字入手，再到短语、短句、句法、篇章、写作，兼顾口语和书面语，体系相当成熟。按江沙维在序言中的介绍和内田庆市（2011）的考证，《汉字文法》所描写的汉语口头语言是北京话或者北方方言，这和江沙维同时代的马礼逊、卫三畏等在编写汉语教材时以广东话为主构成鲜明区别。在全书的序言中，江沙维指出①：

> 汉字是由字根（elementos）组成的。但是通过对各种教科书的研究，我发现中国人在学习汉字的时候往往直接学习其读音，却并不学习其字根。这就好像我们在学习我们的语言时教师只讲解单词怎么读，而不是从 ABC 开始。所以，对我们来说，在汉语学习过程中首先要做的就是认识汉字的字根，并在“字母表（Alphabeto）”中对其进行归类。当然，这种做法并非本人的创新之举。只是这种

① 江沙维原文为葡萄牙文，此处的译文引用了王铭宇、卢春晖的翻译，“江沙维《汉字文法》序言”，《或问》（Wakumon），2015（28）：177-186.

研究方法既未被得到科学证实，也未能得到发展。我不敢说我的“字母表”是完美无缺的，只是希望能够在日后得到不断的发展和完善。

笔画（rasgos）、偏旁部首（generos）和差异部分（differenas）是汉字三大组成要素。我们将一些特殊的汉字成分（letras componentes）称为偏旁部首（generos），因为它代表了一个完整汉字的意义所归属的常规类别（这是汉语独有的现象）。例如汉字“海（mar）”“河（rio）”和“湖（lago）”都拥有一个共同的偏旁部首：“水（agoa）”，这意味着前述的三个汉字都归属于“水（agoa）”这一共同类别。对于这个部分我不需要做太多的工作，因为中国人虽然不会专门学习这些偏旁部首，但汉语字典（Diccionario）中已经列举了 214 类。但是我认为这样的分类对于外国人学习来说不太方便，需要进行简化。

中文字典是根据 214 个偏旁部首（generos）进行排列的，正如我们欧洲的字典是根据字母顺序排列的一样。但常常有中国学者质疑究竟哪些才算得上是真正的偏旁部首，哪些又不是？在字典中又该如何排序而让学习者能够查阅到某个偏旁部首呢？除此之外，有些偏旁部首仅仅出现在两三个汉字中，并且也不能代表汉字的含义。于是，我决定删除其中一些无用的偏旁部首。这么一来，我将原先的 214 个偏旁部首减缩到 129 个。尽管如此，缩减后的偏旁部首还是很难记诵。在编写中，这些偏旁部首按笔画顺序排列，当学习者在使用《汉葡字典》时可以根据笔画数寻找到它们大致位于哪一页。

另一个汉字的组成元素称为“差异部分（differenças）”，因为该元素是区别两个拥有相同偏旁部首（generos）的汉字的部分：要知道，大部分的汉字拥有同样的偏旁部首（generos）。任何一个汉字，甚至偏旁部首，都有可能构成另外一个字的“差异部分”。若要确定某一个汉字是否可以充当另一个的“差异部分”，则需要对此进行考察，看看中文的书写者是否这样进行使用。“差异部分”的总录包含 1300 个汉字，为了完成这项工作，我需要经常查阅著名的《大字典》（*Grande Diccionario China*）（应为《康熙字典》——作者注）。这项漫长的工作使得我更好地了解到汉字元素的某些特定含义。

存在这样的情况：某些部首被当作“差异部分”来使用，混淆了部首和“差异部分”的区别。因此，非常有必要制定一些规则使得人们能通过其“位置（posição）”而不是其“含义（significação）”来认识哪些才是真正的部首。欧洲字典就是根据这些规则编排的，当人们查到某个汉字时，也就查到了该汉字的释义。

……

尽管已经克服了种种困难，我还是不得不承认，与西方语言相比，汉语学习最大的挑战还不限于此，第一，汉字书写的难度。我们之前已经提到，汉字的发音的构成与其字形的构成没有直接关系。此外，汉字拥有不同的书写形式，也就是说，不同人书写出来的汉字也各不相同。而且汉字的使用比西方语言更为多样化，孰优孰劣难以辨别。汉字有四种书写体：隶书（redonda）、行书（corrida）、楷书（quadrada）和篆书（antiga）。其中前两者使用较为广泛，而第一种和第三种较为容易辨认。第二，汉字读音的难度。汉字在读音上比较接近，有时候听起来模棱两可，辨析度较低。

在汉语的发音方面我想了很多办法，例如使用我们的字母和符号来表示汉字的读音，但这一切还远远不够。毋庸置疑，一位优秀的老师必不可少。另外模仿也很重要。举个例子，一个葡萄牙人学习英文，如果他不去模仿别人说话的声音，那么就算学习了发音的文法规则也很难听懂这门语言。学习文法规则，并经常与当地人交谈，你的外语一定能在短时间内突飞猛进。尽管我列举了学习汉语的种种困难，但已经有成功的例子可以跟大家分享：我的一些学生通过三年时间的学习后取得了不小的进步（当然还有提升的空间）。个别优秀的学生甚至在学习汉语的同时还在学习拉丁文。

江沙维所说的“字母”应是指汉字笔画，或由汉字笔画构成的偏旁部首以及汉字。《汉字文法》第一章便是“字母表”。把汉字基本笔画类比为西方语言的“字母”这一做法并非江沙维首创。更早的时候利玛窦也曾这样类比过，利玛窦曾在回忆录中指出：“我们先说他们的字母，或者更好说他们的文字，因为他们的字像似埃及人的象形文字。”（利玛窦，1986：22）这样的做法反映了他们自己的汉语学习过程和思考，也体现了他们对于汉语教学的经验。在“字母表”中，所有汉字或者部首都标注罗马拼音和葡萄牙语注释，部分汉字或部首下面还附有包含该字的常用词语或者搭配，对于西方学习者来说非常方便。

在第二部分“习语”中，江沙维收入了大量官话口语和书面语的习语表达，按照左边栏列葡萄牙语注释，右边栏汉语习语（先列口语，后列书面语）的体例编排。口语的例子看起来像是真实的会话，多以大段的对话形式出现，极有可能是江沙维的中国老师教授的内容，或者江沙维记录的中国人的真实对话。

在第三部分“文法”中，江沙维在左边栏列举西方语法中的条目，以及葡萄牙语的表达，右边则为汉语对应表述。但是汉语的表述却并非杜撰或者对葡萄牙语的翻译，更多的是来自书面语的例子或者真实的口头语言，而葡萄牙语则为对汉语的翻译注释。这一部分并不是严格意义的语法教材，江沙维也没有拘泥于西方语法的体例或者形式，而是采用了从汉语语言实际和汉语语言学传统出发的做法。有些例子采用文白对照，有些例子则是直接采自中国语言著作，并引用了中国语言学著作中的解释。葡萄牙语的语法条目，只是简单地列举语法现象对应的术语，以及非常简单的解释或者对汉语表达的注释。在这一部分的最后，还提供了大量针对倒装等句法现象的例子供学习者练习使用。江沙维的“文法”这一部分虽然不是独立的语法著作，但是其尊重汉语事实和中国语言学传统，以语法操练带动语法知识学习，例证丰富，练习充分，对学习者的帮助价值要远远好过马礼逊的《通用汉言之法》。

第五部分“问答”模拟了求谢、说是、商量、走、说话、听见、懂得、记得、年纪、逛、天气、时辰、四时、上学、在学房、问好、睡觉、起来、穿衣裳、早上拜望、吃点心、吃早饭、喝茶、说中国话、西洋人拜望中国人、买书、赁房子、打听一个人、新闻、写书子、换东西、打猎/打鱼、行路、裁缝、鞋匠、病人、管工程、农夫、做买卖、打架、当家、光棍、教（宗教）、买办、堂官/承差走堂等多种功能和场景的口头对话，是典型的交际型教学材料。从所给语料看，真实性比较高，不像外国人杜撰的例子，所以如果仔细阅读这一部分的话，对于当时的西方人学习真实的汉语口头表达应是有很大便利，对于今天我们了解当时中国民间生活和市井百态也提供了直观的语言材料。

第六部分“俗语”中江沙维提供了大量汉语成语、谚语的例子。其后第七章则为中国历史文化的介绍，包括历史年代的划分、主要历史文化人物的介绍、常用的历史文化典故等。第八章讲中国作文方法，包括“起承转合”等中国作文的传统技巧及五言、七言古诗律诗的做法、对

文法　　也　*Particulas Sublimes.*　170

Ia he expletiva final.	也 語助之辭也
Humanidade he homem.	仁就是人△仁者人丨
Tem esta sentido.	有這个意思△此之謂丨
Ora o que elle me diz, naõ he	他对我說的不是諂媚
lisonja.	△玆其所与吾言非媚丨
Por que lhe he semelhante, o	因為髣髴所以看不起他
despreza?	△以其近似而忽之丨
Ao que está de fora naõ se deve dizer.	事情不可会外人說△不足為外人道丨
Por que está taõ triste?	為什么這么大憂悶呢△何其憂之深丨乎
Tambem he expletiva terminante.	矣 决辭也
Naõ ha tal.	没有的事情△未之有丨
Faltaõ-me as posses.	氣力不彀哇△力不足丨矣
He hum sábio.	真是个君子△君子人丨
E ainda deve retrahir de demandas.. E ainda ha de atirar ao arco...	還要令人不打官司罷△必丨使無訟乎 一定还射箭△必丨射乎
Tambem he expletiva suspensiva.	矣 辭之餘也
As suas palavras... saõ boas.	他說的話呢是善話△其言丨善
O vicioso, quando tem faltas...	小人有過失一定裝飾他
disfarça-as.	△小人之過丨必文
Naõ es tu?	不是你么△非子丨耶
O honrar os pais, e respeitar os irmãos maiores, he o essencial da humanidade.	孝弟二條是仁德的根子 △孝弟丨者其為仁之本与
Naõ o tendo, he fortuna	若沒有他、死也好
morrer.	△罔之、生丨幸而免

图 7.3　《汉字文法》第 170 页

文法　　*Figurada*　180

Ploce.	
Naquelle tempo *Iam Hu* era tigre.	那時候陽虎就是个老虎一樣 △其時陽虎即虎也
Epanalépsis.	
Ora se quem tem falta lhe consta, e ainda he reprehendido severamente, que felecidade! e se tem quem lhe diga as faltas quotidianas, e elle entra em si, que felicidade!	如今一个人有過失若有人告訴他責罰他就好了若天天的不是有人告訴他改過來更好了△夫以有過得聞人復為之深責何幸而得此、而爾日之愆尤得人而感悟何幸而得此
Epizeuxis.	
Ah aguia aguia, como está relaxada a doutrina....	鳳凰鳳凰德行怎么衰敗了 △鳳兮鳳兮何德之衰
Climax.	
Quem quer ordenar o seu reino, ordena primeiro a sua casa, e quem quer ordenar a sua casa, primeiro se reforma a si mesmo.	人要管他的國先管他的家要管他的家先修他的身 △欲治其國者先齊其家欲齊其家者先修其身
Quem lê versos, na intelligencia da palavra não prejudique a sentença nem na da sentença o sentido principal.	解詩的人不因字害句也不因句害大意△說詩者不以文害辭不以辭害志
A verdade naõ se extingue, e se extinguindo dura, durando se manifesta, e manifestando-se chega a remota posteridade.	真實不息、不息就長久、長久就發顯、發顯就到無窮△至誠無息、不息則久、久則徵、徵則悠遠
Polyptóton.	
Batalha reino com reino, e povo com povo.	國土同國土百姓同百姓爭鬥 △國与國民与民相爭丨國与國相競民与民相爭

图 7.4　《汉字文法》第 180 页

偶、平仄、虚实、押韵、排律等规则和修辞手法。其中有选文示范，并教以八股文、圣谕、告示、契约、书信等公文程式，例如《左传·郑庄公戒伤守臣》、《魏微谏太宗十思疏》、李白《春游宴桃李园序》、柳宗元《箕子碑》、古诗《大风歌》等，既有官方文告，又有书信体例，还有古诗文、唐宋八大家的优秀作品。叶农（2010）评价这部书“实际是一部汉语的综合性教科书”，我们认为这个判断是准确的，江沙维的《汉字文法》应该被视作是19世纪初叶一部高水准、有很强针对性的综合性对外汉语教材。比较遗憾的是，这部教材使用葡萄牙语作为其写作语言，而19世纪传教士和其他西方来华人士的主要工作语言为英语，而且江沙维一直偏居澳门，与中国内地的西方人士交通不便，所以他的这部教材的影响力和本身水准不相称，即使到今天，对于江沙维的汉语研究成果，人们的认识也还有待提升。

2. 裨治文的《广东方言读本》(1841)：百科全书式的汉语教材

裨治文（Elijah Coleman Bridgman，1801—1861），美部会传教士，也是第一位美国来华的传教士。1830年2月25日，他从波士顿来到广州。当时中国尚不可能公开传教，他主要是向马礼逊学习汉语，以及进行其他一些准备工作。他参与创办并主编英文期刊《中国丛报》，向西方介绍中国的文化、历史、语言、风俗，丰富了美国人对中国的认识，奠定了美国汉学的根基。他曾参与1844年《望厦条约》、1858年《天津条约》的工作。他还曾参与翻译中文《圣经》，并先后参与创立了中国益智书会、马礼逊教育协会、中国医药传道会以及上海裨文女校等。裨治文不仅是美国第一位来华传教士，也是美国第一位汉学家。1838年，裨治文出版了他的中文著作《英理哥合省国志略》（*Brief Geographical History of the United States of America*），介绍美国地理书、历史和制度，在1862年更名为《联邦志略》（*A Brief Account of the United States of America*），在上海再版①。裨治文很早就有意要编写一本汉语教材，1841年，他用英文写成的《广东方言读本》（*Chinese Chrestomathy in the Canton Dialect*）(以下简称《读本》）在澳门由卫三畏出版，本书为大8开本，693页，是美国人有史以来编纂最早的汉语教材，也是在中国写作完成的第一本练习广东方言的实用手册，具有重要的历史意义（顾钧，2013)。

---

① 详见华人基督教史人物辞典，http://www.bdcconline.net/zh-hans/stories/by-person/b/bi-zhiwen.php.

在《读本》介绍中，裨治文交代，他之所以要编写《读本》，是因为想学广东方言的外国人日渐增多，但自 1828 年马礼逊的《广东省土话字汇》问世以来，“一直没有其他有价值的工具书出版，对这一方言的忽视显然难以适应日益增长的中外交流”，而马礼逊的《字汇》又接近于词典，并非严格意义的教材。裨治文的这一部专门的综合性教材很好地填补了空白。同时，这部教材的编写过程，也得到了马礼逊、罗伯聃[①]和卫三畏等人的协助。

内容上，全书除介绍部分外共分 17 章，分别是[②]：（1）习唐话（关于学习汉语口语、阅读和写作的对话）；（2）身体（身体部位）；（3）亲谊（亲属称谓、关系等）；（4）人品（人的品行、阶层等）；（5）日用（日常生活事务）；（6）贸易；（7）工艺；（8）工匠务；（9）耕农；（10）六艺（礼、乐、射、御、书、数）；（11）数学；（12）地理志；（13）石论（矿业）；（14）草木（植物学）；（15）生物；（16）医学；（17）王制（政府事务）。因此本书看起来类似一部百科全书，学习者在习得广东话的同时，也学习了关于中国的有用知识。

在体例上，裨治文的《读本》每页分三栏编排，要学习的中文内容放在中间栏，左边栏为英文翻译或者注解，右边栏则为该中文内容的粤语注音。在三栏之下，更以脚注的形式对学习内容中需要进一步解释的部分详细阐述。这种编排体例对于学习者来说是非常友好的方式，同时也使得本书不仅适用于西方人学习汉语，也适用于作为中国人学习英语的材料。

《读本》在内容的收录上兼顾口语和书面语，既有大量粤语方言中的例子，也有许多来自中国各种书籍的例子。他在介绍的最后一部分提到本书的很多例子来自《三字经》《千字文》《圣谕广训》《三国志》《四书》等中国作品，但从书中看，他引例的来源还远不止这些。比如其“数学”一章，就包含了引自《三字经训诂》、《增删算法统宗》、《翠薇山房算学》

① 罗伯聃，Robert Thom，1807—1846，英国来华商人、译员。1840 年罗伯聃将《伊索寓言》翻译为中文，名为《意拾喻言》，他还把中国小说《今古奇观》中的故事译成英文，并出版过北京话教材《华英说部撮要》（*The Chinese Speaker or Extracts from Works Written in the Mandarin Language, as Spoken at Peking*. Ningpo: Presbyterian Mission Press，1846）。

② 括号前为原书所用术语，括号内为本书作者注释。

CHINESE CHRESTOMATHY

IN THE

CANTON DIALECT.

BY E. C. BRIDGMAN.

Macao.

S. WELLS WILLIAMS.

M DCCC XLI.

图 7.5　《广东方言读本》封面

6　STUDY OF CHINESE.　[CHAP. I.

24. How can you distinguish so many?	咁多點樣分呢	Kóm' ‹tó, 'tím yéung' ‹fan ‹ní?
By careful attention, this can be easily done.	細心就分得啫	Sai' ‹sam, tsau' ‹fan tak› ‹ché.
25. It is also necessary to hear them spoken.	都要聽過至做得	‹Tò íú' ‹t'ing kwó' chí' tsò' ‹tak›.
Come then, listen while I repeat them.	咁話你聽我講嚇	'Kóm wá', 'ní ‹t'ing 'ngó 'kòng lá'.
26. Please proceed.	請講	'Ts'ing 'kóng.
They are as follows: i. Pan, P'áng, Fán, are labials.	如賓彭翻就係唇音喇	‹Ü: ‹pan, ‹p'áng, ‹fán, tsau' hai' ‹shan ‹yam ‹lá.
ii. Tung, Tang, Tsoi, are linguals.	東登栽就係舌音喇	‹Tung, ‹tang, ‹tsoi, tsau' hai' shít› ‹yam ‹lá.
iii. Kóm, Káu, Kám, are gutturals.	甘交鍼就係喉音喇	‹Kóm, ‹káu, ‹kám, tsau' hai' ‹hau ‹yam ‹lá.
iv. Sín, Sau, Sz', are dentals.	先修師就係牙音喇	‹Sín, ‹sau, ‹sz', tsau' hai' 'ngá ‹yam ‹lá.
v. 'Ng, Ngáng, Ngák, are nasals.	吾硬額就係鼻音喇	‹'Ng, Ngáng', Ngák›, tsau' hai' pí' ‹yam ‹lá.
27. Such then being the proper way to learn, what course shall I now pursue?	咁話而家學乜野好呢	'Kòm wá', ‹í ‹ká hók› mat› 'yé 'hò ‹ní?
Whatever you find most convenient.	隨便學咯	‹Ts'ui pín' hók› lòk›.

图 7.6　《广东方言读本》的体例

本之《方田通法补例》、《数理精蕴》本之《几何原本》、《圜天图说》等书的大量例子（邓亮，2016）。在这些章节的百科知识中，既包含了中国本土的文化和基础科技理论，也加进了裨治文根据西方文化和科技知识所作的补充和阐释。学习者据此学习时，不但能同步地学习到汉语语言知识和“有用的中国知识”（这是作者在序言中交代的本书的编写目的之一），而且也有了一种对比的视角，对所学习内容自然会获得更深刻的印象。今天，我们还可以依据《读本》所收录的科学部分的汉语语料来研究当时中西科技交流和中国科技发展的状况。在收录例子的时候，裨治文坚持使用中国人自己的口头或者书面语的真实语料，而不是翻译自西方语言的语料，他认为翻译语料作为汉语教材中的例子对于汉语学习“不仅无用，而且有很大的伤害”（Bridgman，1841：ⅩⅩⅩⅵ），唯一的例外是涉及新出现的术语时，必须要使用对该术语的汉译。很显然，裨治文吸取了马礼逊等前人的教训，在语料选取上更为科学和贴近教学实际。

在介绍部分的最后一小节中谈到汉语的学习方法时，裨治文说，虽然所有的外国学习者都认为汉语非常难学，但是中国本土的小孩子却都能很容易地学会这种语言，所以外国人应该像本土的小孩子一样不停地说、读、写，并且从书本和老师那里获取一切可能的帮助。要每天、每小时不断地说和读，不断地重复，听别人说和读，重复地写听到和读到的内容，不断地操练，这样就或多或少能像本土的小孩子们一样自然地学会这门语言了。裨治文本人大约就是这样通过刻苦努力学好汉语的，这部教材正好凝结了他的学习经验。他的这一《读本》为后来的西方学习者提供了各种领域里的真实学习语料，作为一部近700页，大8开本的皇皇巨著，也的确为学习者提供了重复练习说、读、写的机会。但本书部头过大，不便携带和使用，同时它也没有提供相应的练习，学习者只能自己一遍遍重复学习上面的内容并归纳汉语的规律。然而最大的问题还在于，该书没有按照循序渐进的方式来编排学习内容，所以，这本教材作为一个高级阶段的读本是合格的，但是对于初中级的学习者而言，还是嫌太难了些。

3. 卫三畏的《拾级大成》：成熟的入门教材

1832年来华后，卫三畏先是在马礼逊创办的英文月刊《中国丛报》（*The Chinese Repository*）任编辑。在《中国丛报》上，卫三畏发表了多篇汉语研究文章，内容涉及语音、词汇、语法、语言接触等多个方面，其中对汉语语音关注最多。在经历了近十年的汉语学习和研究之后，并在总结了前人经验教训的基础上，1842 年，卫三畏出版了他自己独立编写的第一部汉语工具书——300 页的汉语入门教材《拾级大成》（*Easy Lessons in Chinese*）。这是一部以粤语注音的汉语入门教材，内容兼顾书面语和口语，共含 10 章，依序分别为部首、根字、读写、阅读课文、对话练习、阅读材料、数量词、翻译练习（两章）、阅读和翻译课文。卫三畏试图通过大量读、说、译的练习让学习者熟悉汉语语法形态，而不是机械记忆语法规则。此外，他选取的语言材料也覆盖了中国文化生活的多个方面，还包括圣经故事的中文译文。这部书和其后的《汉英韵府》成为后来新教入华传教士的汉语学习必读书（见张西平，2005：211）。相对于裨治文《广东方言读本》偏重于说的练习，《拾级大成》更侧重读、译的练习，显然是为了和《读本》互补。在阅读练习中，作者的编排是先给出中文，然后是拼音，然后是逐字的英译，最后是符合英语习惯的翻译。阅读练习遵循由易而难，循序渐进的编写原则，先是单句练习，然后逐渐过渡到成段的文字。翻译练习的安排也是如此，从字句的翻译到成段的翻译，从提供参考译文到最后不再提供参考译文，体现了书名“拾级大成”所反映的宗旨。

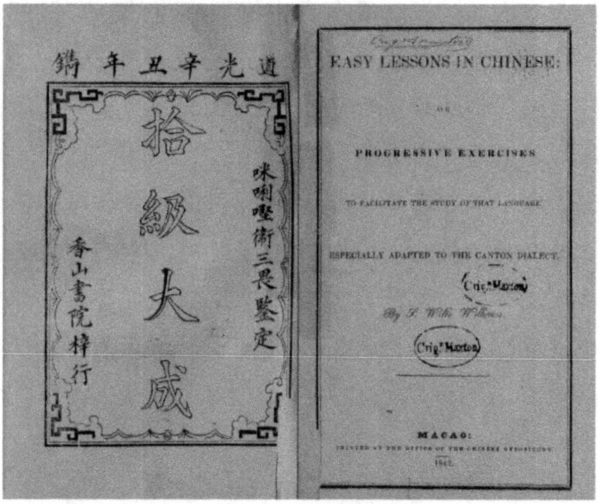

图 7.7　卫三畏《拾级大成》封面

在《拾级大成》序言中，卫三畏交代，虽然本书名曰专为广州方言编写的教材，但是实际上前四章以及第六、八、九章都适用于任何其他地区方言的学习。第一章讲汉字部首，对 214 个部首分别标注粤语发音、英语释义、《康熙字典》中该部首构成的字数和台约尔[①]根据《三国演义》统计出的该部首所构成的常用字，并包含了一个简短的由各部首组成的短句练习。第二章为汉字的根字（primitive），卫三畏大概是援引了这个词在英语中的意义，即“充当词语屈折或者派生形式的基础的词”。汉字没有屈折或者派生，但是有部首加汉字或者汉字加汉字或者部首加部首构成新的汉字的组合构字法。在卫三畏看来，形声字的声旁、214 个部首都可以充当根字。但简而言之，根字就是最基本的、具有再生性的汉字或部首。在马士曼统计的基础上（马士曼统计为 3867 个），卫三畏统计这样的根字大约是 1903 个。在他 1874 年的词典《汉英韵府》中，卫三畏又进一步把汉字根字压缩为 1040 个，并给出了一个详细的根字列表。第三章是汉字读写，讲汉字的朗读（读音）和书写知识，并提供大量练习。第四章提供大量摘自汉语文学作品的句子供学习者练习朗读和书写。第五章提供简短粤语口语对话练习，以便让学习者体会口语和前面学习的书面语的差异。接下来的第六章，从中国文学作品中摘录了部分段落，作为书面语阅读练习的材料，所有例句依然提供逐字注音和翻译。这些选文也可由教师选择作为识字、阅读或者翻译练习的材料。第七章讲汉语的量词，并提供大量针对性练习。第八章是翻译练习，同样是从汉语书籍中摘取一些段落，要求学习者进行汉翻英翻译练习。第九章却是英翻汉练习，首先要求学习者先掌握一个基本汉字，然后用该汉字进行英语句子的汉译练习；接下来是摘自汉语书籍的一些句子的英译，要求学习者回译为汉语；再往后是一些各种类型的英语句子，同样要求学习者进行汉译。第十章收录了大量公文、书信等实用文章，也包括一些更长的文学作品选段，要求学生阅读并翻译。

总体而言，卫三畏的《拾级大成》编写极为用心，书中出现的每一个汉字都会注明其读音和对应英译，汉语知识的讲解和练习结合紧密，练习设计也注意秉承由浅入深，循序渐进的原则。几乎所有的练习都提供了答案和详细的讲解，学习者使用起来非常方便。在很多地方，卫三

① 台约尔，Samuel Dyer，1804—1843，十九世纪来华基督教传教士，1827 年被伦敦会派往南洋向华侨传教。他在槟榔屿用大量时间研究和完善汉字的金属活字，他设计和铸造的三千个金属汉字活字，十分精美、准确、实用。他还出版过一本汉字活字体型选编《作印集字》(*A Selection of Three Thousand Characters Being the Most Important in the Chinese Language*，1834)。

畏甚至还为将本书作为教材的教师提供了教学的思路。如果学习者能遵循卫三畏的思路刻苦学习的话，假以时日，拾级而大成的概率，想来必不会小。

4. 丁韪良的《汉字解析读本》(1863/1897)：常用汉字的专门教材

丁韪良（William Alexander Parsons Martin，1827—1916），美北长老会来华传教士。在中国生活了62年（1850—1916，其间有4年时间不在中国)，曾长期担任北京同文馆的负责人，1898年起还被清朝皇帝任命为京师大学堂（北京大学前身）首任总教习。50年代在宁波传教期间，他参与创制了用拉丁字母拼写宁波方言的方案。1863年移居北京后，他又翻译了美国人惠顿的《万国公法》，后由总理衙门拨专款付印出版。《万国公法》的出版和传播，帮助了当时的清政府尽可能地维护中国利益，同时丁韪良在翻译过程中创制的一大批法律术语也为中国后来的法律学科发展和法制观念的普及起到了很大的作用。1869年，在海关总税务司赫德的推荐下，丁韪良出任京师同文馆总教习。在他的管理下，京师同文馆从组织管理到教学内容和方法都具有近代欧美学校的特点，培养出了近代中国第一批具有双语能力的外交官、外语教习和翻译人才。

图 7.8　丁韪良（William Alexander Parsons Martin，1827—1916）

丁韪良的这部汉语教材英文名为 *The Analytical Reader：A short method for learning to read and write Chinese*（Shanghai ：Presbyterian Mission Press，1863），原著未提供中文译名，本书暂且将其译为《汉字解析读本》。该书于1863年在上海美华书馆出版，后于1897年推出修订版。本书所依据的是1897年修订本。修订本篇幅共计204页，只能算一

常字雙千

THE ANALYTICAL READER:

A

SHORT METHOD

FOR

LEARNING TO READ AND WRITE CHINESE.

BY

W. A. P. Martin, D.D., LL.D.,

President Emeritus of the Imperial Tung-wen College.

Shanghai:

PRINTED AT THE PRESBYTERIAN MISSION PRESS.

1897.

認字新法

图 7.9 丁韪良《汉字解析读本》封面

部小型便携学习手册。1863 年第一版依据的还是南京官话，而 1897 年修订版则调整为北京话。如果对两种版本的注音进行对比的话，应该可以发现从当时的南京官话到北京话的差异所在。

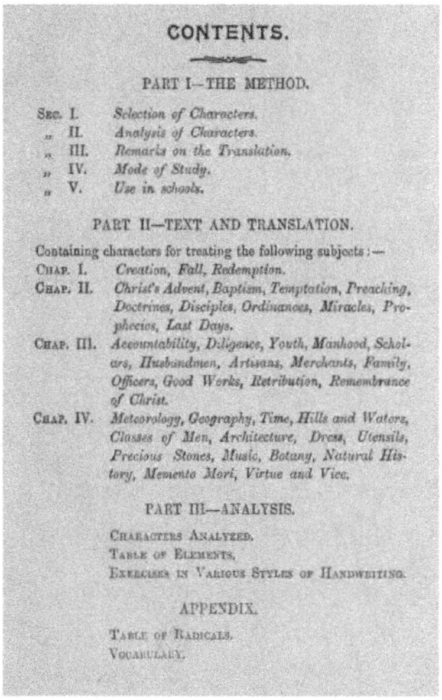
CONTENTS.

PART I—THE METHOD.

图 7.10 《汉字解析读本》目录页

本书内容共分三个主要部分。第一部分是本书的编写和使用方法介绍，包括作者按照汉字使用频率进行收录的选字原则、汉字的结构分解、本书的使用方法等。第二部分名为“常字两千”，即由两千常用字编成的四字格韵文课文及翻译，主题主要和圣经题材相关，在对开的两页中，左边页为课文内容及罗马字注音，右边页则为对应的英文译文及解释。这一部分可以看做是对两千常用汉字音、形、义的综合学习。第三部分名为“常字两千合释”，对前一部分课文中出现的汉字逐一进行部首分解，以便学习者学习记忆。其后是部首学习表，先列汉字部首，其后是注音，然后是英语解释。这一部分最后是这些汉字的五种不同书写形式（篆、隶、行、草、楷）的对照列表。最后一部分包含按照笔画顺序排列的 214 个汉字部首以及由它们构成的常用汉字（并附读音和英文注释）列表。

作为晚清著名的汉学家，《万国公法》的译者，京师同文馆总教习和京师大学堂的首任总教习，丁韪良的名声广为人知，但人们对他的兴趣多在他的翻译和教学管理，对他的这部小型汉语教材，注意者则寥寥。但他的这部汉语教材，以汉字使用频率为依据，收录两千常用字，并将其组合为课文，令学习者从读音、意义、使用语境、字形解析多方面反复练习，对于汉字的读写教学应该是有很好的效果，从其两次修订出版可以看出应该是受到了学习者的欢迎的，可惜我们目前尚未见到有对此教材的直接评述。此外，本书的前后两个版本分别采用南京官话发音和北京话发音，对于我们了解 19 世纪官话从南京音向北京音的转化提供了十分直观的对比材料。

5. 狄考文的《官话类编》(1892)：19 世纪末期的成熟之作

狄考文（Calvin Wilson Mateer，1836—1908），美国基督教北长老会来华传教士、教育家、翻译家和慈善家、中国近代科学教育的先驱。在山东从事宣教、教育长达 45 年之久，创办了中国第一所现代高等教育机构文会馆、广文大学（齐鲁大学之前身）；开设博物馆，传播西方的科学与文化，被誉为“十九世纪后期最有影响的传教士教育家”。在其人生最后十八年，担任圣经翻译委员会主席，主持翻译了流传至今的圣经中文译本“和合本”。[1] 他于 1892 年出版了一套成熟的、代表 19 世纪末最高水平的汉语教材《官话类编》（*A Course of Mandarin Lessons*，*Based on*

---

① 见华人基督教史人物辞典，http://www.bdcconline.net/zh-hans/stories/by-person/d/di-kaowen.php.

Idiom, Shanghai: American Presbyterian Mission Press, 1892）这套教材出版后广受欢迎，先后多次再版。2017 年，北京大学出版社还把该书纳入到了“早期北京话珍本典籍校释与研究”丛书并影印再版。这是一部实用的官话口语课本，它以课文为核心组织教材，将语法、词汇要点融入课文。它展示了南北官话的语言面貌，为研究南北官话提供了有价值的语料，也为早期北京话研究提供一些实证。作为 19 世纪末一部成熟的汉语教材，它也为当今国际汉语教育教材的编写提供了借鉴价值。

图 7.11　狄考文（Calvin Wilson Mateer，1836—1908）

图 7.12　传教士和他们的中国语言助手

（注：插图中的西洋面孔从左到右分别是鲍康宁、富善、狄考文以及美国美以美会的鹿依士（Spencer Lewis），照片右侧为他们各自的汉语语言助手。摘自 *China and the Gospel*, *Annual Report of the China Inland Mission*, 1906, p.47.）

本书对《官话类编》的介绍依据的是 1906 年的修订版。全书含前言、概论、课文和附录等内容合计 659 页。前言部分详细阐述了本教材

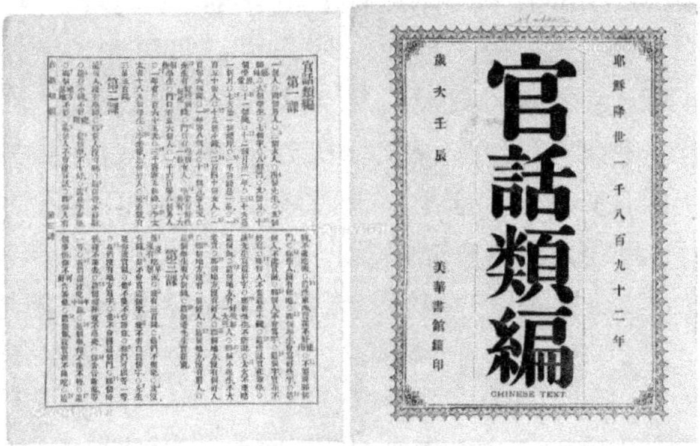

图 7.13 《官话类编》封面

的编写目的、过程、体例、风格、课文选择标准、拼音系统等。狄考文在前言中明确指出，本书坚持以口语为中心，即使书的后半部分有部分书面语体，但是这也只是作为口语的补充。这种取向是新教一贯重视口头语言传统的体现。狄考文的官话口语还注意兼顾到了南北差异，在概论和课文中都有介绍到北京话、南京话、登州话、九江话、威海话、重庆话等不同官话变体的特征。这种兼顾不仅便利了当时学习者对于清末官话不同变体的掌握，而且也为我们今天研究汉语通用语变化发展的历史提供了宝贵的资料。

全书课文多达 200 篇，每篇课文以语言知识点为纲，再配以 20—30 个包含该知识点的独立句子。课文中的句子难度由浅入深，起始阶段多为单句，后面循序渐进地收录更长更复杂的句子，以及一些简单对话。课文所含知识点串联起来即可视为狄考文的实用汉语语法体系，而且这一语法体系尊重汉语的本来面貌，而非对西方语言语法体系的机械模仿参照，更有助于学习者掌握纯正的汉语。这一体系看起来没有太多理论性，但是以语言实践为突破，学习者循之渐进的话，最终对于汉语语法会形成直观而立体的感受。为显示狄考文对汉语语法体系的建构，我们把他的 200 篇课文的题目呈现如下：

（1）量词“个”；

（2）指示代词“这”“那”；

（3）人称代词；

（4）所有格小词“的”；

（5）附属字（enclitic）“子”“儿”；

(6) 方位介词“在”；

(7) 过去时标记“了”“已经”；

(8) 直接疑问小词“吗”；

(9) 这里、那里；

(10) 助动词“来”“去”；

(11) 工具格动词“拿”；

(12) 常用连接词“和”“也”“又”“再”；

(13) 常用表示未来的形式“就”“必”“要”；

(14) 常用虚拟标记“若”；

(15) 程度词“最”“顶”“挺”“很”“至”“诚”“得”；

(16) 常用时间小词；

(17) 复合关系和不定（indefinite）疑问小词“甚么”“呢”；

(18)“的”与形容词连用；

(19) 形容词叠用表强调；

(20) 助动词“着”“之”；

(21) 自反代词“自己”；

(22) 肯定-否定句；

(23)“的”与动词连用；

(24) 过多的程度词“太”“忒”“过于”等；

(25) 与格（dative）标记“给”“替”“把”“与”；

(26) 特殊后置介词“前”“后”“左”“右”；

(27) 四个常用量词“把”“块”“件”“位”；

(28) 工具格动词“把”“将”；

(29) 助动词“起”；

(30) 作为助动词的“上”“下”；

(31) 带助词的肯定和否定；

(32) 限定方位词“这头”“那头”；

(33) 动词叠用；

(34) 疑问人称代词“谁”；

(35) 非定指代词“都”“凡”“众”等；

(36) 情态小词“这么”“那么”“怎么”；

(37) 方式和方所疑问词“怎么”“那么”“那里”“那儿”；

(38) 四个常用量词“条”“只”“头”“匹”；

(39)“的”表示施动和物质；

(40) 助动词“出”和“进”；

(41) 助动词“过”和“回”；

(42) 量词“本”“行”“部”“张”“管”“套”“句”“钉”；

(43) 助动词“得”；

(44)“就”的不同用法；

(45)“那”与量词连用；

(46) 复合关系词“所”；

(47) 后缀“头”；

(48) 数量形容词“几个”“多少”等；

(49) 限制性小词“只”“光”“寡”“单”“但”；

(50) 正反对立词；

(51) 限定性组合；

(52)“人”作为后缀；

(53) 被动形式“被”“教”“叫”；

(54) 工具格动词“使”“用”；

(55) 将来标记“将”“待”“得”；

(56) 反义连接词“或”；

(57) 概数“差不多”“几乎”；

(58) 比较级“更”“强”“似”“如”；

(59) 赞成与不赞成“愿”“爱”“甘心”等；

(60) 句尾小词“罢”；

(61) 句尾语气词“啦”“咯”“啊”“哪”；

(62) 表相互的助词“相”；

(63) 表相互的代词“彼此”；

(64) 数量副词“一回”“一次”“一遭”等；

(65) 受现在制约的最近过去时；

(66) 个别代词“各”“每”“逢”；

(67) 重复构成的分配（distribution）；

(68) 量词“棵”“科”“乘”“只”“口”“副”“剂”“间”“根”“堆”“匹”；

(69)“好”的各种用途；
(70)是否：“是”“喳”“好”“中”“可以”；
(71)致使动词“教”“使”“令”“给”；
(72)附属字“家”；
(73)“发”表示发展；
(74)助动词“开”；
(75)助动词“住”；
(76)助动词“到”；
(77)致使小词“因”“为”；
(78)推论小词“所以”“因此”“故此”；
(79)接受性动词“受”“挨”等；
(80)“这么着”；
(81)例外性连接词“却”；
(82)禁止：“别”“休”“莫”；
(83)让步：“任”“凭”“管”；
(84)口语代词：“咱”“恁”“您”；
(85)“多”作为疑问词；
(86)总量：“满”“合”“浑”；
(87)“几时”“多会”；
(88)“了”作为助词；
(89)“呢”的各种用处；
(90)“当”的各种用处；
(91)助动词“动”“倒”“犯”；
(92)助动词“及”“送”“掉”；
(93)句首感叹词“啊”“呸”等；
(94)连接词“虽……却”；
(95)转折连词“但”“然”等；
(96)概数“大半”“大概”等；
(97)“仍”“仍然”“照旧”等；
(98)助词“处”；
(99)比较；“比”“似”“像”；
(100)量词：“阵”“座”“场”“枝”“铺”“根”等；

(101) 助动词“尽”“定”“完”“成”等；
(102) 助动词“见”“透”“破”“坏”；
(103) 情态词缀“法”；
(104) 表必须的“务”“必”“须”“总”等；
(105) 数字“一”表示聚合；
(106)“一”表示同一性；
(107) 强调性重复；
(108)“屡次”“时刻”表示重复性行为；
(109) 助词“明白”“完全”；
(110) 连接词“与”“同”“连”；
(111) 完成体小词“既”；
(112) 对立小词“倒”“反”；
(113)“来”的特殊用法；
(114) 复合动词的重复；
(115) 突然性表达“忽然”“猛然”；
(116) 确定性表达“定”“准”等；
(117) 特定时间的表达；
(118) 现在时；
(119) 过去时；
(120) 将来时；
(121) 强烈否定表达“无非”“并非”等；
(122)“见”的特殊用法；
(123) 表渐进；
(124)“打”的各种用法；
(125) 量词“朵”“事”“轴”“角”“封”等；
(126) 开始：“原”“起”“本”等；
(127) 结束：“到底”“竟”“归期”等；
(128)“一”用于作文；
(129) 关联词；
(130) 可能性表达“许料”“敢”等；
(131) 表忧虑：“恐”“怕”等；
(132) 条件性小词“倘”“如”“设”等；

(133) 表假设的关联词；
(134) 祈愿："愿""巴不得"等；
(135) 表例外的短语"非离""除了"等；
(136) 断言性短语"果然""当真"等；
(137) 一般性程度词"极""甚""仅"等；
(138) 过渡性连词"而""且"等；
(139) 连续性短语"还带着""再加上"等；
(140) 量词"尊""班""眼""帮""包""力"等；
(141) 特殊程度词"希""精""透""并""刚"等；
(142) 特殊程度词"通""老""溜""怪""争"等；
(143) "头"与动词和形容词连用；
(144) 介词短语"至于""论到""及至"；
(145) 工具格动词"以"；
(146) "其"在官话中的用法；
(147) 实义量词；
(148) 特殊程度词"绝""皎""活""齁"等；
(149) 特殊程度词"雪""漂""滚""松"等；
(150) 限定性小词"惟""独""专"等；
(151) 特殊疑问词"岂""难道""焉"等；
(152) 不确定性表达"未必""不一定"等；
(153) 疑问代词"何"；
(154) 特殊叠用修饰词"间""巴""糊"等；
(155) 特殊叠用修饰词"张""渣""滋"等；
(156) 关联词"已经……谅来"等；
(157) 关联词"但凡……谁肯"等；
(158) 不定代词"全""共""俱""尽"等；
(159) 特殊意图表达"持""故""偏"等；
(160) 表假设的词和短语"即便""纵然"等；
(161) 表经常性的词"间或""轻易"等；
(162) 表达即时性的词"立时""立刻"；
(163) 表示诧异的词"谁知""不料"；
(164) 关联词"只要……无论"；

(165) 关联词“总……又”；
(166) 特殊叠用修饰语“腾”“轰”“拉”等；
(167) 特殊叠用修饰语；
(168) 令人不快的极性程度词“的慌”“布刺”等；
(169) 比较连词“况”；
(170) 特殊性列举；
(171) 敬语词；
(172) 过剩的表达“以外”“格外”“分外”等；
(173) 强调性赞同“赶自”“可不是”等；
(174) 句尾否定程度词；
(175) 关联词“就是……还能”“不是……乃是”；
(176) 关联词“不是……乃是”等；
(177) 小量副词“些微”“稍微”等；
(178) 表推断的短语；
(179) 不现实性表达“奈何”“无奈”等；
(180)“可”用作动词性前缀；
(181) 含三个词的关联结构；
(182) 含四个词的关联结构；
(183) 助动词“死”“煞”；
(184) 四字成语；
(185) 四字成语；
(186) 表数量的四字成语；
(187) 推断性短语“总而言之”；
(188)“们”“甚”“怎”“咋”等的特殊用法；
(189) 性别词“男女”“公母”等；
(190)“便”作为“就”的对等表达；
(191) 连续性短语“甚至”“至于”等；
(192) 过去时表达“曾”“尝”；
(193) 关联词“宁可……也不”；
(194) 关联词“宁肯……也是”；
(195) 四字成语；
(196) 四字成语；

（197）简练的隐喻；

（198）调侃；

（199）双关语；

（200）谜语、对子。

从课文知识点的分布来看，狄考文的习惯和马若瑟比较接近，即都不着眼于汉语语法理论的系统建构，而是倾向于从常用汉字和小词以及习惯用法着手来了解汉语特性，促进汉语学习。每一篇课文围绕一个知识点或者一类习惯表达来展开，围绕常用字、词和习惯用法来选择例句，并循序渐进地增加例句长度和难度，对于汉语教学有很强的可操作性。本教材不是专门的汉语语法书，狄考文在书中也没有提出系统的汉语语法构架，但是他借用了很多西方语法的概念和术语，并以这些概念术语为课文的主要知识点，这对于西方学习者而言是会让他们感到亲切和熟悉的做法，狄考文有利于他们更快地理解汉语的特性。同时他也注意到要避免像马礼逊在《通用汉言之法》中生造汉语表达去对应西方语法概念的做法，狄考文所选择的语料都是真实的汉语口语表达，甚至还兼顾到南北不同地区官话在发音、词汇、句法等方面的差异性，这就使得他的课文内容不仅对于当时的学习者有很大的价值，而且对于现代语言学研究者也有重要的历史价值。

在课文内容的编排上，每篇课文大体上分四个部分。第一部分是课文及英译，在每页的上半部分分左右两栏排列。左边栏的课文很少连贯的段落，而是相互之间没有关联的、包含课文知识点的独立句子。右边栏则逐句提供英文对照翻译。页面的下半部分首先是对课文知识点的讲解，接下来是词汇列表和注释，对课文中的主要词汇和语言知识进行详细讲解。这种内容编排方式，对于学习者很友好，已经非常接近成熟的现代对外汉语教材了。

在课文之后，本教材还包括三个附录内容。第一部分是各课的补充词汇和短语列表。第二部分是对话和演说，包括“盘问西事”、“备造楼房”、“家务常言”、“媒人说媒”、“追逃账目”、“诉讼小品”、“风水”、“买卖讲价”、“生童考试”、“亲眷相称”等十篇常见交际场景对话，以及“太甲悔过”、“武王誓师”、“孟子”等三篇口语体文章。第三部分是本书所含汉字的音节索引和部首索引。

总体而言，狄考文的这部《官话类编》总结了前人的经验，结构完整，编排合理，语料丰富，教学可操作性强，是19世纪末一部成熟的汉语学习教材。这部教材即使放到今天，其中很多理念和思想也不落伍，对于今天的对外汉语教材依然有重要的启示价值。此外，该书包含的清末汉语官话语料，对于我们了解研究汉语口头语历史演变也有重要的价值。

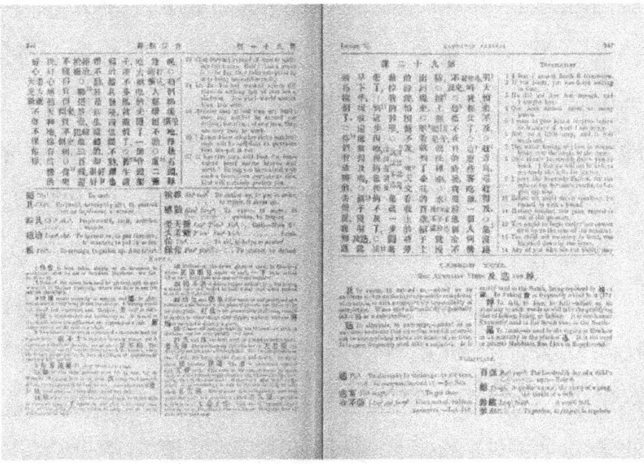

图7.14　《官话类编》课文体例

三、来华传教士的汉语学习过程：以利玛窦和马礼逊为代表

从前文可以看到，大多数来华传教士在汉语学习过程中普遍遭遇了众多困难、挫折、沮丧和坚持后的收获与喜悦，但前文以对传教士群体的描述为主，对于传教士个体的汉语学习历程缺少直观呈现，故此处以两个不同时期最有代表性和开拓性的传教士——利玛窦及马礼逊为代表，描写他们在汉语学习过程中的遭遇，以期对传教士汉语学习的经历作更具象的刻画。

1. 利玛窦的汉语学习历程

早年在意大利生活期间，利玛窦受到了良好的教育。他先是在家乡的耶稣会学校接受初级教育，1568年到罗马圣汤多雷亚学院预科学习法律，后来于1571年中断法律学习，加入耶稣会，并于1572年进入耶稣会主办的罗马公学院学习哲学、神学和数学等学科。在这期间，他还学会了拉丁语和希腊语，而且会使用葡萄牙语和西班牙语。这些早期的语言学习，以及欧洲的人文教育传统对逻辑、语法、修辞等科目的重视，帮助利玛窦不仅打下了坚实的科学基础，也在语言的学习和研究方面做出了良好的准备：成熟的语言描写分析框架和丰富的外语学习经历。①

在 1582 年受耶稣会派遣抵达澳门后，利玛窦马上开始跟随罗明坚学习汉语。此前罗明坚已经自己摸索着学习了将近 3 年汉语，掌握了一万多个汉字，可以初步阅读中国书籍，并已经开始尝试用汉语进行写作，但此时他具体的汉语口头交际和写作能力如何，目前似乎还很难考证。不管怎么说，利玛窦比起罗明坚初来时的学习基础要好一些，但他自己也付出了艰苦的努力，才在汉语的学习上取得如此进展。如艾儒略在《大西利先生行迹》中曾这样描述：

> 初时，言语文字未达，苦心学习，按图画、人物，请人指点。渐晓语言，旁通文字，至于六经子史等篇，无不尽畅其意义。始稍著书，发明圣教。②

这简短的一段话，大致勾勒出了利玛窦的汉语学习历程。除了罗明坚提供的有限指导外，利玛窦主要依靠自己的学习，此外陆续请到了几位中国老师。在学习经验和资源极度匮乏的情况下，利玛窦最终在汉语的口语交际和阅读、写作能力方面都取得了巨大成功，甚至有 13 部中文写作作品最终被收入《四库全书》或《四库全书目录丛书》。利玛窦的汉语学习方法，我们大致可以概括为这几个方面：

（1）充分利用西方语言学知识进行汉语学习

汉语的发音和中国人给汉字注音的反切方式，对初来乍到的外国学习者都是一种很大的挑战，利玛窦亦莫能外。如果沿袭中国人学习汉字发音的反切方法，对习惯了拼音文字体系的外国人来说既不精确也不方便，费时费力又不讨好。为了克服语音学习的障碍，利玛窦借鉴西方拼音文字体系，为汉字创立了一套包含声韵母、声调符号乃至送气音符号的拉丁化注音系统，这一系统后来反映在他的《西字奇迹》中。利玛窦这一套拼音体系的建立，应该是来源于他的汉字学习过程，而这一套体

---

① 关于利玛窦早期在意大利的求学经历及在罗马公学院时的课程设置详情，可以参照王苏娜. 利玛窦的家庭教育及耶稣会人文主义教育背景 [J]. 北京行政学院学报，2013 (1)：125-128.

② 艾儒略. 大西利先生行迹 [M]. 出版商不详，1919：1.

系的建立不仅便利了他自己对汉字发音的学习，对后人也提供了很大的帮助。在他的体系基础上，后来又出现了金尼阁的《西儒耳目资》等更完善的拼音方案，现代汉语拼音方案在一定程度上也受到了利玛窦的影响。

在汉语的结构方面，利玛窦虽然没有像创制拼音那样模仿西方语法编制汉语语法体系，但是他也利用了西方的语法概念来对汉语结构进行比对和解析，以便于理解汉语的语法特征。例如，他观察到汉语没有和西方语言对应的性、数、格、时态、冠词等概念范畴，但这并不妨碍汉语的清楚表达。[①] 在西方语法知识的关照下，汉语的结构对于利玛窦来说显得轻松不过。

(2) 重视汉字学习

和其他早期传教士一样，利玛窦对汉字的数量和学习难度有夸大之词。如前文提到的他说“中国文字几乎等于绘画”，“有多少话、多少事，便有多少汉字”，“给记忆带来沉重负担”，其总量超过七万或者八万，而一个人要达到可以用汉字写作的程度，至少要掌握一万字以上。而实际上，现代人们一般使用的常用汉字不过四五千，利玛窦同时期的中国语言学家所编的词典中收字也很少到七八万。

为应对汉字学习的困难，利玛窦使用了他所掌握的神奇记忆法。他利用这种记忆法比较轻松地学会了大量汉字，同时也帮助他征服了大量中国知识分子。他通过分析汉字的象形结构，运用他的记忆法，结合自己的想象，令汉字的学习变得轻松起来。比如他在用中文撰写的《西国记法》中这样描写他的汉字象形记忆过程：

> 凡学记法，须以本物之象及本事之象，次第安顿于各处所，故谓之象记法也。假如记“武”、“要”、“利”、“好”四字，乃默置一室，室有四隅，为安顿之所，却以东南隅为第一所，东北隅为第二所，西北隅为第三所，西南隅为第四所。即以“武”字，取勇士戎服，执戈欲斗，而一人扼腕以止之之象，合为“武”字，安顿于东南隅。以“要”字，取西夏回族女子之象，合为“要”字，安顿于东北隅。以“利”字，取一农夫执镰刀，向田间割禾之象，合为

① 利玛窦．利玛窦全集——利玛窦书信集·上［M］．罗渔，译．台北：光启出版社，1986：279。

"利"字，安顿西北隅。以"好"字，取一丫髻女子，抱一婴儿戏耍之象，合为"好"字，安顿西南隅。四字既安顿四所，后欲记忆，则默念其室，及各隅而寻之，自得其象，因象而忆其字矣。

（《西国记法·明用篇》①）

对汉字学习的高度重视，加上自己掌握的这种"神奇记忆法"，使得利玛窦能较快地克服汉字学习的障碍，迅速发展书面语言的读写能力，并获得中国知识分子的认可。

（3）重视中国典籍学习

早期入华的耶稣会士普遍重视汉语书面语言的学习，特别是对中国典籍作品的学习，还在汉语典籍的翻译方面做出了很多努力。他们对典籍学习的重视，一方面可以说是为了了解中国文化并向西方传播，但是同时也是把典籍阅读学习当成了汉语学习的一种重要途径。利玛窦、罗明坚、马若瑟等耶稣会士都通过对四书等中国典籍的逐字细读、精研乃至翻译，达到对中国语言文化的了解和掌握。李贽在《与友人书》中就这样高度评价利玛窦：

住南海肇庆几二十载，凡我国书籍无不读，请先辈与订音释，请明于四书性理者解其大义，又请明于六经疏义者通其解说，今尽能言我此间之言，作此间之文字，行此间之仪礼，是一极标致人也，中极玲珑，外极朴实……②

谭树林认为，传教士之所以重视以四书为代表的中国典籍的学习和翻译，原因可以归纳为这样几个方面：

第一，以利玛窦为代表的来华耶稣会士认定儒家思想是中国传统文化的核心，而四书则最能体现儒家思想。

第二，传教士翻译四书，是为了学习汉语的需要。四书不仅最能体现儒学思想，而且是中国文人的入门读物和基本学习对象。而且四书的语言相较其他汉文经典，更接近口头语言，更浅显易懂，容易学习理解，记诵和翻译难度相对较小。最早在中国内地传教的罗明坚就在翻译四书，以作为来华耶稣会士学习汉语的材料。而据利玛窦讲，他奉范礼安之命为新来的传教士准备汉语学习材料时，

① 朱维铮．利玛窦中文著译集［M］．上海：复旦大学出版社，2001：147。

② 李贽．续焚书（卷一）［M］．北京：中华书局，1975。

就已经翻译了四书的部分内容，以指导新来的耶稣会士学习中国文言和正确的文体。① 而据学者研究，后来的耶稣会士在学习汉语时，确曾不同程度地利用过这些译稿，并对译稿不断地进行修改和加工、润色。② 安文思也说耶稣会士是通过四书来学习中国的文字和语言的。③

第三，耶稣会士通过翻译四书，研习儒家之学，也是出于积累与中国士大夫交往资本之需要。

（谭树林，2013：192-198）

其他晚些的传教士也提出了类似的观点，如美国传教士潘慎文④在《论中国经书在教会学校和大学中的地位》中指出："一个中国人为了受教育，他必须懂得本国的语言和文字，迄今发现唯一学习语言和文学的途径是通过认真学习经书。中国语言的经纬出自经书……学习经书被认为是语言的知识来源，乃是不可缺少的。"⑤ 传教士麦高温也指出："中国的经典著作对所有的中国人，无论他知识渊博还是没什么文化，仍旧具有深远的影响，对人们的思想意识仍占据着支配地位。""这些经典著作是这个国家唯一愿意采用的教科书，没有别的书能与它们竞争。"⑥

后人的这些观点，也印证了利玛窦等早期传教士重视中国典籍作品学习的合理性。

（4）重视汉语写作及翻译训练

利玛窦在汉语学习过程中不只是被动接受，在学习中国语言文化知识的同时，他也试图用中文进行写作。比如 1593 年，利玛窦在范礼安神

① Charles E，Ronan and Bonnie BC Oh. East Meets West：The Jesuits in China，1582—1773 [M]. Chicago：Loyola University Press，1988：253，268.

② 许明龙. 欧洲 18 世纪"中国热" [M]. 太原：山西教育出版社，1999：114。

③ 曾德昭. 大中国志 [M]. 何高大，译. 上海：上海古籍出版社，1998：60。

④ 潘慎文（Alvin Pierson Parker，1850—1924），美国监理会来华传教士。1875年来华，初在苏州等地传教，曾把《圣经》译成苏州及上海方言，并翻译代数、机械学等自然科学教科书。

⑤ 朱有瓛，高时良. 中国近代学制史料（第四辑）[M]. 上海：华东师范大学出版社，1993：127。

⑥ 麦高温. 中国人生活的明与暗 [M]. 朱涛，倪静，译. 北京：时事出版社，1998：59-61。

父的督促下开始攻读四书。他请到一位有学问的老先生，每天听这位老先生授课两个小时。一段时间后他就尝试用中文写一本有关教义的书，用自然推理证明基督教教主为真。[①] 1595 年，利玛窦的第一篇中文著作——《交友论》发表，为他赢得了广泛的名声，之后他还写作或者翻译了《二十五箴言》《天主实义》《畸人十篇》等多部著作，其中收入《四库全书》和《四库全书目录丛书》的就有 13 部。黄河清（2003）对利玛窦的著译作品详细统计后发现可能是利玛窦著译中首见的，现在仍在使用的 77 个词：

半圆、报时、北半球、北极、边、比例、测量、赤道、
大厦、点、地平线、地球、
度（①“经度或纬度”的“度”，②“角度或弧度”的“度”）
钝角、多边形、飞鱼、
分（① 经度或纬度中“度”下面的单位，②“一分钟”的“分”）
复制、割线、古典、弧（“圆弧”的“弧”）、会友、
极（“北极南极”的“极”）、角、界说、几何、金刚石、经线、
刻（“一刻钟”的“刻”）、罗经、面、面积、
秒（① 经度或纬度中“分”下面的单位，②“五秒钟”中的“秒”）
南半球、南极、平面、平行、平行线、
强（“1/4 强”中的“强”）切线、曲面、曲线、锐角、
三角形、三棱镜、上帝、圣经、圣母、审判、
时（“一小时”的“时”）、十字架、数字、四边形、天国、
天狼星、天球、天主、天主教、体积、推论、纬度、
纬线、线、西历、虚线、阳历、耶稣、银币、阴历、
仪器、月球、造物主、枕骨、直角、直线、子午线、
座（“星座”的“座”）

这些译创的词体现了他对汉语的贡献，同时也反映了他的汉语学习过程。在对中国语言文字和文化有一定基础后，利玛窦的大量写作和翻译活动使得他的汉语水平有更大、更快的进步，也对汉语本身作出了贡献。

2. 马礼逊的汉语学习与教学

马礼逊于 1807 年来华，在中国生活了 25 年。在十九世纪的中西交流

---

① 利玛窦．利玛窦全集——利玛窦书信集·上［M］．罗渔，译．台北：光启出版社，1986：139。

中，他在很多方面作出了开创性工作，比如他是第一个基督新教来华传教士，他编纂了第一部汉英/英汉字典《华英字典》、创办了英华书院、完成《圣经》中文全译本、第一个开设中西医结合的眼科诊所，等等。到十九世纪初的时候，相比早期入华的天主教传教士，马礼逊已经有了更多的学习资料可以借鉴，汉语学习相对要容易一些，但是毕竟还是缺乏成熟的教学条件和教学建制，天主教传教士也没有留下多少汉语教学的成熟理论和经验，所以马礼逊作为新时期传教士的先驱者，其汉语学习过程依然历尽艰辛。对于马礼逊的汉语学习和教学经验，我们可以从他的传记[①]和其他相关资料中一窥究竟。

(1) 利用抄写法进行汉语学习

从传记可以得知，马礼逊在来华前曾于 1805 年在伦敦学过一段时间的汉语。中国人容三德曾教过他一些关于汉语的初步知识，不过这个容三德似乎完全谈不上有什么教学经验或者方法，对马礼逊采取的教学方法简单而粗暴。他先是让马礼逊把半透明的白纸覆盖到汉字上用毛笔临摹，后来大概也教一些诗词和其他基础，但是容三德耐性不太好，马礼逊跟他的学习过程显然不是很愉快。马礼逊在容三德处学到多少很难从目前史料中得知，但是应该效果不佳，因为传记显示他从大英博物馆把中文新约译稿和借自皇家学会的《汉语一拉丁语词典》都誊写了一遍。作为汉语学习的一种手段，这种学习方式现在看来虽然费时费力，不足借鉴，但是对马礼逊本人却起到了无心插柳的效果，他后来所从事的《圣经》翻译以及词典编纂工作从这些学习过程中应该获益不少。对教学内容的抄写，一方面帮助马礼逊掌握汉字结构，学会汉字，另一方面对于所抄写内容也同步进行了学习。当然，这是一种需要耗费大量时间和超凡毅力的方法，是特定历史阶段和历史条件下的一种权宜之计，现代对外汉语教学过程中恐怕很少有人会用此作主要的学习手段。

(2) 向中国本土老师学习

马礼逊 1807 年 9 月抵华后，将学习中文作为第一要务，不放过任何获取中文知识的机会，除随时向店东、仆人请教外，还专门聘请教师教授中文，已确知的就达七位。[②] 他不仅学习书面语，也向身边的中国人学

---

① 艾莉莎·马礼逊. 马礼逊回忆录［M］. 北京外国语大学中国海外汉学研究中心翻译组，译. 郑州：大象出版社，2008。

② 苏精. 马礼逊和他的中文教师［C］//马礼逊与中文印刷出版，台北：台湾学生书局，2000：55-78。

习口头语言，既包括官话也包括广东方言，所以后来他既能编写官话的汉英词典，也能编写广东话的方言词典。19 世纪初清政府对于中国人和外国人接触依然控制严厉，在聘请教师困难的情况下，马礼逊充分利用一切机会向身边的中国人学习，也利用一切机会锻炼自己的口语，甚至在澳门的教堂里直接尝试用中文布道传教。他在日记中写道："对于一个欧洲人来说，没有中国人的帮助，要成功地学会中文几乎是不可能的。"1809 年马礼逊致伦敦传教会的报告中，他写道："这两年间无论早、中、晚，我都在努力地学习；现在我能给广东总督写出语意清晰的中文信函，也和几个政府的高级官员当面交谈过。"（艾莉莎·马礼逊，2008：142）这种积极的学习态度让他的中文水平在入华后迅速提升，在 3 年后的 1810 年，马礼逊就已经翻译了多部著作，如《使徒行传》《路加福音》《约翰福音》等。

（3）研讨式教学方法

在成为东印度公司的中文教习后，马礼逊特别注重教学方法的制定，其中，研讨式教学法就是他的一个创举。1826 年，马礼逊在东印度公司广州商馆教授中文时制订了一个详细方案：

> 1. 每个礼拜二晚八点，在马礼逊博士住所召集学习中文的学生及他们各自的中国教师。
>
> 2. 学生和中国教师用中文自由交谈前次聚会确定的主题，可以用英语作出必要的解释。
>
> 3. 在聚会那天晚上来临之前，学生应该向马礼逊博士提交他们想得到的答案，或者通常交谈的问题或话题；其中一个或多个问题将会确定下来作为随后聚会的主题。书中难懂的篇章，或让学生困惑的成语、惯用语，可以当面提交给中国教师谈论，中国教师给出他们的观点。
>
> 4. 希望从中国教师那里得到有关自然珍奇物品或者艺术品意见的女士和先生，可以提前把物品送来，或者在聚会当晚带来；如果是来访者提出的有关中国历史、宗教、道德、法令、习俗等问题，可以通过聚会主持人向中国教师提出。
>
> （艾丽莎·马礼逊，2008：215）

这种研讨式学习融合了交际法、主题教学法、任务教学法、文化教学等多种方法和视角，在马礼逊之前从未有传教士尝试过，其各种方法在今天的对外汉语教学实践中还广泛应用。可以说，马礼逊在汉语教学上的理念引领了他的时代。

(4) 翻译的方法

和早期入华的耶稣会士一样，马礼逊也特别重视通过翻译进行汉语学习的方法。在他的汉语学习过程中，他边学习边翻译，把翻译作为一种有效学习的方法，事实也证明这种方法是卓有成效的。除了《圣经》的全译本外，马礼逊的翻译作品还包括不少中国典籍作品，如《三字经》《大学》《三教源流》《太上老君》等。另外，他的多部词典中也包含了大量术语、例句的翻译，他的很多术语创新翻译都是奠基性的，为中国现代词汇体系作出了很大贡献。从耶稣会士到马礼逊的这种通过翻译进行汉语学习，同时翻译作品也直接转化为成果的成功方法，在今天的对外汉语教学中可以继续尝试。

总体而言，马礼逊在汉语的学习和教学中尝试了不少方法，从他个人来说也取得了良好的收效，但是他在汉语学习上的精进，其实更多还是有赖于他的勤勉和坚毅，持续不断的学习和研究才是促使他取得成功的最大秘诀。但是他的一些成功经验和方法依然可以为今天的汉语教学提供一些启示意义。谭树林把马礼逊在中国、南洋和英国本土的汉语教学活动的意义概括为这样几点：

> ①激发了英国传教士学习中文的热情，许多传教士借此熟稔中国语言和文学，对英国在华乃至南洋地区的传教事业有较大的推动作用。
>
> ②为英国培养了一批通晓中文的外交、商务人才，其中最著名的当属其子马儒翰和德庇时（John Francis Davis）。
>
> ③为19世纪英国汉语教学与研究的制度化奠定了基础，对19世纪英国汉学乃至英语世界汉学发展起到极大的推助作用。
>
> （谭树林，2004：36-48）

无论是利玛窦还是马礼逊，他们在汉语学习与教学方面的经历和经验，目前都还未能得到更多详细史实的支撑，都还值得我们去做更深入的专门研究。更深入的研究，不仅对我们了解汉语教学史具有重要意义，对于现代汉语教学也会产生重要启示。

小　　结

本章回顾了从早期耶稣会士到19世纪末传教士们在汉语教学和汉语教材上的探索过程，并对利玛窦和马礼逊两个个体传教士的汉语教学经历进行了描写。早期天主教传教士们筚路蓝缕，虽然没有成熟的专门教材，但是在语音、汉字、语法、辞书等各方面作出了开创性的工作，为后来者打下了良好的基础。到19世纪末20世纪初，来华传教士们的汉语教学已经有很好的基础，有专门的汉语培训学校和体系性良好的专门教材及各类辅助学习材料。本章在此介绍的只是有较好代表性同时学界关注度不是特别高的几种教材，希望读者能从中窥见清末传教士汉语教材的概貌。事实上，明清两朝传教士编纂的汉语教材数量庞大，我们很难完全搜集统计。此外，同时期来华的外交官、海关洋员等也编纂了大量汉语教材。王澧华、吴颖等在2016年专门出版了3本关于这几类来华人群的汉语教材研究文集。从这几部文集中我们可以大体了解到明清时期西方来华人士编纂的汉语教材的风貌。此外，近年来对外汉语教学领域的其他学者对此类教材进行了大量发掘和研究，产生了大量专题硕博论文和研究文献。对于对外汉语学界而言，来华传教士的汉语学习经历和汉语教材还有很大的研究空间。利玛窦和马礼逊两个个案的分析为我们提供了一些启示，但更大群体的传教士在汉语学习过程中经历了什么样的困难，他们如何克服这些困难，有哪些经验和心得，对汉语的学习规律如何认知，他们编写的教材有何种针对性，教学效果如何，有什么样的现代启示意义，等等，这些问题都有待更系统深入的研究。此外，他们的汉语教材中所包含的汉语历史语料，对于今天的语言学研究者也是宝贵的资料。近年来有越来越多学者利用这些资料来研究汉语在语音、词汇、语法结构等方面的变迁过程。相信在未来，这些文本会在汉语历史研究方面发挥更大的作用。

第八章　传教士的汉—外及外—汉翻译研究

引　　言

在中国历史上，出现过几次翻译的高潮。第一次高潮当推汉代到宋代的佛经翻译。这一波翻译浪潮不仅引进了佛教思想，深刻地改变了中国人的思想和文化形态，而且对于中国的语言和文学也产生了深远的影响。梁启超（1998：166-169）把这种影响归结为三个方面：第一，新词语的创制，包括赋予汉语旧词以新义，如“真知”“众生”“因缘”“果报”等；以及由梵语音译而来的新词，如“涅槃”“般若”“刹那”等。据说汉唐两代经翻译而新增的汉语词汇达三万五千条之多。第二，语法和文体上的变化，如不用传统文章中的“之乎者也”等助词，不用骈俪词句、多用倒装句、提挈句和重复前文句式、同一文中散文诗歌杂陈等。第三，文学情趣的发展，如《孔雀东南飞》与《佛本行赞》等长歌体相仿，《儒林外史》之类小说与《大乘庄严论》近似，《封神榜》《水浒传》《红楼梦》《西游记》等都受到佛典之影响（见何绍斌，2008：40）。而第二次翻译高潮，则要推明末清初入华耶稣会士以来的翻译活动。这一次翻译高潮在对中国语言文化的影响力上丝毫不逊色于佛经翻译所带来的第一次高潮。

自明末耶稣会士入华以来，直至二十世纪初，在差不多四个世纪的时间里，入华传教士为了便利其立足中国，深入中国社会，最终方便传教，在西学译介方面做出了大量的努力，留下了大量翻译作品。他们的译介工作，一方面是主动的文化交流，另一方面也是一种适应性的姿态和策略。如在1599年8月15日的一封信中利玛窦说：“汉语对我们西方人来说，发音太难了。我觉得通过写文章来表达意思容易得多。只要把西方书籍中的一些东西翻译成汉语就足以令中国人吃惊。”（见平川祐弘，1999：236）在很大程度上，利玛窦等早期入华传教士正是凭借这种“令人吃惊的翻译”而得到中国知识阶层乃至朝廷的认同，从而打开基督教入华的大门。传教士的译介努力对促进中国的现代化进程，推动中国科技和文明的发展上产生了巨大的影响。与此同时，他们也不忘把中国文明成果向西方译介，这也很好地帮助西方人了解了中国的历史文化和科技发展状况。但总体而言，西学汉译所产生的影响力比汉学西译的影响力要更显著一些。

根据上海图书馆徐家汇藏书楼所收藏的钞本《明、清间天主教士著述要目稿一卷》和其他书目的初步统计，传教士译著出版的有 408 种，其中宣传宗教教义和耶稣会活动的有 305 种，社会政治理论和文艺类的有 40 种，科学技术类达 63 种（见卢调文，1995）。徐宗泽所著的《明清间耶稣会士译著提要》和梁启超著的《中国近三百年学术史》对明清传教士译著也有所介绍，但实际上自明季到民初，传教士译介活动异常活跃，翻译活动参与者众多，覆盖领域从人文到社会到科技，几乎无所不包，译著或正式出版或以抄本流传，林林总总，要做一全面系统的统计几乎是不可能的事情，无论是徐、梁著作还是本书，都无法面面俱到或者统计出准确的数字，只能择其要者而概述之。

一、传教士的西学汉译

在《中国近三百年学术史》一书中，梁启超说：“中国知识线和外国知识线相接触，晋唐间的佛学为第一次，明末的历算学便是第二次。”梁启超这里的明末历算学指的是以利玛窦为代表的明末来华耶稣会士与中国士大夫如徐光启、李之藻等人合作的天文、数学等领域的西方书籍编译工作。当然来华传教士的翻译工作绝不仅限于天文算学，据马祖毅（2004：267）的综合统计，明末清初来华的传教士中，知名的总计在七十名以上，计有译著成书三百余种，除宗教类书籍外，其中有关科学的有一百二十余种。这其中无论是以著述还是翻译形式出现的，多数实际上是编译。在一百二十余种科技编译中，利玛窦、汤若望、罗雅各[①]和南怀仁[②]四人的译著就达七十五部之多。马祖毅（2004：267-304）将这些

① 罗雅各，Giacomo Rho，1593—1638，明末来华的天主教耶稣会意大利籍传教士。天启二年（1622 年）来华，曾在山西传教多年。崇祯三年（1630 年）到北京，与汤若望等继邓玉函修订历法，编成《崇祯历书》。著译有《哀矜行诠》《测量全义》等。

② 南怀仁，Ferdinand Verbiest，1623—1688，比利时籍耶稣会士，1658 年来华，是康熙皇帝的科学启蒙老师，精通天文历法、擅长铸炮，曾主管钦天监，官至工部侍郎。著有《康熙永年历法》《坤舆图说》《西方要记》等。

译著分为天文学和数学、物理学和机械工程学、采矿冶金、军事技术、生理学和医学、生物学、舆地学、语言学和文学、经院哲学及宗教等共计九大类。在天文和数学领域，徐光启、李之藻等中国学者与利玛窦等传教士密切合作，所有基础知识和术语均经中外双方斟酌推敲后才推出，共同助力奠定了后世中国天文和数学之基础。力学方面，翻译的代表作是《泰西水法》和《奇器图说》。前者由熊三拔①和徐光启合译，1612年完成，共六卷。后者由邓玉函②口授，王徵笔录，天启七年初刻。地理方面，有利玛窦的《坤舆万国全图》以及庞迪我③翻译、后由艾儒略④增补的《万国全图》。艾儒略编译的《职方外纪》（1622）是中国历史上第一部用汉文撰写的世界地理著作。艾儒略还在1637年刊行了《西方答问》一书，以知识百科形式介绍西方文化。1674年，南怀仁将《坤舆图说》二卷付印。

这些世界地图和地理文化知识开阔了当时中国人的眼界，颠覆了很多知识分子对世界的认知。中国人开始认识到之前洋洋自得的所谓“天朝大国”、“世界中心”其实不过是地球之一小部分，宇宙之一隅，内心受到的震撼可想而知。这种震撼进一步让他们感受到西学的先进性，进而推动他们在思想上发生变化。明末清初的一些士大夫正是通过认识世界地理开始，打破了“中国与四夷天下秩序”的陈旧观念，开始接受新的世界意识，并用平等的眼光审视中西文化之短长。这种心理的变化，直接引发了其后延续几个世纪的思想革命历程（见谢天振等，2009：113）。梁启超在《中国近三百年学术史》中说：“明朝以八股取士，一般

---

① 熊三拔，Sabatino de Ursis，1575—1620，天主教耶稣会意大利籍传教士。1606年来华，到北京传教，协助钦天监修订历法，1617年因南京教案被押解到澳门。1620年死于澳门。译著有《泰西水法》《简平仪说》《表度说》《中国俗礼简评》等。

② 邓玉函，Johann Schreck，或称Jean Terenz，1576—1630，天主教耶稣会德国传教士。1619年7月22日抵达澳门，1621年到杭州传教，1623年到达北京。著有《远西奇器图说》。

③ 庞迪我，Diego de Pantoja，1571—1618，西班牙籍耶稣会传教士。1599年抵澳门，两年后抵北京，著作包括《七克大全》（简称《七克》）、《庞子遗诠》、呈于中国皇帝的手绘世界地图等。

④ 艾儒略，Giulio Aleni，1582—1649，意大利籍耶稣会传教士。1610年来华，在澳门神学院讲授数学，1613年到福建传教。著作有《万国全图》《职方外纪》《西学凡》《耶稣传》《西方答问》《性学粗述》《乾舆图记》《几何要法》等。

士子，除了永乐帝钦定的《性理大全》外，几乎一书不读。学界本身，本来就像贫血症的人衰弱得可怜。”中国学者和天主教传教士来往，对于各种学问有精深的研究，在这种情况下，学界空气，当然变换。清代经世致用之学，一般以讲求实行、实证、实用、实效为主，梁启超认为是受到徐光启、利玛窦的影响（见马祖毅，2004：303）。

在语言文学方面，利玛窦的《西字奇迹》（1605）、金尼阁的《西儒耳目资》（1625）创制了最早的汉语拼音体系，在本书前面章节中已有详细介绍，对中国语音学的贡献无须再赘述。另外，利玛窦在《畸人十篇》和庞迪我在《七克》中曾经介绍和翻译过伊索寓言，1625年金尼阁口授，张赓笔传过《况义》一卷，即《伊索寓言》的选译本。

黎难秋在他的《中国科学翻译史》（2006）一书中综合多种信息来源，整理出1629年之前已知的主要科技类译书如下（黎难秋，2006：237-238）：

《西国记法》，利玛窦，南昌，1595；

《惊天该》，李之藻、利玛窦，北京，1601；

《西字奇迹》，利玛窦，北京，1605；

《乾坤体义》，利玛窦、李之藻，北京，1605；

《浑盖通宪图说》，李之藻、利玛窦，北京，1607；

《几何原本》，利玛窦、徐光启，北京，1607；

《简平仪说》，熊三拔、徐光启，北京，1611；

《泰西水法》，熊三拔、徐光启，北京，1612；

《表度说》，熊三拔口授，周子愚、卓尔康笔记，北京，1614；

《同文算指》，李之藻、利玛窦，北京，1614；

《圜容较义》，李之藻、利玛窦，北京，1614；

《天问略》，阳玛诺①，北京，1615；

《测量法义》，利玛窦、徐光启，北京，1617；

《勾股义》，徐光启、利玛窦，北京，1617；

《西学凡》，艾儒略，杭州，1623；

《职方外纪》，艾儒略增译、杨廷筠汇记，杭州，1623；

《西儒耳目资》，金尼阁、韩云、王徵等，绛州、西安、杭州，

① 阳玛诺，Emmanuel Diaz，1574—1659，葡萄牙籍耶稣会士。

1626/1627；

《远镜说》，汤若望，北京，1626；

《地震论》，龙华民[①]，北京，1626；

《远西奇器图说录最》，邓玉函、王徵，北京，1627；

《寰有铨》，傅泛际[②]、李之藻，杭州，1628；

《睡答》，毕方济[③]、徐光启，1629；

《画答》，毕方济、徐光启，1629；

《交友论》，利玛窦撰译，王肯堂润色，南昌，1595；

《日月星晷式》，注译者不详，1622；

《二十五言》，利玛窦，北京，1604；

《况义》，金尼阁，西安，1625；

《灵言蠡勺》，毕方济、徐光启，上海，1624；

《长算补注解惑》，3卷，孟三德[④]；

《远镜说》，4卷，孟三德；

《浑天仪说》，孟三德；

而自1629年修历至明末，除了《崇祯历书》的一百余卷译编书籍外，传教士在各地还有一些零星译书，今可考者如下（黎难秋，2006：250）：

《几何要法》，艾儒略，1631；

《名理探》10卷，傅泛际、李之藻，1631；

《空际格致》2卷，高一志[⑤]译，韩云订，1633；

《古今交食考》，汤若望，1633；

《人身图说》，罗雅各译；

《人身说概》，邓玉函译，毕拱辰记，1635；

《西方问答》，艾儒略译著，1637；

《火攻挈要》，汤若望译，焦勗述，1634；

---

① 龙华民，Nicholas Longobardi，1559—1654，意大利籍耶稣会士。

② 傅泛际，Francois Furtado，1587—1653，葡萄牙籍耶稣会传教士。

③ 毕方济，Francesco Sambiasi，1582—1649，意大利籍耶稣会传教士。

④ 孟三德，Duarte de Sande，1547—1599，葡萄牙籍耶稣会传教士。

⑤ 高一志，又名王丰肃，Alfonso Vagnone，1568—1640，耶稣会意大利籍来华传教士。

《天学略义》，孟儒望译著，宁波，1642；

《周岁警言》，罗雅各译著；

《天文历法国师》，罗雅各译著；

《开成纪要》，抄本，译者不详；

《欧罗巴西镜录》，抄本，译者不详；

但上面这些只是目前可考的译书中的一部分，据多方统计（见黎难秋，2006：255），自明末刻印《几何原本》（1607）到清雍正逐西方传教士止（1723），传教士共计译述天文学、数学、地理学等自然科学书籍132种，其中就有42种是在康熙时期翻译的。这期间，传教士译介但未见刻印，未能传诸后世的西学著作当不在少数，现在很难一一考证。

自清末西方传教士跟随西方殖民者的坚船利炮再次进入中国后，西学的译介又进入一个新的高潮。这一时期翻译的范围和数量都远远超过前一时期，甚至出现了多家专门的机构译介西学。比如麦都思1843年在上海设立的墨海书馆（The London Mission Press）翻译了大量科技书籍；美国传教医生嘉约翰（John Glasgoa Kerr，1824—1901）1859年在广州设立的博济医院编译了大量西方医学书籍；1892年，上海的同文书会（The Chinese Book and Track Society）更名为广学会（Society for the Diffusion of Christian and General Knowledge Among the Chinese），在其后30余年间翻译了大量神道、哲理、法律、政治、教育、实业、天文、地理、博物、理化之类四百余种书籍；1860年成立于上海的美华书馆（The American Presbyterian Mission Press）在宗教书籍之外也翻译出版了部分科学书籍。这一波由西方传教士掀起的新的翻译浪潮，与中国洋务运动及革新图强的知识分子自发的翻译浪潮合并，几乎是把西方科技、人文、社会领域的基础性著作都译介了一通。而且与前一阶段耶稣会士译介的科技理论主要侧重基础性的古典知识不同的是，这一波新的翻译浪潮译介了更多西方最新的科技和人文成果，直接有力地推动了中国社会发生风起云涌的变革，加速进入现代化进程。

关于明清之际西方来华传教士的西学译介活动，目前从历史、科学、文化、翻译学科史等多个角度出发的研究实际上已经相当充分，对于传教士的西学译介在影响中国科技和社会的现代化进程方面的贡献，学术界并无太大争议，但是对于传教士的西学汉译的语言学意义，我们似乎还可以继续探索下去。关于传教士西学汉译的语言学意义，我们可以从这几个角度去讨论：术语体系；词汇形态构成的改变；句法结构的影响；修辞风格的影响；等等。本书前文已专章讨论过传教士翻译对于汉语词汇系统的影响。目前来看，讨论西学译介对汉语语法欧化以及对汉语术语体系的影响的研究比较多，但是这方面的研究还欠缺系统的、有数据支撑的证明，还可以继续深入和系统化。

一个典型反映传教士翻译活动对汉语语言学影响的例子是西式标点在汉语行文中的落地过程。在耶稣会士进入中国之前，中国还没有标点符号体系，行文中语气的承转停顿、语义的完结等都要靠读者经过长时间训练和朗读后才能形成所谓的“句读”功夫。如唐代文学家韩愈在《师说》中就有“句读之不知，惑之不解，或师焉，或不焉，小学而大遗，吾未见其明也”的句子。但句读能力的形成费时费力，且对同一文本，著者和读者可能有不同句读方法，而不同方法往往造成不同的意义解释，这给读写能力的习得带来困难，有时还会给交流带来不必要的障碍。传教士进入中国后，在他们的翻译和汉文写作中也引入了西式标点。除了在正文中运用标点符号以外，有的著作在“前言”、“凡例”、“发凡”等部分专门加以说明，吸引读者的注意。1838 年，裨治文在《美理哥合省国志略》中明确强调了标点符号可以达到“界限分明，句读不混”的使用效果。该书中使用的“、”“。”标点符号体系对后来的汉译西书带来了直接的影响。这种断句清晰、直观明了的符号体系很快也引起了中国学者的注意，接受了西式教育的中国新型知识分子在 19 世纪 70 年代后也加入了介绍西式标点符号的队伍中，他们的著述活动为 20 世纪初新式标点符号的形成客观上起到了铺垫作用。（孙建军，2008）

二、传教士的《圣经》翻译

明末耶稣会士入华后，在传教方面进行了多种尝试，但他们很快发现，直接传教的方式收效甚微，而通过文化交流、文化适应的形式则更容易被中国知识阶层乃至民间所接受。因此，诸多传教士很自然地将西学译介作为传教的手段，成为日常工作的重要部分。除上文讨论的科技类翻译外，《圣经》的翻译，自然是传教士翻译活动的重中之重了。《圣经》这一汉译名称的确定，就体现了早期传教士对于中国文化的适应策略。耶稣会士在翻译时，考虑到中国人对重要著作称“经”的传统，以

“经”对应基督教典籍，再在其前加上表示敬仰的“圣”字，由此得“圣经”之译名（见谢天振等，2009：75）。

总体来看，明末清初，即16世纪末到17世纪初，《圣经》在中国的翻译还很不系统。耶稣会士对基督教的教义和《圣经》的部分内容进行了介绍和阐释，对一些基本的概念进行了介绍，但是对《圣经》相对完整的直接翻译却未见之。比如利玛窦在他的《天主实义》一书上卷第二篇中说：“吾天主乃古经书所称上帝也。……历观古书，而知上帝与天主，特异以名尔。”这不是对《圣经》的直接翻译，但却可能是最早对基督教核心概念的阐释和翻译，中文里“天主”、“上帝”等基督教术语的发端也来自于此。倒是据传18世纪有几个未正式刊行的译本或者节译本，如法国传教士李明①提到的有天主教传教士将《圣经》完整译为中文，但没有流传下来（见吴义雄，2000：360）。此外，法国巴黎外方传教会传教士巴设②节译了拉丁文《新约》中的《福音书》《使徒行传》《保罗书信》和《希伯来书》第一章等内容，以手抄本流传；意大利耶稣会士贺清泰③节译了拉丁文本《圣经》共计34卷，命名为《古新圣经》，也以抄本流传。这些节译本成为后来马礼逊等人在翻译完本《圣经》时的重要参照（见谢天振等，2009：76）。

大规模的《圣经》翻译，却要到19世纪基督教再次登陆中国才拉开序幕。这一时期基督教各个宗派都在中国大规模开展传教活动，但在《圣经》的翻译上，唱主角的是新教传教士。这一时期参与翻译的人数众多，完整译本也多，而且还出现了包括文言、官话和多种方言在内的不同风格译本。如郭沫若就在1924年1月上海《创造周报》撰文指出：“今译一法，基督教徒运用得最为灵活，一部《新旧约全书》不知道有多少

---

① 李明，Louis le Comte / Louis-Daniel Lecomte，1655—1728，法国人，耶稣会传教士。1684年受法国国王路易十四派遣来华传教，被授予“国王数学家”、法国科学院院士。

② 巴设，或称白日升，Jean Basset，1662—1707，巴黎外方传教会（Foreign Missionary Society of Paris）会士。

③ 贺清泰，Louis Antoine de Poirot，1735—1813，耶稣会画家及翻译家，于乾隆期间担任宫廷画师。贺清泰曾以满语翻译旧约圣经，后又用中文白话翻译旧约圣经，其中夹杂北京俚语和土话。他亦负责北京与圣彼得堡两国外交通信中拉丁语与满语的翻译。

译本。单是我们中国所有的便有文言，有官话，有甬白，有苏白，更有注音字母的。他们广事翻译，惟恐其不普及，惟恐一般人难以接近。基督教之所以能传遍世界，这种通俗的办法实在是最有力的因素。”（见陈历明，2013）

最早的《圣经》全译本，来自英国籍新教传教士马士曼。但马士曼却并未到达过中国，他是在印度的赛兰坡与拉沙（Joannes Lassar，1781—1835）[①] 合作完成翻译的。1815 年，他们出版了《新约》的全译本，1822 年，他们又以《圣经》为名，把《新约》与《旧约》全译本合并出版。这是第一部完整的中文版《圣经》，后世称为“马士曼译本”。

1807 年，伦敦传道会的马礼逊抵达中国开始宣教工作，但因为当时清廷尚未解禁基督教在中国的传播，因此他还无法展开传教工作，只能依据差会的指示采取文字传教的策略，先从事汉英词典的编纂和《圣经》的翻译工作。据马礼逊夫人在《马礼逊回忆录》中介绍，伦敦会在马礼逊离开英国前夕指示：“我们相信你能继续留在广州而不致遭到反对，一直住到你能达到完全学会中文的目标。然后你可转入另一个方向使用你的中文知识做对世界广泛有益的事：一是你可以编纂一部中文字典，要超过以前任何同类字典；二是你可把《圣经》翻译成中文，好使世界三分之一的人口，能够直接阅读中文圣经。”（马礼逊夫人，2004：25-26）马礼逊与另一位伦敦传教会米怜（William Milne）合作翻译《圣经》，他们于 1813 年译完《新约》，1819 年底完成《旧约》，1823 年在马六甲的英华书院合并出版，名为《神天圣书》，史称“马礼逊译本”，常与马士曼译本并称“二马译本”。

虽然二马译本暂时满足了宣教的需要，但是作为草创之作，仍有诸多可以改进之处，即使译者本人，对译本也不尽满意，其他传教士的异议就更多了。因此，在 1836 年，由麦都思、郭实腊[②]、裨治文以及马礼逊的儿子马儒翰（John Robert Morrison，1814—1843）组成的四人修订小组成立，并于 1837 年完成《新约》修订，定名《新遗诏书》，在巴达

---

① 拉沙是在澳门出生的亚美尼亚人，中文水平应该不错，曾任加尔各答英印学院（Fort William College）中文教师。

② 郭实腊，Karl Friedrich August Gützlaff，1803—1851，自称郭实猎、郭士立，又被译为郭实腊，是普鲁士来华新教传教士，曾任香港英治时期的高级官员抚华道。

维亚出版。《旧约》的修订则主要由郭实腊完成，1838 年在新加坡出版，定名《旧遗诏书》。郭实腊后于 1855 年将修订过的《旧约》与《新约》合并出版，后世称“郭实腊译本”。

1842 年鸦片战争之后中英签订《南京条约》，中国开放五个通商口岸，割让香港，并解禁基督教。此后大量传教士涌入中国，基督教传播迎来了一个大好局面。在这种背景下，出版一本词汇统一、翻译完善、各方都能接受的《圣经》译本，就显得迫切而又必要了。因此，1843 年，各国新教传教士代表在香港召开了会议，商讨《圣经》中译本的修订问题，并就此成立了专门的委员会，麦都思、约翰·施敦力①、文惠廉②、裨治文、娄理华③、理雅各和中国文人王韬等都参与其中。但在修订过程中，委员们就 Theos，Deus，God，Spirit，Baptizo 等基督教核心概念应该如何移译到中文里产生了激烈争议，以致委员会因不能达成最后一致而分裂。这就是著名的“译名之争”了。④ 这一争论涉及自耶稣会士以来西方传教士对于中国文化的理解和传教策略的分歧，是一场旷日持久的论战，本书此处不再赘述。总之，译名之争导致修订委员会分裂成不同派系，最终英国传教士在伦敦会领导下于 1854 年完成《旧约》的修订工作，并于 1858 年将其与 1852 年版的《新约全书》⑤ 合并出版，史称“委办本”（Delegates' Version），而原来的修订委员会则在裨治文的带领下于 1863 年出版了修订后的《旧约全书》，即所谓“裨治文译本”。在此期间，最早退出委员会的美国浸信会邀请高德对马士曼译本进行修订，后者于 1853 年在宁波出版修订过的《新约》，其后又与罗尔梯⑥合作翻译了《旧约》，1868 年与之前出版的《新约》合为《圣经新旧遗全书》，史称

---

① 约翰·施敦力，John Stronach，1810—1888，英国伦敦会派遣来华的新教传教士。

② 文惠廉，William Jones Boone，1811—1864，美国圣公会主教，该会在华传教的开创性人物。

③ 娄理华，Walter Macon Lowrie，1819—1847，美北长老会第一位派往中国的传教士。

④ 关于“译名之争”的详情可参见吴义雄. 译名之争与早期的《圣经》中译[J]. 近代史研究，2000（2）：205-222。

⑤ 这一修订版由委员会共同完成，但是美国圣经会版本采用“神”对译 God，而英国圣经会版本则使用“上帝”。

⑥ 罗尔梯，Edward Clemens Lord，1817—?，美国浸信会来华传教士。

"高德译本"。

除了上述这些偏文言的中译本外，后来出现的有较大影响力的译本有 1866 年印行的由包尔腾①、艾约瑟、施约瑟②、白汉理③、丁韪良等人合作以北京官话翻译的《新约》；施约瑟 1875 年完成的官话版《旧约》，后于 1878 年与北京官话新约全书合印为《新旧约全书》，因施约瑟在翻译过程中，在武昌因为中暑瘫痪，从此之后只能用两只手指打字，这个译本又称为"二指译本"；杨格非④ 1885 年的浅文理译本《新约》（1889 年改为官话出版），等等。据统计，19 世纪各种其他译本或者节译本林林总总达到 30 余种，其中还包括一些方言译本或者罗马拼音译本。（见谢天振等，2009：82）

中文《圣经》译本的多样性给传教工作带来混乱，令信徒感到困惑。因此众多传教士继续努力呼吁译制一部统一的、各个教派都能接受的、同时又能适应不同文化层次读者的中文"和合本"《圣经》。在各方的努力之下，特别是在英国海外圣经公会驻中国代表韦威廉（William Wright）的奔走之下，各教派终于在 1890 年在上海举行了传教大会，大会最后决议成立三个不同的翻译委员会，分别负责文言文（深文理）、浅文理与官话三种译本，以期达到"圣经唯一、译本则三"（One Bible in Three Versions）的目的。浅文理和合译本的进度最快，于 1900 年已经完成《新约》出版，深文理则于 1906 年出版《新约》。由于十九世纪末、二十世纪初中国语文正在经历剧烈的变化，白话日趋流行，因此 1907 年的"马礼逊来华百周年纪念大会"决议将深文理与浅文理译本合并，仅出版一部文理圣经，合并之后的文理圣经最后于 1919 年出版。

今天我们所说的"和合本"通常指"官话和合译本"（Union Mandarin Version）。这个译本的翻译工作于 1891 年启动，由狄考文和富善分别担任负责人。两人都主张译文要归化，要符合中文口语习惯，如

① 包尔腾，John Shaw Burdon，1826—1907，英国圣公会来华传教士。

② 施约瑟，Samuel Isaac Joseph Schereschewsky，1831—1906，美国圣公会派驻中国的一位主教，创办了上海圣约翰大学。

③ 白汉理，Henry Blodget，1825—1903，又名柏亨利，美国公理会派遣来华的传教士。

④ 杨格非，Griffith John，1831—1912，又译杨约翰、杨笃信，英国伦敦会来华传教士，中国华中地区基督教事业的开创者。

富善就这样阐述他的翻译原则：

> **首先，译文要用白话，真正做到口语化；其次，译语要用全国通用语言，不可用方言土语；第三，文体要浅近明白，但必须要高雅简洁；第四，译文字句必须忠实于原文；第五，尽可能直译原文的比喻，不能只译大意。**
>
> **（见任东升，2007：176-179）**

“官话和合译本”最终于1919年在上海出版，名为《新旧约全书》，1962年修订后更名为《圣经》。这个译本在对原文的忠实度和译文的可读性方面都超越之前的所有译本，成为有史以来影响力最大的《圣经》中文本，也是传教士在中国主持翻译的最后一个中文本。自此，传教士的《圣经》中文翻译活动告一段落。

《圣经》的翻译，其意义不仅在于将一种新的宗教思想或者一种异质文化介绍到中国，它对中国的语言文学也产生了深远的影响。如朱自清就说，“近世基督教《圣经》的官话翻译，增富了我们的语言”。他还十分欣赏《圣经》中的诗歌的白话译文，认为“白话版《旧约》的‘雅歌’，尤其是美妙的诗”（朱自清，1999：69）。在新文学运动开始之初，有人攻击“白话是马太福音体”，鲁迅就回答“马太福音是好书，很应该看”（鲁迅，1992：89）。新文学运动先驱之一周作人在1921年的《圣书与中国文学》一文中谈及《圣经》译本对新文学语言建设的借鉴意义时说：“求‘三年之艾’去救‘七年之病’……这个疗法，我近来在圣书译本里寻到，因为它真的是经过多少研究与试验的欧化的文学的国语，可以供我们参考与取法。”朱维之在《中国文学底宗教背景——一个鸟瞰》一文中说：“《圣经》官话和合译本，是在新文学运动初发时完成的，它底影响不仅是用白话文完成的一部最初的‘国语的文学’；并且给新时代青年以新的文学作风、新的文学实质。”（见谢天振等，2009：87）作家沈从文曾承认他初学写作时就反复阅读白话《圣经》，“得到极多有益的启发，学会了叙事叙情的基本知识”，并“喜欢那个接近口语的译文，和部分充满抒情诗的篇章”。事实上，沈从文自然淡雅的行文风格也“深受马太福音体的影响”（沈从文，1981：135）。郭沫若（1947）将白话《圣经》对现代汉语的影响与佛经翻译对古汉语的影响进行类比，他说：

> **我知道翻译工作决不是轻松的事体，而翻译的文体对于一国国语或文学的铸造也决不是无足轻重的因素。让我们想到佛经的翻译**

对于隋唐以来的我们中国的语言文学上的影响吧，更让我们想到《新旧约全书》和近代西方文学作品的翻译对于现行的中国的语言文学上的影响吧。

此外，《圣经》的流行，也给现代汉语带来了大量新词汇、典故和意象等，例如：

天堂、地狱、天使、乐园、禁果、祈祷、礼拜、圣诞、忏悔、原罪、蒙恩、洗礼、选民、堕落、救赎、先知、福音、复活、撒旦、上帝、圣母、亚当、夏娃、摩西、圣经

伊甸园、十字架、创世纪、象牙塔、巴别塔、双刃剑、眼中刺、替罪羊、所罗门、基督教

挪亚方舟、三位一体、犹大之吻、以眼还眼

最后的晚餐、最后的审判、旧瓶装新酒、一报还一报、不劳者不得食、披着羊皮的狼

（见蒋骁华，2003）

蒋骁华（2003）指出，近代的《圣经》汉译，特别是《官话和合本圣经》，对汉语词汇和句法都产生了影响。更重要的是，它影响了“五四”前后几乎所有重要的中国作家（有些兼翻译家），正是他们大量的白话文创作和翻译奠定了现代汉语的基础，完成了汉语语言的现代转型。袁进（2016）认为《圣经》的官话译本，是“欧化”白话文本的典范，推动了晚清和“五四”时期的白话文运动发展，也推动了现代汉语的形成。传教士是最早认识到中国即将发生白话文运动的学者，他们推动了国语运动的发生。并且这一历史事实得到过周作人、沈从文等“五四”新文学作家的承认。从这些作家的直观感受和个人创作经历看，《圣经》对现代白话汉语产生过很大影响应该是毫无疑义的，但是在哪些方面、何种程度上、以何种方式生发过影响，现代语言学者可以以更为精确、实证的方法进行验证，当然这应当是另外一个宏大的课题才可以完成的任务了。

三、传教士的西方文学汉译

在对西方文学的译介方面，早期天主教传教士着力不多，大概是出于功利的考虑，他们的译介多集中在能迅速引起中国知识阶层注意的实用学科。即使带有文学性质的译介，也多和宗教主题相关。在翻译过程

中，传教士们也不严格按照原文进行翻译，而是采取“译述”的方式，在翻译过程中加入了很多阐释、议论甚至改写，译介的目的也多在证道。对早期天主教传教士，主要是耶稣会士的这种译介方式，我国台湾学者李奭学在《中国晚明欧洲文学——明末耶稣会古典证道故事考诠》(2010)和《译述：明末耶稣会翻译文学论》(2012)两本书中做了详细阐述，并在《译述》一书中对耶稣会士的八种主要翻译作品进行了细读。这八种翻译作品分别是：利玛窦的《西琴曲意八章》(1601)，系首部以汉语辑成的欧洲圣乐集；龙华民的《圣若撒法始末》(1602)，含三则证道故事和两则寓言，大约是中国最早的灵悟传奇(spiritual romance)，又兼有成长小说(Bildungsroman)的特质；汤若望口译，王徵笔记的《崇一堂日记随笔》(1635)，是首部欧洲上古圣传(hagiography)的汉译本；高一志编译的《圣母行实》(1629)，是中国首部圣母玛利亚奇迹故事集；高一志编译的《天主圣教圣人行实》(1629)，是欧洲中世纪圣传的首个汉译本；高一志的《譬学》(1633)，是首部以汉语译出的欧洲修辞学著作；艾儒略的《圣梦歌》(1637)，大约是英国诗歌最早的汉译；阳玛诺的《轻世金书》(1640)，是欧洲灵修小品文集的最早汉译。

除了这八种文学译著外，利玛窦的《交友论》(1595)、《二十五言》(1604)、《畸人十篇》(1608)、金尼阁的《况义》(1625)、高一志的《励学古言》(1632)、罗雅谷的《圣记百言》(1632)、卫匡国的《逑友篇》(1647)等都大体可以归入文学翻译之列，然而这些译介作品的主体依然和宗教、证道的主题密切相关。这其中，金尼阁与张赓合作的《况义》是第一本中文版的《伊索寓言集》，但翻译过程中经历了天主教化和中国化，以最终论证基督教教义在中国的合理性(孙琦，2014)。早期耶稣会士的这些文学翻译活动，虽然未见得有他们的科技翻译活动那么大的影响力，对中国语言文学的影响力的程度也很难考证，但是他们的存在“足以驳斥明清之际传教士没有翻译文学的言论，并将受西方文学影响的中国近代文学史的开端提前了两百余年”(孙琦，2014)。

进入到十九世纪后，传教士的译介随着传教局面的整体开阔而进入了一个新的高潮，这期间西方文学的译介也较前一阶段活跃了许多。其中新教传教士对西方文学的译介占据了更大的影响。他们翻译了大量西方文学的经典。除了继续大量翻译圣诗外，《伊索寓言》、荷马史诗及希腊文学(载《六合丛谈》)、小说《天路历程》和《百年一觉》(载《万国公报》）等经典作品都得到了译介（见方梦之，2011：345）。1840年，英国人罗伯聃和他的中文教师蒙昧先生合作把《伊索寓言》翻译成了流畅、地道、亦庄亦谐的杂录体笔记小说，并名之为《意拾喻言》，问世后受到中国读者、来华传教士和西方汉学家的一致欢迎，维持了60余年的独尊地位（王辉，2008）。罗伯聃本人非传教士，但是他和在华传教士来往密切，他的译本和其他汉语著作也多由教会出版，如《意拾喻言》就由基督教的出版机构广学会出版。1857年由伦敦传道会在上海的墨海书馆创办，由伟烈亚力主编的上海第一家华文报刊《六合丛谈》第一期上便发表了一篇由英国传教士艾约瑟撰写的介绍古希腊文学的文章《希腊为西国文学之祖》，文章称古希腊文学是西方文学之祖，文中还介绍了荷马史诗和古希腊戏剧。在《六合丛谈》接下来的多期中，艾约瑟陆续译介了关于希腊古典文学的基础性知识，对于当时的中国读者了解希腊古典学起到了很好的帮助作用。

1853年，英格兰长老会（Presbyterian Church of England）的首位宣教士宾为霖（William Chalmers Burns）将英格兰基督教作家、布道家约翰·班扬（John Bunyan）的基督教寓言诗《天路历程》（*The Pilgrim's Progress*）翻译成了汉语文言文。1865至1866年间，他又将其译成官话白话文，以扩大读者群。他在《天路历程官话》自序中这样解释官话译本的翻译动机："是书初系文语译成，高明之士，自能寻文按义，一目了然。庸众之流，仅能识字，未能解理，仍非予与人为善之心也。缘此重按原文，译为官话，使有志行天路者，无论士民，咸能通晓。"陈平原（2003）认为《天路历程》是"最早介绍到中国的英国长篇小说"。但当时官话并未在全国推行，很多方言地区的人看不懂官话白话文，因此后来该书又出现了闽南话（1853年）、宁波话（1855年）、福州话拼音（1855年）、广东话（1870年）、上海话（1895年）等多个版本，部分版本系以文言文版为底本翻译。其中广东白话文版本由循道会（Wesleyan Missionary Society）的传教士俾士（George Piercy）译出，其中插图和宾为霖文言版一样，均被"中国化"，尽管有少许半中半西的情况，但除了十字架，"基本上看不出所阐释的是一部英国小说"。（陈平原，2003）

除了这些翻译外，按宋莉华在《传教士汉文小说研究》（2010）一书所介绍，其他传教士的西方文学译介中还有大量儿童文学作品，如杨格非的浅文言小说《红侏儒传》(*The Terrible Red Dwarf*)、第一部由传教士翻译的儿童福音小说《金屋型仪》(*The Thirza*, *the Attractive Power of the Cross*),其后还有《欠债寓言》《焚船寓言》《安乐家》《两可寓言》《除霸传》等。狄考文的妻子狄文爱德翻译了《天路日程》(*Stepping Heavenward*),这是一部受《天路历程》影响而写作的日记体小说,此外她也翻译了《扣子记》。英国伦敦会的季理斐夫人翻译了不少福音小说,如《幼女遇难得救记》《贫孩得胜》《伶俐幼孩故事记》《饥渴有福》《幼女诞礼遗范传》《惜畜新编》《牲畜罢工记》。丁韪良也曾翻译《伊索寓言》的部分篇目。季理斐博士翻译了英国儿童文学女作家格铁夫人所著寓言故事《自然寓言集》的第二集《和声鸣盛》,他的妻子翻译了第一集,名为《喻言丛谈》。此外,传教士还翻译了《一千零一夜》《安徒生童话》《鲁宾逊漂流记》《格林童话》《豪夫童话》,并将莎士比亚、托尔斯泰、狄更斯、霍桑的名著改编为儿童文学。美国的亮乐月[①]创作和翻译了很多小说,如《东方一夕话》《改良家政小史》《各国童谈》《儆世名言》《客店无空房》《乱世女豪》《蒙养准绳》《秘园》《韦师母在包菜园》《五更钟》《小英雄》,等等。这类文学性文本和西方文学的知识性介绍对中国"文学"观念的变革起到了积极作用,传教士翻译中所运用的叙事文体、文学意象、语言风格、语法结构乃至遣词造句也通过不同的传播媒介慢慢渗透到汉语言之中,并为阅读者接受,这拓展了中国人的文学视野和想象空间,为后来的新文化运动、汉语语言文学的变革奠定了基础,也为我们当前研究中国近现代语言变革提供了宝贵的素材。

四、传教士的中学西译

来华传教士在把西学向中国译介的同时,也不忘把中国的历史、文化、科技等方面的成果向西方译介。这是一种自觉的文化研究与传播行为,利玛窦称之为"文化翻译"。他说:"一般来说学习外语的人会做翻译,不仅仅是会话的翻译,而是一种文化的翻译,并成为解释这种新发

---

① 亮乐月,Laura M. White,1867—?,美国美以美会(The Methodist Episcopal Church)传教士。她 1887 年来华,在南京创办汇文女校,受李提摩太邀请在 1912—1929 年期间担任《女铎报》第一任主笔,曾译介大量儿童文学作品到中国。

现的文化的人。”当我们阅读那些进入中国的耶稣会士的记录时，会惊奇地发现这不仅仅是传教士的记录，而是一种外国文化研究的报告（见平川祐弘，1999：43-44）。早期的耶稣会士就努力把中国的经籍和文学作品译成西文，向西方介绍中国文化。他们的中学译介活动丰富了西方对中国的认知，在一定程度上推动了欧洲“中国热”的形成和东西方文明之间的交流。

目前有实物可考的，第一部译介到欧洲的中国典籍是《明心宝鉴》[①]。最早把这部书译为西文（西班牙文）的是高母羡[②]和罗明坚，成书时间大约在1592年前后，其抄本或稿本可见于欧洲图书馆。（见姜新，2009）

其他中国典籍西译方面，有艾儒略《大西利先生行迹》所述利玛窦“尝将中国四书译以西文，寄回本国，国人读而悦之”，此即四书的拉丁文译本。（见裴化行，1993：257）

根据马祖毅（2004）和谢天振等（2009：221）的统计，我们可以看到如下关于中国典籍早期西译的信息：

1626年，金尼阁译五经为拉丁文，在杭州刊印，但译本未见流传。

郭纳爵与殷铎泽以拉丁文合译《大学》，名为《中国的智慧》（*Supientia Sinica*），1662年刻印。殷铎泽后又译《中庸》，称为《中国的政治道德学》（*Sinarun Scientia Politico-moralis*），1667年刻印。

1658年，卫匡国在慕尼黑出版了《中国上古史》，首次向西方介绍了《易经》及其卦图。

白乃心用意大利文编译了一部《中国杂记》（*Notizic Varie dell Imperio della Cina*），书末附有《孔子传》和《中庸》译文，1687年出版。

宋君荣[③]曾译《诗经》《书经》《易经》《礼记》，其中《书经》译本在他死后于1770年刊于巴黎。

---

① 《明心宝鉴》是大约元末明初由范立本辑录或整理的通俗读物。全书由20篇、六七百段文字组成，内容皆出自《尚书》《易经》《诗经》《礼记》《论语》《孟子》《庄子》《太上感应篇》《说苑》《颜氏家训》《景行录》等中国历代经典中的格言、警句，荟萃孔子、孟子、荀子、老子、庄子、朱熹等先圣前贤有关个人品德修养、安身立命的论述精华。明朝以后，此书即为通俗读物，也是最受欢迎的劝善书、启蒙书之一。

② 高母羡，Juan Cobo，1546—1592，西班牙籍多明我会传教士。

③ 宋君荣，Antoine Gaubil，1689—1759，法国籍耶稣会传教士。

刘应[①]曾用拉丁文译《礼记》的一部分，后又译《书经》六册，现藏梵蒂冈图书馆。

1687年，比利时传教士柏应理在巴黎出版《大学》《中庸》《论语》的译文和注解在内的《中国圣贤孔子》（*Confucius Sinarum Philosophus*）一书。

卫方济[②]曾以拉丁文译《四书》、《孝经》和《幼学》，1711年由布拉格大学图书馆印行。

马若瑟则节译过《书经》《诗经》，载于杜赫德主编的《中国通志》（1735）第二册298—308页。

傅圣泽有《诗经》法译，并附注解，是四册抄本。其他还有赫苍壁、白晋和宋君荣等人对《诗经》进行过译介。赫苍壁曾编过一部《诗经选译》；白晋也著有《诗经研究》；宋君荣译注了《诗经》。（见王宁等，1999：57）

法国传教士雷孝思[③]有拉丁文译本《易经》，1834年印第一册，五年后续出第二册。

《老子》的最早欧洲译本，大约出现于1750年。傅圣泽有拉丁文和法文合译稿《道德经评注》。1842年，雷慕莎译出《道德经》四章。《道德经》的首次全译本则是由法国汉学家儒莲完成，1842年于巴黎出版。

文学作品方面，马若瑟将元杂剧《赵氏孤儿》和明代小说《玉娇梨》译为法文出版。《赵氏孤儿》发表后，在欧洲立时引起轰动，伏尔泰和歌德等文人都对其表示浓厚兴趣，并对其进行改编，其后该剧还被译为英、德、俄等多种西方语言。雷慕莎的学生儒莲除了完成《道德经》和《孟子》的法译外，还翻译了《西厢记》《平山冷燕》《今古奇观》《白蛇精记》等多种汉语文学经典。除此以外，《好逑传》《百美新咏》等也有西译版。

---

① 刘应，Claude de Visdelou，1656—1737，法国人籍耶稣会传教士，与白晋等五人一起受法国国王路易十四派遣前往中国传教。曾向康熙皇帝奉献金鸡纳霜（奎宁），治好康熙皇帝的疟疾。

② 卫方济，François Noël，1651—1729，比利时籍耶稣会士，1687年来华。

③ 雷孝思，Jean Baptiste Regis，1663—1738，法国籍耶稣会会士，1698年来华。

其他领域的翻译包括殷弘绪①译朱熹《劝学篇》、《养蚕术》和《帛币志》，赫苍壁译刘向《列女传》及《古今敬天鉴》、《古文渊鉴》、《图注脉决辨真》等，卜弥格译王叔和《脉经》，收在所著《医学入门》（*Clavis Medica*）中。在《耶稣会士书信集》、《中华帝国志》和《中国论丛》等书中，也可见大量耶稣会士对于中国科技、历史和文化的译介。传教士关于中国科学技术和文化历史的著作，进一步打开了欧洲知识阶层的眼界和想象空间，同时也成了欧洲科学家寻求知识的丰富源泉。

就天主教传教士中学译介在欧洲传播所造成的思想影响，李约瑟在题为《中国文明》的讲演中就这样指出："当余发现十八世纪西洋思潮多系溯源于中国之事实，余极感欣慰。彼十八世纪西洋思潮潜流滋长，固为推动西方进步思想之根据，十七世纪中叶耶稣会友，群将中国经籍译成西文，中国儒家人性本善之哲学乃得以输入欧洲。吾人皆知彼启蒙时期之哲学家，为法国大革命及其后诸种进步运动导其先后者，固皆深有感于孔子之学说，而曾三复致意焉。"（李约瑟，1990：123）

上述只是早期传教士中学西译中的一部分。实际上，来华传教士大部分都或多或少地从事了这种文化译介的活动。他们的作品，或散见于各种书信集，或以刻印本、抄本的形式藏于各地图书馆，要想完整地统计出他们的作品难度很大。而及至 19 世纪，来华传教士在中学西译方面着力更甚，译介的范围和深度都远超早期天主教传教士。例如，在中国典籍的西译方面，在 19 世纪就出现了被称为"汉籍欧译三大师"的顾赛芬、理雅各和卫礼贤（莫东寅，1949：120），他们在前人的基础上对中国文化典籍做了更完整、准确性更高的翻译，并在欧洲本土正式出版，取得了很大的影响力，至今仍是中国文化的经典西方译本。

法国耶稣会士教士顾赛芬②被视作天主教士译经活动的集大成者，他把几乎所有的中国儒家经典都翻译为法文或拉丁文：1895 年出版《四书》；1896 年出版《诗经》；1897 年出版《书经》；1899 年出版《礼记》；

① 殷弘绪，Père Francois Xavier d'Entrecolles，1664—1741，法国籍耶稣会传教士。

② 顾赛芬，Séraphin Couvreur，1835—1919，法国籍耶稣会会士，1870 年来华，翻译了《四书》（1895）、《诗经》（1896）、《书经》（1897）、《礼记》（1899）等中国古籍，并著有《汉法小字典》（按部首排列）、《汉文拉丁文字典》、《法—英—汉会话指南》等工具书。

1914 年出版《春秋左传》；1916 年出版《仪礼》。他的译作影响广泛，20 世纪 50 年代后，这些译本又在巴黎再版，深受欢迎。

理雅各 1839 年来华，在其后 30 余年里用英语翻译了大量中国典籍作品，命名为《中国经典》（*The Chinese Classics*），并在 1861—1882 年间分七卷陆续出版，包括《论语》、《大学》、《中庸》、《孟子》、《书经》、《诗经》、《春秋》、《左传》、《易经》、《礼记》、《孝经》和《道德经》等。

卫礼贤[①] 1899 年来华传教，他也是德国 20 世纪初最重要的汉学家之一。他在中国学者帮助下翻译的中国典籍是中国文献的经典德文译本。1910 年，他在耶拿出版了《论语》德译本；次年出版《道德经》；1912 年出版《列子》和《庄子》；1914 年出版《孟子》；1916 年出版《中庸》和《孟子》；1920 年出版《大学》；1925 年出版《易经》；1928 年出版《吕氏春秋》；1930 年出版《礼记》。此外，他还翻译了《西游记》、《三国演义》、《三言二拍》、《聊斋志异》、《搜神记》、《封神演义》和《列国志》的部分章节，分别载入他所编的《中国民间童话》和《中国学》杂志。其中他翻译的《易经》最享盛名，时至今天仍然重版，畅销不衰。

除上述几位成绩卓著的代表性人物外，其他来华传教士，如卫三畏、苏慧廉、郭实腊、艾约瑟等人，都有大量关于中国典籍、文学作品、历史文化、科技方面的译介，如卫三畏的《中国总论》（1848）就是一部包罗万象的对中国政治经济、历史文化、对外交往、地理物产、宗教艺术各个方面的译述之作，被公认为美国人研究中国的最早的权威名著，“成为数代美国人认识中国的英文范本”。清末到民初的来华西方传教士，不仅在西学中译方面进入全方位深层次，而且在中学西译方面也有了更大的广度和深度，促进了中西之间的深层次交流。

小　　结

耶稣会士入华后掀起的翻译浪潮，是中国历史上继佛经翻译后的第二次翻译高潮。耶稣会士们的翻译活动，主要以传教为宗旨，但同时也介绍了西方文化，客观上促进了科学文化的交流。所以，著名科学史家李约瑟说，这是两大文明之间文化联系的最高范例。推动这次翻译高潮

① 卫礼贤，Richard Wilhelm，1873—1930，德国同善会传教士，1899 年来华。

的，除了来华耶稣会士外，还有信教的或不信教但与传教士相熟的中国学者。正是这两者相结合，才产生第二次高潮（陈福康，2010：41）。每一个传教士译者身边，几乎都能看到中国助手的身影。中国学者帮助西方传教士理解中国文化，他们自身又成为西方文化的受众，并帮助传教士传递西方文化。可以说，这一波新的翻译浪潮，同时也是中西文化交流的浪潮。

在这持续一二百年的翻译高潮中，除了翻译一些宗教著作外，传教士们还翻译了一些虽然仍与宗教相联系，但却有独立学术价值的哲学、伦理学类著作，特别是翻译了一些天文、数学、机械等自然科学类著作。与前一次翻译高潮相比，这是其重要特色（陈福康，2010：42）。传教士翻译活动对中国社会而言，其影响是全面而又深远的。

从科学技术角度而言，中国现代科技体系的建立，几乎全赖传教士译介的基础。从天文历算到枪炮制造到现代医学，自然科学和现代制造的几乎每一门类的基础知识都离不开传教士的译介之功。传教士的译介活动往往还和他们身体力行的参与联系在一起，如耶稣会士直接掌管明末的天文历算政府部门，直接指导枪炮制造业、兴办现代医院等等，在近代中国科学技术的现代化过程中，传教士的活跃是非常关键的助力。

从社会文化角度而言，方梦之（2011：345-353）将其影响归为三方面。一是广见闻。大量西方地理、历史、文学作品、科技文明和西方时事的译介瓦解了中国人的优越感，但同时也拓展了他们的想象空间，冲击乃至重构了他们的世界观。二是启民智。经历了明末清初的科学翻译和晚清“西学东渐”两次翻译大潮，历算、天文、格致、化学、医学、法学、经济学等西方科学技术和文化思潮被译介引入，对中国社会改革思潮起到了明显的推进作用，中国现代社会科学分科体系的建立，在一定程度上也有赖于传教士的译介活动。三是育人才。传教士一方面在同文馆和上海广方言馆、江南制造局翻译馆等洋务机构任外文教习和译员，将专业与翻译训练相结合来培养翻译人才；另一方面在教会学校中积极招募学生，利用益智书会等传教机构进行教科书编撰，这些活动在客观上促进了中国翻译和科技人才的培养。从更广义的视角来看，近代中国社会民主与科学思想的萌发、反帝制反封建革命的兴起，这一切的思想源头上都不能忽视传教士译介的影响。

从语言层面来说，可以从词汇、语法、修辞等方面进行归纳。首先，从词汇角度看，传教士在译介西学概念的过程中创制的汉语新术语对于现代汉语甚至是日本语都是一个很大的贡献。翻译过程中，术语的移译往往是最难之处。尤其是在明清之际，传教士面临的局面是大部分概念西方语言中有而汉语中无，所以移译的过程不仅是语言的对应，而是观念的创制。术语创制得好，则观念的译介就顺，否则译介就难言成功。作为语言大家的严复尚感叹“一名之立，旬月踌躇”，其难处对身处异邦异文化中的传教士不言而喻，更何况是不同学科的新名词创制。利玛窦、傅兰雅等不同时期的翻译者都对译名之难发表过自己的看法（见何绍斌，2008：217）。章士钊、胡以鲁就术语的翻译论述较为深到，而由此引出的译名论争在中国译学建设中打下了深深的烙印（见方梦之，2011：361）。围绕宗教术语的创制，传教士内部甚至爆发过旷日持久的“译名之争”。由此可见术语的翻译实则是复杂的文化交流过程。在《跨语际实践》一书中，刘禾列举了早期传教士引进的西方新词译语（刘禾，2008：365-378），部分当前已不使用的术语此处略去：

声学　空气　气球飞车　代数　拍卖　银馆（即银行）　电池　自行车　蓝皮书　植物学

植物场（即植物园）　大脑　面包　手箱（即公文包）　代微积（即微积分）　碳性

洋毯（即地毯）　小脑　原质（即元素）　通信线机　水泥　国会　消流（即消费）

法院　日报　跳舞　债欠（即债务）　民主　大货铺（即百货店）　外部（即外交部）

离婚　龙口（即水龙头）　义务　动重学（即动力学）　富国策（即经济学）

选举　电线铃（即电铃）　电缆　电路　电气灯　电气光（即电灯）　电机　电线　电学

电气（即电）　自行屋（即电梯）　帝国　虫学（即昆虫学）　入口　方程　赤道

万国新语（即世界语）　晚报　博物会（即展览会）　试验场（即实验室）　出口

洋语（即外语）　法通线（即电报）　煤气灯　藕心炮（即格林炮）

地质学　几何　地球　风镜　正统领（即州长）　保障　手工　医院　暖房（即温室）

乡绅房（即下议院）　爵房（即上议院）　水龙（即消火栓）　水学　进口　自主

消息　万国（即国际）　记者　判断　公师（即法学家）　煤油　法律　法学　律师

信凭　保险圈（救命圈）　文科　文学　汽车　下房（即下议院）　养疯院（即疯人院）

杂志　管理　硕士　火柴　力学　中保者（mediator）　医学会议　传声筒　委员

经线　显微镜　中学　天船（即热气球）　博物院（即博物馆）　博物（即自然科学）

新闻　报纸　北极　纬线　议院　绅士　动物　人之权利　民间大会　（即议会）　石油

照相法（即摄影）　照相镜（即相机）　物理　全体（即生理学）　洋琴（即钢琴）

手枪　全权　气学（即气体力学）　邮局　邮票　总理　统领（即总统）

印文机（即打印机）　特权　铁路　植物　推论道理（即推理）　住所　火枪　权利

掌物之权（即物权）　学校　养哑院　理科　交际　南极　主权　轮船　火轮机　火轮

实体　龙头　术学　电报局　电报　温带　织机　火学（即热力学）　热带　趸船　交易

火车　车票　地内/货轮车（即地铁）　大学　上房（即上议院）　动物院（即动物园）

除了这类传教士直接从西方语言移译到汉语的术语外，现代汉语中还有大量从日语中借来的术语，但实际上我们借自日语的很多术语也来自于传教士的汉字译法，这些术语从日语中转了一圈后又回到了中国，构成一种奇妙的观念旅行。仅从刘禾列举的这些传教士创制的术语看，我们可以试着想象，如果没有这些术语的话，我们今天的语言生活将是何种状况？

从语法层面看，汉语词汇形态的变化，如添加后缀“学”“性”“化”等构成双音节词的变化，应归功于传教士（马西尼，1997：110），本书前文已有专章论述。

此外，关于传教士的《圣经》翻译和文学翻译对于现代汉语白话文运动以及汉语欧化语法形成的影响，语言文学界研究众多，众说纷纭，经历过白话文运动的诸多作家也都曾现身说法地讲述传教士翻译对他们的文学创作产生的影响。本书前面对这些已经择要介绍，但是传教士翻译在何种程度上、以何种方式对现代汉语语法产生了影响？这个问题可以从语言的历时角度，基于比较大的语料范围，做一个更为精密的语言学专题研究，以解决学界长期以来的分歧。

从修辞和文体学层面来看，传教士的翻译引入了大量西方的修辞手段和修辞意象，西方语文的不同体裁和文学表达形式也被译介入汉语，这些都极大地丰富了汉语的表现手段和想象空间，是对近现代汉语言发展的有力补充。如前文所述，现代汉语的标点符号体系，也是来自于传教士的译介。

此外，传教士翻译的各类文本，如《圣经》的方言译本和文理译本、浅文理译本、白话译本等，实际上反映了汉语的不同历史变体和地域变体，具有极高的汉语史料价值，是今天汉语语音史、词汇或者语法史研究的宝贵语料。

结　语

离广州市区200公里外的江门台山市上川岛上，传教士方济各·沙勿略长眠于斯。2000余公里以北的北京西城区车公庄大街北京行政学院内，利玛窦和他的60多位传教同仁永久安息于一隅。沙勿略长眠上川岛那一年，利玛窦降生，30载后复踏沙勿略足迹抵华，并最终埋骨北京。自沙勿略以来，踏足中国传教，甚至不惜埋骨于斯的传教士已难以计数，他们在中国近现代历史进程中留下了浓重的笔墨，其功其过，中西各有言表，但无论如何，传教士这一页，史家不敢轻易略过。

具体到中国语言学史的书写，现代史家却经常忽略传教士这一节。翻遍国内语言学史著作，提及传教士贡献者鲜之。读者阅毕本书后，想必会有不平之感。传教士于中国境内，以西方语言学视角观中国语言，并吸纳中国语言学传统研究之成果，生生创制出一套汉语的现代语言学描写体系，在拼音、辞书、词汇、语法、翻译、教学各个方面筚路蓝缕却不争首创之功。在特定的历史阶段，囿于资料发掘不足、意识形态限制等因素，国内语言学史家对传教士语言学认知不足，但近年来传教士语言学成果的发现和研究越来越丰富，中国近现代语言学史的书写中，也是时候为传教士认真、系统地补上一章了。

本书就是出于这一初衷而展开的一次历史回顾。来华传教士逾三个世纪的语言学探索，是西方语言学传统与中国语言学传统的对话，在一定意义上可以看作中国现代语言学史的开端。西方语言学成果被传教士引入汉语研究的同时，汉语也藉此进入世界语言学的视域，丰富了西方语言学的疆域，并在很大程度上推动了世界语言类型学及普通语言学的科学发展。在世界范围内的语言学史中，来华传教士和远赴世界各地的西方传教士一起以西方语言学范式完成了世界上大部分语言的描写工作，为之后的语言谱系研究乃至今天的语言科学作出了不可磨灭的基础性贡献。世界各地很多语言自身的发展进程，如拼音、文字体系的建立，词典、语法的编纂，语言规范的形成等，都要归功于传教士的努力。作为最富开拓精神和献身精神的语言学田野工作者，传教士语言学家的语言学专业素养固然参差不齐，但其历史功绩却须审慎辨识并公允评价。当前传教士语言学这一史学分支在西方语言学史学领域分量日重，研究人员和成果也日益壮大，而在中国来看，这一领域得到的重视及认可程度与西方相比还有相当差距。

来华传教士语言学的开端，要从耶稣会士们的汉语语音研究算起。利玛窦、金尼阁等先驱者为了学习汉语，开始用拉丁字母为汉字记音，由此而开创了汉语拼音体系拉丁化的局面。相比之前繁难而又欠缺精准度的反切体系，拉丁拼音体系提供了一种更简洁和准确的范式，经传教士与中国知识阶层交流后，立刻受到中国知识阶层的热烈欢迎，介绍汉字拉丁拼音法的《西儒耳目资》甚至与传教士的《几何原本》等自然科学类书籍一起得到清政府所能给予的最高荣誉，被录入《四库全书》，成为官方知识体系之重要部分。但传教士在移植拉丁拼音体系给汉字注音时，也不是机械地照搬，他们对中国语言学的传统给予了足够尊重，对汉语语音的特性也有清醒认识，所以我们可以看到从早期耶稣会士到后来的马礼逊、艾约瑟、卫三畏等诸多新教传教士在汉语语音描写体系中的不断适应和创新。西方语言学成果之作用于汉语，语音研究应该是最早也是最直接的，在中国学术史上的认可度上，也是最明显的。前期的学术史多集中于传教士创制的汉语拼音体系如何影响现代汉语拼音系统，但这还远远不够。迄今发现文献中，传教士对汉语口头语言，包括通用语（官话）及方言的共时描写记录，以及汉语语音历史变迁的研究，汉语和周边语言的比较研究，等等，构成了丰富的数据库，国内语言学界已经陆续有学者开始这类文本的利用，本书在一章的篇幅里，也只能提纲挈领地概言大貌，今后这方面的研究仍大有可为空间。

在给汉字注音，学习汉字书写的过程中，早期传教士逐步积累起词汇。汉字、注音加上对应的西文注解，累积多了，词典也就成了。早期的汉外词典，如《葡汉辞典》之类，大致就是这样形成的。类似的积累越来越多，学习者对于辞书的需求也越来越大，汉外词典的编纂便也越来越成熟。西方词典学的范式和中国传统语言学的成果，都在编纂过程中得到体现。西学中的诸多术语，最早也是通过这些词典的收录和翻译而进入现代汉语。马礼逊的《华英字典》和卫三畏的《汉英韵府》等成为传教士词典的集大成者，很多此类词典至今依然流通于市，彰显出其强劲的生命力。在汉外词典领域，传教士领先了中国人3个多世纪。他们在词典学中的学科史地位有待认同，其具体经验也有待进一步研究总结。他们对于现代汉语术语体系之形成过程所起的作用，也可以通过词典文本进行进一步考证。

在汉语学习过程中，传教士也需要对汉语的结构进行观察和总结。中国传统语言学在这方面能给予的帮助很少，能让传教士方便地应用到汉语学习中去的则几乎没有。他们只能借助西方语法的体系，为汉语搭建一套之前未有过的“语法”框架。他们这种基于模仿的搭建，有时难免产生生搬硬套的错讹，但一代又一代传教士持续努力，又不断融入西方语言学的进展和传教士对中国语言的进一步理解，以及对中西语言的比较，所以他们的汉语语法研究从整体上来看，不乏有价值的发现，本书对传教士汉语语法的特征及贡献的发掘，依然是一次宏观层面的尝试性研究，具体的语法问题，西方传教士在当时的语境下如何考虑、处理，依然值得我们去回顾和研究。此外，传教士开始做汉语语法研究的尝试，比起中国学者（马建忠《马氏文通》，1898）早了两个多世纪。马建忠在他的草创之初，有没有借鉴传教士的成果？中国语法学的历史，应不应该收入传教士的这一段？中国现代汉语语法研究，还可以向传教士学习什么？这些问题，我们都还可以继续思考和讨论。

传教士的西学中译和中学西译活动，特别是西学中译，也是语言学史乃至中外文明交通史上值得大书特书的篇章。西学中译对中国近现代科技、文明的发展所产生的推动力，学界相关研究已足够丰富。但从语言角度，这一块还有大量待挖掘之处。传教士翻译对汉语词汇术语体系的丰富是最直观的贡献，也是研究最多的话题。传教士翻译对现代白话文结构的影响，有大量近代作家现身说法地谈自身感受，现代文学界也有不少学者参与研究讨论，但如果从语言学的严谨角度，更为实证地探讨翻译活动如何影响现代汉语语法（即所谓汉语语法的“欧化”），则这方面的分歧还远谈不上解决，要给出令人信服的答案，难度也不在小。至于从译学的角度、中西交通史的宏观角度，传教士翻译史过去、现在和未来，都是热门的研究领域。

由此综观，我们可以肯定明清来华传教士为汉语言创建了一整套从语音到文字、词汇、语法、教学和翻译等在内的完整语言描写体系，为中国语言学的发展以及中国语言的发展作出了特别的贡献，为当代中国语言研究留下了宝贵的历史文本，也为当代研究提供了重要的借鉴意义。而从当代中国语言学视角看，我们对传教士在学科史上的认识，至少是不全面的。传教士语言学文本、人物、价值的发掘评判，历史地位的评价，都还有待深入完善。更大一些的问题，如传教士语法是否可以看作中国语法学的开端，传教士语言学是否可以视作近现代中国语言学的发端，等等。如果我们心态开放一些的话，是否可以认真地加以考虑和讨论呢？我们希望看到这样的讨论，但在讨论未能取得共识前，我们坚持认为，传教士语言学在中国语言学史中，至少值得独立占有一章的位置，其贡献应得到学科史意义上的认可。我们这本前后拉拉沓沓耗时近六年的书，就试图尽力呈现传教士在中国语言学每一个领域内的大致成果，以便读者对传教士语言学在中国的历程有一个全局的印象，但宏大与纵深之间，总难免顾此失彼。本书只能寄望在后续研究中能就具体问题进一步细化深化，也期待学界有更多力量的加入。

参考文献

[1] BALL J D. Cantonese made easy：a book of simple sentences in the Cantonese dialect，with free and literal translations，and directions for the rendering of English grammatical forms in Chinese [M]. Hong Kong：The China Mail Office，1888.

[2] BALLER F W. An analytical Chinese English dictionary [M]. Shanghai：China Inland Mission and American Presbyterian Mission Press，1900.

[3] BAYER T S. Museum sinicum in quo sinicae linguae et litteraturae ratio explicatur [M]. St. Petersburg：Academiae Imperatoriae，1730.

[4] BAZIN M A. Grammaire Mandarine，ou principes généraux de la langue Chinoise parlée [M]. Paris：A L'imprimerie Impériale，1856.

[5] BOLTON K，CHRISTOPHER H. Orientalism，linguistics and postcolonial studies [J]. Interventions，2000，2 (1)：1-5.

[6] BOLTON K. The life and lexicography of Robert Morrison (1782-1834) [M] //Western linguists and the languages of China，Volume 1：a vocabulary of the Canton dialect. London：Ganesha Publishing Ltd，2001.

[7] BOSSONG G. The influence of missionary descriptions of far eastern languages on Western linguistic thought [C] //ZWARTJES O，GREGORY J，EMILIO R. Missionary linguistics III /Lingüística misionera III：morphology and syntax：selected papers from the Third and Fourth International Conferences on Missionary Linguistics. Amsterdam：John Benjamins，2007：123-143.

[8] BREITENBACH S. Leitfäden in der Missionarslinguistik [M]. Frankfurt am Main; New York: P. Lang, 2004.

[9] BREITENBACH S. Missionary linguistics in East Asia: the origins of religious language in the shaping of Christianity? [M]. Frankfurt and New York: Peter Lang, 2008.

[10] BRIDGMAN E C. A Chinese chrestomathy in the Canton dialect [M]. Macao: S. W. Williams, 1839.

[11] BRIDGMAN J G. The notitia linguae sinicae of Prémare / translated into English by J. G. Bridgman [M]. Canton: Printed at the Office of the Chinese Repository, 1847.

[12] BUSSMANN H. Routledge dictionary of language and linguistics [M]. GREGORY P T, KERSTIN K, trans. London: Routledge, 1996.

[13] CHALMERS J. Chinese phonetic vocabulary, containing all the most common characters, with their sounds in the Canton dialect (初學粵音切要) [M]. Hong Kong: Printed at the London Missionary Society's Press, 1855.

[14] CLARAMONTE M B. The European linguistic tradition and early missionary grammars in central and south America [C] // DOUGLAS A K. History of linguistics 2005: selected papers from the Tenth International Conference on the History of the Language Sciences (ICHOLS X), 1-5 September 2005. Amsterdam and Philadelphia: John Benjamins, 2007: 236-251.

[15] COBLIN W S. A brief history of Mandarin [J]. Journal of the American Oriental Society, 2000, 120 (4): 537-552.

[16] DOUGLAS C. Chinese-English dictionary of the vernacular or spoken language of Amoy, with the principal variations of the Chang-Chew and Chin-Chew dialects [M]. London: Trübner & Co., 1873.

[17] DOUGLAS R. The language and literature of China [M]. London: Trübner & Co., 1875.

[18] EDKINS J. A grammar of colloquial Chinese as exhibited in Shanghai dialect [M]. Shanghai: Presbyterian Mission Press,

1853 /1869.

[19] EDKINS J. A grammar of the Chinese colloquial language, commonly called the Mandarin dialect [M]. Shanghai: Presbyterian Mission Press, 1857 /1864.

[20] EDKINS J. A vocabulary of the Shanghai dialect [M]. Shanghai: American Presbyterian Mission Press, 1869.

[21] EDKINS J. China's place in philology —— an attempt to show that the languages of Europe and Asia have a common origin [M]. London: Trübner & Co., 1871.

[22] EDKINS J. Introduction to the study of the Chinese character [M]. London: Trübner & Co., 1876.

[23] EDKINS J. Progressive lessons in the Chinese spoken language: with lists of common words and phrases, and an appendix containing the law of tones in the Peking dialect [M]. Shanghai: London Mission Press, 1862.

[24] EDKINS J. The evolution of the Chinese language as exemplifying the origin and growth of human speech [M]. London: Trübner & Co., 1888.

[25] EITEL E J, IMMANUEL G G. A Chinese dictionary in the Cantonese dialect [M]. London: Trübner & Co., 1877.

[26] ELFFERS E. Georg von der Gabelentz and the rise of General Linguistics [C] //LO V D, THEO J. Linguïstisch-historische studies voor Jan Noordegraaf bij zijn zestigste verjaardag. Amsterdam: Stichting Neerlandistiek VU & Münster, Nodus Publikationen, 2008: 191-200.

[27] FENN C H. The five thousand dictionary: a pocket dictionary and index to character cards of the Yenching school of Chinese studies [M]. Shanghai: Mission Book Co., 1926.

[28] FOURMONT E. Linguae sinarum Mandarinicae hieroglyphicae grammatica duplex [M]. Paris: H. L. Guérin, 1742.

[29] FRYER J. Scientific terminology: present discrepancies and means of securing uniformity. Records of the general conference of the protestant missionaries of 1890 [M]. Shanghai, May 15th.

[30] GABELENTZ G. Chinesische grammatik, mit Ausschluss des niederen Stiles und der heutigen Umgangssprache（汉文经纬）[M]. Leipzig: T. O. Weigel, 1881.

[31] GODDARD J. A Chinese and English vocabulary in the Tie-chiu dialect [M]. Shanghai: American Presbyterian Mission Press, 1888.

[32] GONÇALVES J A. Arte China constante de alphabeto e grammatica comprehendendo modelos das differentes composiçoens（汉字文法）[M]. Macao: St. José, 1829.

[33] GONZALES J M. Historia de las misiones Dominicanas de la China, in 5 vols [M]. Madrid: Juan Bravo, 1964-1966.

[34] GOODRICH C. A pocket dictionary (Chinese-English) and Pekingese syllabary [M]. Shanghai: American Presbyterian Mission Press, 1891.

[35] GRAINGER A. Western Mandarin, or the spoken language of western China [M]. Shanghai: American Presbyterian Mission Press, 1900.

[36] GUTZLAFF K F A. Notices of Chinese grammar: part I: orthography and etymology [M]. Batavia: Printed at the Mission Press, 1842.

[37] HARBSMEIER C. John Webb and the early history of the study of the classical Chinese language in the west [C] //MING W, JOHN C. Europe studies China: papers from an international conference on the history of European sinology. London: Han-Shan Tang Books, 1995: 297-338.

[38] HUTTON C. Writing and speech in western views of the Chinese language [C] //TONG Q S, WANG S, DOUGLAS. Critical zone 2: A forum of Chinese and western knowledge. Hong Kong: Hong Kong University Press, 2006: 83-105.

[39] INGLE J A. Hankow syllabary, with references to Giles' dictionary [M]. Hankow: Printed by Kung Hing, 1899.

[40] JULIEN A S. Syntaxe nouvelle de la langue chinoise, fondée sur la position des mots（汉文指南）(2 volumes) [M]. Paris: Librairie de

Maisonneuve, 1869-1870.

[41] KEMP A. The Tekhnē Grammatikē of Dionysius Thrax translated into English [C] //DANIEL J T. The history of linguistics in the classical period. Amsterdam: John Benjamins Publishing Company, 1987: 169-189.

[42] KLÖTER H. "Ay sinco lenguas algo difirentes" —— China's local vernaculars in early missionary resources [C] //OTTO Z, GREGORY J, EMILIO R. Missionary linguistics III: morphology and syntax. Amsterdam: John Benjamins, 2005: 190-210.

[43] KLÖTER H. The language of the Sangleys: A Chinese vernacular in missionary sources of the seventeenth century [M]. Leiden, Boston: Brill, 2011.

[44] KOERNER E F K. Professing linguistic historiography [M]. Amsterdam: John Benjamins, 1995.

[45] LEGGE J. A lexilogus of the English, Malay, and Chinese Languages; comprehending the vernacular idioms of the last in the Hok-keen and Canton dialects [M]. Malacca: Anglo-Chinese college Press, 1841.

[46] LEUNG C. Etienne Fourmont (1683-1745): oriental and Chinese languages in eighteenth-century France [M]. Leuven: Leuven University Press, 2002.

[47] LOBSCHEID W. English and Chinese dictionary, with the Punti and Mandarin pronunciation [M]. Hong Kong: Printed at the Daily Press Office, 1866-69.

[48] LUNDBAEK K. Joseph Prémare (1666-1736), S. J. —— Chinese philology and figurism [M]. Aarhus: Aarhus University Press, 1991.

[49] LUNDBAEK K. T. S. Bayer (1694-1738): pioneer sinologist [M]. London and Malmö: Curzon Press, 1986.

[50] LUNDBAEK K. The traditional history of the Chinese script [M]. Aarhus: Aarhus University Press, 1988.

[51] MACGILLIVRAY D. A Mandarin-Romanized dictionary of

Chinese with supplement of new terms and phrases [M]. Shanghai: The Presbyterian Mission Press, 1911.

[52] MACLAY R S, CALEB C B. An alphabetic dictionary of the Chinese language in the Foochow dialect [M]. Foochow: Methodist Episcopal Mission, 1870.

[53] MARSHMAN J C. Clavis Sinica (or Elements of Chinese grammar)(中国言法)[M]. Serampore: The Mission Press, 1814.

[54] MARSHMAN J C. Life and times of Carey, Marshman and Ward. Embracing the history of the Serampore Mission [M]. London: Longman, Brown, Green, Longmans & Roberts, 1859.

[55] MASINI F. The formation of modern Chinese lexicon and its evolution toward a national language: the period from 1840 to 1898 [M]. Berkeley: University of California, Berkeley, Project on Linguistic Analysis, 1993.

[56] MATEER A H. New terms for new ideas [M]. Shanghai: Stereotyped by Methodist Publishing House; printed by the Presbyterian Mission Press, 1913.

[57] MATHEWS R H. A Chinese-English dictionary, compiled for the China Inland Mission [M]. Shanghai: China Inland Mission and Presbyterian Mission Press, 1931.

[58] MATTEER C W. A course of Mandarin lessons, based on idiom(官话类编)[M]. Shanghai: American Presbyterian Mission Press, 1892.

[59] MCILVAINE J S. Grammatical studies in the colloquial language of northern China, especially designed for the use of missionaries [M]. Shanghai: American Presbyterian Mission Press, 1880.

[60] MEDHURST W H. A dictionary of the Hokkeen dialect [M]. Macao: East India Company's Press, 1832.

[61] MEDHURST W H. Chinese and English dictionary [M]. Batavia: Parapattan, 1842-43.

[62] MICHAEL I. English grammatical categories and the tradition to 1800 [M]. Cambridge: At the University Press, 1970.

[63] MORGAN E. Chinese new terms and expressions [M]. Shanghai: Kelly & Walsh Ltd. 1913.

[64] MORRISON R. A grammar of the Chinese language (通用汉言之法) [M]. Serampore: At the Mission Press, 1815.

[65] MORRISON R. A vocabulary of the Canton dialect [M]. Macao: Honorable East India Company's Press, 1815.

[66] MORRISON R. Dictionary of the Chinese language, in three parts [M]. Macao: East India Company's Press, 1815-1822.

[67] MORRISON R. Vocabulary of the Canton dialect: Chinese words and phrases [M]. Macao: East India Company's Press, 1828.

[68] MORRISON W T. An Anglo-Chinese vocabulary of the Ningpo dialect [M]. Shanghai: American Presbyterian Mission Press, 1876.

[69] MURRAY L. An English grammar [M]. London: Routledge / Thoemmes Press, 1795 /1824.

[70] NOVAK E. Missionary linguistics [Z]. BROWN K, et al. Encyclopedia of language and linguistics. Amsterdam: Elsevier, 2005: 6649-6650.

[71] PADLEY G A. Grammatical theory in western Europe 1500-1700: the Latin tradition [M]. Cambridge: Cambridge University Press, 1976.

[72] PARKER E H. Canton syllabary [N]. China Review, 1880-08-06 (363-382).

[73] PELLIOT P (伯希和). 梵蒂冈图书馆所藏汉籍目录 [M]. 高田时雄，校订编. 郭可，译. 北京：中华书局，2006.

[74] PRÉMARE J H M. Notitia linguae sinicae [M]. Malacca: Cura Academia Anglo Sinensis, 1831.

[75] RÉMUSAT A. Elémens de la grammaire Chinoise, ou principes généraux du Kou-Wen ou style antique (汉文启蒙) [M]. Paris: Imprimérie Royale, 1822.

[76] ROBINS R H. A short history of linguistics [M]. Longman, 1967 /1997.

[77] SCHREYER R. The European discovery of Chinese (1550-

1615), or the mystery of Chinese unveiled [M]. Amsterdam: Stiching Neerlandistiek, 1992.

[78] SOOTHILL W E. The students' four thousand tzu and general pocket dictionary [M]. Shanghai: American Presbyterian Mission Press, 1899.

[79] STOLZ T, INGO H W. From missionary linguistics to colonial linguistics [C] //ZIMMERMANN K, BIRTE K R. Colonialism and missionary linguistics. Berlin: De Gruyter Mouton, 2015: 3-25.

[80] SUMMERS J. A handbook of the Chinese language [M]. Oxford: At the University Press, 1863.

[81] VARO F. Arte de la lengua Mandarina [M]. Canton: (publisher unkown), 1703.

[82] WATTERS T. Essays on the Chinese language [M]. Shanghai: Presbyterian Mission Press, 1889.

[83] WILLIAMS S W. A syllabic dictionary of the Chinese language (汉英韵府) [M]. Shanghai: American Presbyterian Mission Press, 1874.

[84] WILLIAMS S W. A tonic dictionary of the Chinese language of the Canton dialect (英华分韵撮要) [M]. Canton: Printed at the Office of the Chinese Repository, 1856.

[85] WILLIAMS S W. Easy lessons in Chinese (拾级大成) [M]. Melecca: Printed at the Office of the Chinese Repository, 1842.

[86] WILLIAMS S W. English and Chinese vocabulary in the court dialect (英華韻府歷階) [M]. Macao: Office of the Chinese Repository, 1844.

[87] YANG P F. Chinese lexicology and lexicography: a selected and classified bibliography [M]. Hong Kong: The Chinese University Press. 1985.

[88] ZIMMERMANN K. La construction del objeto de la historiograffia de la linguistica misionera [C] //ZWARTJES O, HOVDHAUGEN E. Missionary linguistics /linguistica misionera: selected papers from the first international conference on missionary linguistics, Oslo, 13-16 March, 2003. Amsterdam: John Benjamins,

2004：7-32.

[89] ZWARTJES O，ASTRID A B. Missionary linguistics IV：selected papers from the fifth international conference on missionary linguistics，Mérida，Yucatán，14-17 march 2007 [C]. Amsterdam：John Benjamins，2009.

[90] ZWARTJES O，CRISTINA A. Missionary linguistics II / Lingüistica misionera II. Selected papers from the first international conference on missionary linguistics，Oslo，13-16 March 2003 [C]. Amsterdam：John Benjamins，2005.

[91] ZWARTJES O，GREGORY J，EMILIO R. Missionary linguistics III /Lingüística misionera III：morphology and syntax：selected papers from the third and fourth international conferences on missionary linguistics，Hong Kong /Macau，12 - 15 March 2005，Valladolid，8 - 11 March 2006 [C]. Amsterdam：John Benjamins，2007.

[92] ZWARTJES O，HOVDHAUGEN E. Missionary linguistics / linguistica misionera：selected papers from the first international conference on missionary linguistics，Oslo，13-16 March，2003 [C]. Amsterdam：John Benjamins，2004.

[93] ZWARTJES O. The historiography of missionary linguistics：present state and further research opportunities [J]. Historiographia linguistica，2012，39（2）：185-242.

[94] 艾约瑟. 汉语官话口语语法 [M]. 董方峰，杨洋，译. 北京：外语教学与研究出版社，2015.

[95] 白珊. 在中国的西方语言学传统 [C] //卓新平. 相遇与对话—明末清初中西文化交流国际学术研讨会文集. 北京：宗教文化出版社，2003：259-274.

[96] 贝罗贝. 二十世纪以前欧洲汉语语法学研究状况 [J]. 中国语文，1998（5）：346-352.

[97] 布龙菲尔德. 语言论 [M]. 袁家骅，赵世开，甘世福，译. 北京：商务印书馆，1980.

[98] 陈福康. 中国译学史 [M]. 上海：上海人民出版社，2010.

[99] 陈可培. 一名之立 名实之辨——“译名之争”所引发的思考 [J].

中国翻译，2008（6）：22-26.

[100] 陈历明. 欧化白话与传教士的事功 [J]. 学术月刊，2013（12）：120-132.

[101] 陈平原. 晚清教会读物的图像叙事 [J]. 学术研究，2003（11）：112-116.

[102] 陈望道. 陈望道语文论集 [M]. 上海：上海教育出版社，1985.

[103] 陈伟.《华西官话汉法词典》与19世纪后期川南方音 [J]. 方言，2016（1）：47-54.

[104] 陈玮. 圣保禄学院的创办与入华耶稣会士的活动 [J]. 韶关学院学报（社会科学版），2004（4）：84-87.

[105] 陈喆. 伦敦会传教士艾约瑟的中西语言比较研究及其影响 [J]. 学术研究，2008（8）：119-124.

[106] 褚孝泉. 语言科学探源 [M]. 上海：外语教育出版社，2006.

[107] 邓亮. 裨治文《广东方言撮要》数学相关内容述要 [J]. 中国科技史杂志，2016（2）：189—197.

[108] 董方峰. 19世纪英美传教士的汉语语法研究 [M]. 外语教学与研究出版社，2011.

[109] 董方峰. 从马礼逊到马修斯——近代史上的西方汉英辞典编纂者及其作品 [C] //姚小平. 海外汉语探索四百年管窥——西洋汉语研究国际研讨会暨第二届中国语言学史研讨会论文集. 北京：外语教学与研究出版社，2008：103-126.

[110] 董方峰. 海外汉语研究史上的一部奠基之作——马若瑟的《汉语札记》[J]. 澳门理工学报，2007（4）：87-94.

[111] 董方峰. 明清时期西方汉语语法研究的历史 [J]. 外国语文研究，2015（1）：20-27.

[112] 董海樱. 16世纪至19世纪初西人汉语研究 [M]. 北京：商务印书馆，2011.

[113] 董守信. 翟理斯和他的《华英字典》 [J]. 津图学刊，2002（2）：36-38.

[114] 董同龢. 汉语音韵学 [M]. 北京：中华书局，2001.

[115] 杜赫德. 耶稣会士中国书简集——中国回忆录（上）[M]. 郑

德弟，吕一民，沈坚，译. 郑州：大象出版社，2005.

[116] 杜晓萍. 19 世纪以来漳浦方言语音的传承和演变——《福建方言字典》研究 [J]. 东南学术，2014 (3)：234-241.

[117] 鄂多立克. 鄂多立克东游录 [M]. 何高济，译. 北京：中华书局，2002.

[118] 方梦之. 中国译学大辞典 [M]. 上海：上海外语教育出版社，2011.

[119] 冯天瑜. 新语探源——中西日文化互动与近代汉字术语生成 [M]. 北京：中华书局，2004.

[120] 冯晓虎. 莱布尼茨与白晋的汉字研究 [J]. 国际汉学，2013 (1)：218-229.

[121] 傅兰雅，徐寿.《化学鉴原》卷一 [M]. 江南制造局，1872.

[122] 傅兰雅. 科技术语：目前的歧异与走向统一的途径 [J]. 孙青，海晓芳，译. 或问，2009 (16)：117-135.

[123] 高本汉. 中国音韵学研究 [M]. 赵元任，常培，李方桂，译. 北京：商务印书馆，1995.

[124] 高名凯，刘正埮. 现代汉语外来词研究 [M]. 北京：文字改革出版社，1958.

[125] 高名凯. 汉语语法论 [M]. 北京：商务印书馆，1957/1986.

[126] 高永安.《利玛窦中国札记》所记的明末对外汉语教学状况 [J]. 中州大学学报，2007 (1)：62-64.

[127] 龚千炎. 中国语法学史 [M]. 北京：语文出版社，1987/1997.

[128] 龚缨宴，等. 西方人东来之后——地理大发现后中西关系史专题研究 [M]. 杭州：浙江大学出版社，2006.

[129] 顾钧. 英语世界最早的中文语法书 [N]，中华读书报，2012-02-01 (14).

[130] 顾钧. 美国人出版的第一部汉语教材 [N]，中华读书报，2013-01-23 (19).

[131] 顾卫星. 马礼逊与中西文化交流 [J]. 外国文学研究，2002 (4)：116-120.

[132] 郭沫若. 浮士德简论 [C] //罗新璋. 翻译论集. 北京：商务印书馆，1984.

[133] 郭锐. 现代汉语词类研究 [M]. 北京：商务印书馆，2002.

[134] 何九盈. 中国古代语言学史 [M]. 郑州：河南人民出版社，1985.

[135] 何九盈. 中国现代语言学史 [M]. 广州：广东教育出版社，2005.

[136] 何莫邪.《马氏文通》以前的西方汉语语法书概况 [C] //北京大学中国传统文化研究中心. 文化的馈赠：汉学研究国际会议论文集（语言文字卷）. 北京：北京大学出版社，2000：464-466.

[137] 何勤华.《万国公法》与清末国际法 [J]. 法学研究，2001 (5)：137-148.

[138] 何群雄. 初期中国語文法学史研究資料：J. プレマールの『中国語ノート [M]. 東京：三元社，2002.

[139] 何群雄. 中国語文法学事始——《馬氏文通》に至るまでの在華宣教師の著書を中心に [M]. 东京：三元社，2000.

[140] 何绍斌. 越界与想象：晚清新教传教士译介史论 [M]. 上海：上海三联书店，2008.

[141] 洪堡特. 洪堡特语言哲学文集 [C]. 姚小平，编译. 长沙：湖南教育出版社，2001.

[142] 洪惟仁. 麦都思《福建方言字典》[M] //洪惟仁. 台湾文献书目解题（第五种：语言类）. 台北：台北图书馆，1996：217.

[143] 胡朴安. 中国文字学史 [M]. 北京：商务印书馆，1936.

[144] 胡朴安. 中国训诂学史 [M]. 北京：商务印书馆，1937.

[145] 胡适. 国语文法概论（胡适文存・卷三）[M]. 上海：亚东图书馆，1921.

[146] 胡永利. 欧德理《广东方言词典》的体例和 19 世纪中期的粤方言音系 [J]. 文化学刊，2017 (3)：199-206.

[147] 黄河清. 马礼逊辞典中的新词语 [J]. 或问，2008 (15)：13-20.

[148] 黄河清. 马礼逊辞典中的新词语（续）[J]. 或问，2009 (16)：63-72.

[149] 基歇尔. 中国图说 [M]. 张西平，杨慧玲，孟宪谟，译. 郑州：大象出版社，2010.

[150] 江沙维. 江沙维《汉字文法》序言 [J]. 王铭宇，卢春晖，译. 或问，2015，(28)：177-186.

[151] 姜新. 走向欧洲的孟子——译介《孟子》的西文图书述略 [J]. 徐州师范大学学报（哲学社会科学版），2009（5）：55-60.

[152] 蒋骁华. 《圣经》汉译及其对汉语的影响 [J]. 外语教学与研究，2003（4）：301-305.

[153] 金尼阁. 西儒耳目资 [M]. 北京：文字改革出版社，1957.

[154] 金熏镐. 从利玛窦、金尼阁的汉语拼音看明代晚期的官话音系 [J]. 语言研究，1994（6月增刊）：394—404.

[155] 金薰镐. 《西儒耳目资》的成书及其体制 [J]. 河北学刊，1994（4）：76-82.

[156] 卡萨奇，莎丽达. 汉语流传欧洲史 [M]. 上海：学林出版社，2011.

[157] 黎难秋. 中国科学翻译史 [M]. 合肥：中国科学技术大学出版社，2006.

[158] 李海英. 《文学书官话》的汉语语法体系 [J]. 当代语言学，2014（2）：199-208.

[159] 李开. 汉语语言研究史 [M]. 南京：江苏教育出版社，1993.

[160] 李奭学. 译述：明末耶稣会翻译文学论 [M]. 香港：中文大学出版社，2012.

[161] 李奭学. 中国晚明欧洲文学——明末耶稣会古典证道故事考诠 [M]. 上海：上海三联书店，2010.

[162] 李炜，刘亚男. 西南官话的“跟”——从《华西官话汉法词典》说起 [J]. 中国语文，2015（4）：358-363.

[163] 李向玉. 圣保禄学院在中西文化交流中的作用及其对我国近代教育的影响 [J]. 清史研究，2000（4）：77-86.

[164] 李新魁. 汉语等韵学 [M]. 北京：中华书局，1983.

[165] 李约瑟. 中国科学技术史 [M]. 北京：科学出版社，1990.

[166] 李真. 《汉语札记》对世界汉语教学史的贡献 [J]. 世界汉语教学，2005（4）：105-109.

[167] 利玛窦，金尼阁. 利玛窦中国札记 [M]. 何高济，等译. 北京：中华书局，1983.

[168] 利玛窦. 利玛窦全集. 利玛窦书信集 [M]. 罗渔，译. 台北：光启出版社，1986.

[169] 利玛窦. 利玛窦全集 1-2，利玛窦中国传教史（上）[M]. 刘俊余，王玉川，译. 台北：光启出版社，1986.

[170] 梁启超. 翻译文学与佛典 [M] //梁启超，著. 陈引驰，整理. 佛学研究十八篇（一）. 沈阳：辽宁教育出版社，1998：166-169.

[171] 梁启超. 中国近三百年学术史 [M]. 北京：商务印书馆，2011.

[172] 刘禾. 跨语际实践——文学、民族文化与被译介的现代性（中国，1900—1937）[M]. 宋伟杰等，译. 北京：生活·读书·新知三联书店，2008.

[173] 刘坚. 二十世纪的中国语言学 [C]. 北京：北京大学出版社，1998.

[174] 刘润清. 西方语言学流派 [M]. 北京：外语教学与研究出版社，2002.

[175] 刘献廷（清）. 广阳杂记 [M]. 北京：中华书局，1957.

[176] 刘亚辉.《汉语札记》与《马氏文通》中的语气词"也"对比研究 [J]. 华东师范大学学报（哲学社会科学版），2013（2）：125-130.

[177] 柳若梅. 江沙维的《汉字文法》与比丘林的《汉文启蒙》[J]. 华南师范大学学报（社会科学版），2009（6）：151-156.

[178] 卢调文. 天主教在中国的汉译西学图书 [J]. 图书馆杂志，1995（1）：55-56.

[179] 鲁迅. 鲁迅全集（第八卷） [M]. 北京：人民文学出版社，1992.

[180] 陆志韦. 陆志韦近代汉语音韵论集 [M]. 北京：商务印书馆，1988.

[181] 罗常培. 罗常培语言学论文集 [M]. 北京：商务印书馆，2004.

[182] 罗常培. 耶稣会士在音韵学上的贡献 [J]. 历史语言研究所集刊，1930，3（C）：267-338.

[183] 罗常培. 耶稣会士在音韵学上的贡献（补）[J]. 北京大学《国学季刊》，1935，7（2）：211-330.

[184] 吕叔湘. 汉语语法分析问题 [M]. 北京：商务印书馆，1979.

[185] 吕叔湘. 中国文法要略 [M]. 北京：商务印书馆，1982.

[186] 马建忠. 马氏文通 [M]. 北京：商务印书馆，1898/2000.

[187] 马军. 上海社会科学院历史研究所资料室珍藏“西文汉学旧籍”简介（四）[J]. 史林，2002（2）：115-116.

[188] 马礼逊夫人，编. 马礼逊回忆录 [M]. 顾长声，译. 桂林：广西师范大学出版社，2004.

[189] 马庆株.《汉语拼音方案》的来源和进一步完善 [J]. 语言文字应用，2013（1）：45-46.

[190] 马松亭. 汉语语法学史 [M]. 合肥：安徽教育出版社，1986.

[191] 马西尼. 现代汉语词汇的形成——十九世纪汉语外来词研究 [M]. 黄河清，译. 上海：汉语大词典出版社，1997.

[192] 马重奇. 闽台闽南方言韵书比较研究 [M]. 北京：中国社会科学出版社，2008.

[193] 马祖毅. 中国翻译简史 [M]. 北京：中国对外翻译出版公司，2004.

[194] 门多萨. 中华大帝国史 [M]. 何高济，译. 北京：中华书局，1998.

[195] 孟柱亿.《中国北方口语语法研究》在语法学上的意义 [J]. 汉语学习，2004（6）：71-77.

[196] 莫东寅. 汉学发达史 [M]. 郑州：大象出版社，2006.

[197] 内田庆市. 19 世纪传教士江沙维的对汉语的看法——葡萄牙遣使会的语言政策之一 [J]. 東アジア文化交渉研究（Journal of East Asian Cultural Interaction Studies），2011（4）：229-241.

[198] 内田庆市. 近代西人的汉语语法研究. 语言接触国际圆桌学术会议（香港城市大学，2000. 8. 28-29）会议论文 [EB/OL]. [2009-3-1]. http://www2.ipcku.kansai-u.ac.jp/~keiuchid/Xiang.html.

[199] 内田庆市. 近代西洋人学的汉语——他们的汉语语体观 [J]. 東アジア文化交渉研究（Journal of East Asian cultural interaction studies），2010（3）：199-212.

[200] 内田庆市. 开创域外汉语研究的新局面 [J]. 東アジア文化交渉研究別冊（East Asian Cultural Interaction Studies Supplemental），

2012 (8): 141-156.

[201] 鸟井克之. 中国语文法学说史 [M]. 大阪: 关西大学出版会, 1995.

[202] 裴化行. 利玛窦评传 [M]. 管震湖, 译. 北京: 商务印书馆, 1993.

[203] 平川祐弘. 利玛窦传 [M]. 刘岸伟, 徐一平, 译. 北京: 光明日报出版社, 1999.

[204] 蒲立本 (Edwin G. Pulleyblank). 欧洲的汉语音韵学研究: 第一阶段 [J]. 张洁, 译. 国际汉学, 2003 (2): 172-192.

[205] 濮之珍. 中国语言学史 [M]. 上海: 上海古籍出版社, 1987.

[206] 钱奠香. 马礼逊"重汉字形义, 轻汉字读音"的汉语观分析 [J]. 国际汉语学报, 2016, 7 (1): 166-175.

[207] 钱乃荣. 英国传教士 J. Edkins 在吴语语言学上的杰出贡献——《上海方言口语语法》评述 [C] //钱乃荣. 现代汉语研究论稿. 上海: 学林出版社, 2006: 251-284.

[208] 任东升. 圣经汉译文化研究 [M]. 武汉: 湖北教育出版社, 2007.

[209] 沈从文. 从文自传 [M]. 北京: 人民文学出版社, 1981.

[210] 沈国威. 传教士与20世纪初的新汉语——以 A. H. Mateer 和 E. Morgan 的两本书为例 [J]. 江苏大学学报 (人文社会科学版), 2009 (1): 74-77.

[211] 沈国威. 双音节化与汉语的近代演进: 胡以鲁"汉语后天发展论"的启示 [J]. 或问, 2013 (24): 139-154.

[212] 沈国威. 西方新概念的容受与造新字为译词——以日本兰学家与来华传教士为例 [J]. 浙江大学学报 (人文社科版), 2010 (1): 121-134.

[213] 石田干之助. 中西文化之交流 [M]. 长沙: 长沙商务印书馆, 1941.

[214] 司佳. 早期英汉词典所见之语言接触现象 [J]. 复旦学报, 2000 (3): 60-67.

[215] 宋灏岩. 澳门圣保禄学院传教士对早期葡汉翻译的贡献研究 [J]. 中国翻译, 2017 (3): 36-45.

[216] 宋莉华. 传教士汉文小说研究 [M]. 上海：上海古籍出版社，2010.

[217] 孙建军. 汉译西书与汉语新式标点符号的形成 [J]. 武汉大学学报（人文社科版），2008 (5)：539-544.

[218] 孙琪. 重写中国近代文学史的开端——读李奭学《译述：明末耶稣会翻译文学论》[J]. 国际汉学，2014 (2)：373-377.

[219] 谭慧颖.《西儒耳目资》源流辨析 [M]. 北京：外语教学与研究出版社，2008.

[220] 谭树林.《华英字典》与中西文化交流 [J]. 中华文化论坛，2003 (1)：141-144.

[221] 谭树林.《圣经》二马译本关系辨析 [J]. 世界宗教研究，2000 (1)：109-116.

[222] 万济国·弗朗西斯科 (Francisco Varo). 华语官话语法 [M]. 姚小平，马又清，译. 北京：外语教学与研究出版社，2003.

[223] 王逢鑫. 百年前的一部汉英词典 [N]. 中华读书报，2000-03-08 (23).

[224] 王鸿生. 西学东渐与汉字命运 [J]. 中国人民大学学报，1995 (5)：51-58.

[225] 王辉. 伊索寓言的中国化——论其汉译本《意拾喻言》[J]. 外语研究，2008 (3)：77-80.

[226] 王克非. 近代翻译对汉语的影响 [J]. 外语教学与研究，2002 (6)：458-463.

[227] 王澧华，吴颖. 近代来华传教士汉语教材研究 [M]. 桂林：广西大学出版社，2016.

[228] 王力. 中国现代语法 [M]. 北京：商务印书馆，1943/1985.

[229] 王力. 中国语言学史 [M]. 太原：山西人民出版社，1981.

[230] 王宁，等. 中国文化对欧洲的影响 [M]. 石家庄：河北人民出版社，1999.

[231] 王绍祥. 西方汉学界的“公敌”——英国汉学家翟理斯（1845—1935）研究 [D]. 福州：福建师范大学，2004.

[232] 王仲男，方环海. 西方汉学中汉字注音一瞥 [J]. 汉字文化，2014 (4)：40-48.

[233] 卫裴列. 卫三畏生平及书信——一位美国来华传教士的心路历程 [M]. 顾钧，江莉，译. 桂林：广西师范大学出版社，2004.

[234] 魏兆惠. 英国传教士约瑟夫·艾约瑟论汉语的韵律 [J]. 当代修辞学，2016 (3)：50-56.

[235] 魏兆惠. 早期西方传教士的汉语量词观 [J]. 语言与翻译，2015 (3)：13-18.

[236] 文德泉. 澳门及其教区 [M]. 澳门：澳门官印局，1940.

[237] 吴义雄. 译名之争与早期的《圣经》中译 [J]. 近代史研究，2000 (2)：205-222.

[238] 吴义雄. 在宗教与世俗之间：基督教传教士在华南沿海的早期活动研究 [M]. 广州：广东教育出版社，2000.

[239] 吴义雄.《中国丛报》与中国语言文字研究 [J]. 社会科学研究，2008 (1)：137-144.

[240] 夏晶. 傅兰雅和狄考文——西学译介的两种态度 [J]. 武汉大学学报（人文科学版)，2011 (6)：52-56.

[241] 向达. 中外交通小史 [C] //纪念利玛窦来华四百周年中西文化交流国际学术会议秘书处. 纪念利玛窦来华四百周年中西文化交流国际学术会议论文集. 台北：辅仁大学出版社，1983.

[242] 谢天振，等. 中西翻译简史 [M]. 北京：外语教学与研究出版社，2009.

[243] 徐春伟. 晚清西洋汉学家与宁波方言（上） [J]. 宁波通讯，2015 (5)：59-60.

[244] 徐时仪. 略论汉语文白的转型 [J]. 上海师范大学学报，2008 (2)：62-73.

[245] 徐式谷. 历史上的汉英词典（上）[J]. 辞书研究，2002 (1)：126-138.

[246] 徐式谷. 历史上的汉英词典（下）[J]. 辞书研究，2002 (2)：115-124.

[247] 徐文堪. 谈早期西方传教士与辞书编纂 [J]. 辞书研究，2004 (5)：121-126.

[248] 徐志民. 欧美语言学简史 [M]. 北京：学林出版社，1990.

[249] 徐宗泽. 明清间耶稣会士译著提要 [M]. 上海：中华书

局，1949.

[250] 徐宗泽. 中国天主教传教史概论［M］. 上海：土山湾印书馆，1938.

[251] 许光华. 16 至 18 世纪传教士与汉语研究［C］. 任继愈. 国际汉学（第六辑）. 郑州：大象出版社，2002：456-490.

[252] 杨福绵. 罗明坚、利玛窦《葡汉词典》所记录的明代官话［J］. 中国语言学报，1995 (5)：35-81.

[253] 杨慧玲. 19 世纪汉英词典传统：马礼逊、卫三畏、翟理斯汉英词典的谱系研究［M］. 北京：商务印书馆，2012.

[254] 杨慧玲. 马礼逊文献中关于清中期“官话”的描述［C］//北京外国语大学中国语言文学学院. 人文丛刊（第六辑）. 北京：学苑出版社，2011：27-30.

[255] 杨慧玲. 瑞典国家图书馆藏稿抄本汉外词典初探［J］. 国际汉学，2017 (1)：147-154.

[256] 杨慧玲. 中西文化交流史的启示——从马礼逊《汉英英汉词典》反思当代汉语学习词典的问题［J］. 北京行政学院学报，2016 (2)：122-128.

[257] 姚小平.《汉文经纬》与《马氏文通》——《马氏文通》历史功绩重议［J］. 当代语言学，1999 (2)：1-16.

[258] 姚小平. 17-19 世纪的德国语言学与中国语言学［M］. 北京：外语教学与研究出版社，2001.

[259] 姚小平. 现存最早的汉语语法著作——瓦罗著《华语官话语法》简介［J］. 中国语文，2001 (5)：475-478.

[260] 姚小平. 16—19 世纪西方人眼中的汉语汉字［J］. 语言科学，2003 (1)：99-103.

[261] 姚小平. 西方早期汉语研究再认识：17－19 世纪西方汉语研究史简述［C］//商务印书馆编辑部. 21 世纪的中国语言学（一）. 北京：商务印书馆，2004：95-102.

[262] 姚小平. 早期的汉外字典——梵蒂冈馆藏西士语文手稿十四种略述［J］. 当代语言学，2007 (2)：97-116.

[263] 姚小平. 欧洲汉语教育史之缘起——早期传教士的汉语学习和研究［J］. 长江学术，2008 (1)：114-120.

[264] 姚小平. 传教士语言学的功过得失 [N]. 中华读书报，2011-02-16 (19).

[265] 姚小平. 从语法到修辞——马若瑟《汉语札记》评析 [J]. 当代修辞学，2014 (4)：64-73.

[266] 姚小平. 明末《葡汉词典》译释体例考 [J]. 当代语言学，2014a (4)：436-451.

[267] 姚小平. 从晚明《葡汉词典》看中西词汇的接触 [J]. 当代外语研究，2014b (9)：1-10.

[268] 姚小平. 明末《葡汉词典》的汉字 [J]. 中国语文，2015 (2)：180-188.

[269] 叶农. 19 世纪上半叶活跃在澳门的葡籍汉学家——江沙维神父 [J]. 国际汉学，2010 (2)：56-67.

[270] 尹斌庸. 利玛窦等创制汉语拼音方案考证 [C] //王元化. 学术集林 (卷四). 上海：远东出版社，1995：341-353.

[271] 尹延安. 传教士中文报刊译述中的汉语变迁及影响 (1815-1907) [M]. 上海：上海交通大学出版社，2013.

[272] 尹延安. 来华传教士翻译史钩沉：《中国译学大辞典》的考察——兼论辞典相关条目的完善 [J]. 辞书研究，2012 (4)：54-59，92.

[273] 雍和明. 罗伯特·莫里逊其人其典 [J]. 辞书研究，2002 (2)：121-125.

[274] 游汝杰. 汉语方言学的现状和愿景 [J]. 暨南学报 (哲学社会科学版)，2005 (5)：108-115.

[275] 游汝杰. 西洋传教士汉语方言学著作书目考述 [M]. 哈尔滨：黑龙江教育出版社，2001.

[276] 元青. 晚清汉英、英汉双语词典编纂出版的兴起与发展 [J]. 近代史研究，2013 (1)：94-106.

[277] 袁进. 西方传教士对现代汉语形成的影响 [J]. 语言战略研究，2016 (4)：52-58.

[278] 袁毓林. 汉语反事实表达及其思维特点 [J]. 中国社会科学，2015 (8)：126-144.

[279] 张奉箴. 利玛窦和金尼阁的中文拉丁注音 [C] //纪念利玛窦来华四百周年中西文化交流国际学术会议秘书处. 纪念利玛窦来华四百周

年中西文化交流国际学术会议论文集. 台北：辅仁大学出版社，1983：88-96.

[280] 曾德昭. 大中国志 [M]. 何高济，译. 上海：上海古籍出版社，1998.

[281] 曾志辉. 土话传教与词典编著：近代巴黎外方传教士对贵州布依语与黑苗语的实践与研究 [J]. 世界宗教文化，2017 (1)：58-65.

[282] 张国刚. 在华耶稣会士对中文的学习与研究——汉字拉丁化注音与《西儒耳目资》[C] /张国刚. 明清传教士与欧洲汉学. 北京：中国社会科学出版社，2001：257-260.

[283] 张美兰.《华语官话语法》中的语法问题分析 [C]. 任继愈. 国际汉学（第十辑）. 2004：288-306.

[284] 张世禄. 中国音韵学史 [M]. 北京：商务印书馆，1936.

[285] 张西平. 16—19 世纪西方人的中国语言观 [J]. 汉学研究通讯，2003 (85)：7-17.

[286] 张西平. 传教士汉学研究 [M]. 郑州：大象出版社，2005.

[287] 张西平. 明清时期的汉语教学概况——兼论汉语教学史的研究 [J]. 世界汉语教学，2002 (1)：93-103.

[288] 张西平. 世界汉语教育史的研究对象与研究方法 [J]. 世界汉语教学，2008 (2)：122-132.

[289] 张西平. 西方人早期汉语学习史调查 [M]. 北京：中国大百科全书出版社，2003.

[290] 郑辉. 馆藏近代西文福州方言词典叙录 [J]. 文献信息论坛，2005 (1)：54-59.

[291] 郑梦娟. 论 19 世纪上半叶英国汉语语法研究——以《中国言法》、《上海方言口语语法》为例 [D]. 北京：中国传媒大学，2007.

[292] 钟少华. 中国近代新词语谈薮 [M]. 北京：外语教学与研究出版社，2006.

[293] 周典恩，王邦虎. 近代来华新教传教士与闽台方言字典 [J]. 世界宗教研究，2008 (2)：79-87.

[294] 周法高. 论中国语言学 [M]. 香港：香港中文大学出版社，1980.

[295] 周有光. 马礼逊的《中文字典》和官话拼音方案——拼音史料

笔记之一［J］. 中国语文，1960（1）：47-47，34.

［296］周有光. 周有光语文论集（卷一）［M］. 上海：上海文化出版社，2002.

［297］朱德熙. 语法分析和语法体系［J］. 中国语文，1982（1）：54-58.

［298］朱自清. 新诗杂话［M］. 合肥：安徽文艺出版社，1999.

［299］庄初升，阳蓉. 传教士西南官话文献的罗马字拼音方案［J］. 文化遗产，2014（2）：115-126.

［300］庄钦永，周海清. 十九世纪上半叶基督新教传教士在汉语词汇史上之地位——以郭实腊中文译著之旧词新语为例［J］. 或问，2009（17）：1-20.

人名索引[1]

① 仅收录本书出现过的，曾创作过一手汉语研究文献的传教士及汉学家人名。

图和表格

图